Supply Chain Transformation:
Practical Roadmap to Best Practice Results

供应链改革：
卓越绩效的实战路线图

（美） 理查德·J. 谢尔曼（Richard J. Sherman） 著

李培勤 译

化学工业出版社

·北京·

供应链管理是一门讲究权衡的艺术,其核心本质是对所有非正常运营的管理。它是企业全球化商业行为的发动引擎,尤其具有战略层面的杠杆价值。供应链转型改革的本质,是思考模式的一场全方位的转型改革。变革是一个动态的系统,变革无处不在。垂直的商业结构和水平的流程流,是组织变革的真正杠杆因素。商业结构的改变者甚至能成为这场变革游戏的改变者。

本书全面深入地探讨了供应链改革目标的最佳实践路径,是一本实践性很强的专业书籍,收录了丰富的现实的商战案例,且给予了精辟的解读。理查德·J.谢尔曼是供应链协会的发起者,是建立起SCOR模型的团队领导者,现任供应链管理专业协会的战略发展部门主管,也是一位全球熟知的研究人员及演讲家,其专业知识涵盖物流、供应链、新技术、市场营销及组织变革等众多领域。

本书适合工商管理专业、经济学专业及各类行业管理人员阅读。

Supply Chain Transformation: Practical Roadmap to Best Practice Results, First edition/by RICHARD J. SHERMAN

ISBN 978-1-118-31444-9

Copyright © 2014 by John Wiley & Sons, Inc. All rights reserved. This translation published under license.

Authorized translation from the English language edition published by John Wiley & Sons, Inc.

本书中文简体字版由 John Wiley & Sons, Inc. 授权化学工业出版社独家出版发行。
未经许可,不得以任何方式复制或抄袭本书的任何部分,违者必究。

北京市版权局著作权合同登记号:01-2014-7152

图书在版编目(CIP)数据

供应链改革:卓越绩效的实战路线图/(美)理查德·J.谢尔曼(Richard J.Sherman)著;李培勤译. —北京:化学工业出版社,2018.5
书名原文:Supply Chain Transformation: Practical Roadmap to Best Practice Results
ISBN 978-7-122-31650-9

Ⅰ.①供⋯ Ⅱ.①理⋯②李⋯ Ⅲ.①供应链管理-研究 Ⅳ.①F252.1

中国版本图书馆CIP数据核字(2018)第041293号

责任编辑:刘立梅　　　　　　　　　　　　文字编辑:余纪军
责任校对:吴　静　　　　　　　　　　　　装帧设计:王晓宇

出版发行:化学工业出版社(北京市东城区青年湖南街13号　邮政编码100011)
印　　刷:三河市延风印装有限公司
装　　订:三河市胜利装订厂
787mm×1092mm　1/16　印张11¾　字数248千字　2018年8月北京第1版第1次印刷

购书咨询:010-64518888(传真:010-64519686)　售后服务:010-64518899
网　　址:http://www.cip.com.cn
凡购买本书,如有缺损质量问题,本社销售中心负责调换。

定　　价:60.00元　　　　　　　　　　　　　　　　　　版权所有　违者必究

作者简介

理查德·J. 谢尔曼先生，是一位众所周知的拥有全球化视野和思维的作家，一位在管理、技术、营销和组织变革等领域内，深谙供应链趋势及管理之道的演讲家。作为戈尔德与多马斯研究中心（Gold & Domas Research，是一个愿景规划型公司）的首席执行官兼主席，谢尔曼先生通过演讲、培训、咨询等形式，服务过全球众多客户，帮助他们尝试供应链转型改革中的游戏变革策略。他也作为一名战略发展顾问，服务于供应链管理专业协会（CSCMP），他是该协会的一名专业成员。

作为一名研究型导师，他成功地为"先进制造研究中心"（AMR）启动过供应链管理的咨询服务，而且，他是开发出供应链运营参照模型（SCOR）团队的元老级人物之一，并由此成立了供应链协会（Supply Chain Council）。在他的整个职业生涯里，他在很多愿景式的技术公司里任首席执行官职位，譬如，提供全球供应链执行系统供应商的亿杰科技（EXE）、Syncra公司、Numetrix（纽迈垂克斯）公司、利米特（The Limited）公司等；而且，他还在微软公司、信息资源公司、美世咨询公司（Mercer）、美国数字设备公司（DEC）、优利系统公司（UNISYS）等著名公司里任营销部门领导的职位，服务的客户涵盖零售业、配送业、制造业以及第三方物流服务公司等。他是一位多产的作家，其演讲遍及全球各地的相关会议、研讨会和大学中。

同时，在好几个行业创新领域里，他都是领导力委员会的成员之一，对一些众所周知的创新性技术的研发和推广功不可没。譬如，DAMA（需求激活型的制造架构）方案、快速响应系统、有效顾客响应技术、持续补货技术，以及VICS（自愿性跨产业商务标准协会 The Voluntary Inter-industry Commerce Standards）的协同计划，预测以及补货（CPFR）模型等。

谢尔曼先生是提前期技术公司的董事成员之一，及其他好几个技术公司的咨询委员会成员。他还是供应链运营参照模型（SCOR）董事会的成员、供应链协会的北美领导力团队的成员，以及内华达大学雷诺分校的物流管理中心里的国家顾问委员会成员之一。此外，他还在阿拉巴马大学和田纳西州立大学、密歇根州立大学、德克萨斯A&M大学、塔斯基吉大学（Tuskegee University）、俄亥俄州立大学（Ohio State）及其他高校里，担任过"高管导师"的职务。

在巴黎圣母院研究所拿到了本科和硕士的学位之后，谢尔曼先生又在密歇根州立大学、德克萨斯A&M大学、田纳西州立大学，以及北佛罗里达大学深造过执行官职业发展的项目。

《行业周刊》杂志的一位作者曾经写过："愿景产生于各种各样的实验模型之中。有一些愿景是绘制一幅未来蓝图，通过检测现今哪些从技术上来说是可行的，然后告诉世界说哪些可能性已经成为了现实；其他的愿景则是超前走一步。而理查德·谢尔曼先生似乎却能将上述两种给完美结合起来。"

译者简介

　　李培勤，武汉大学本科，武汉大学管理学硕士，上海交通大学管理学博士。美国 Marquette University 访问学者（2013.3—2014.3）。华东政法大学商学院副教授。主攻供应链物流管理、供应链创新等研究方向。

献给我的妻子，她永远是鼓励和督促我尽早完成这部作品的第一个人。也献给我的家庭，感谢他们在这么多年浮浮沉沉的生活里，对我一如既往的支持。

前言

作为首席执行官,我们天天被告诫说,要高度关注供应链在驱动企业价值方面所扮演的重要角色。请思考以下几点。

- 消费者忠诚是企业能力的一项副产品,这种能力是,快速高效地将新产品带给市场,同时又能够维持库存可得性的最大承受水平。
- 股东满意度永远是跟着企业获取精益化的成功步伐走的……并且,股东的关注点不仅在于营运资本,更在于那些沉没资本。
- 只有通过对那些串联起商业目标、系统和物流能力的长期战略的无缝化实施,供应链一体化策略也获得显著成效时,管理团队才会兴旺起来。

供应链的卓越性真实地体现在企业的核心需求上,即通过精益化、客户驱动型组织结构等,展开协同合作,以实现对资本的最高及最优利用。

所以我们都很幸运,因为是那位真正卓越的、具有国际化视野的、拥有供应链先进思想的领导者,理查德·J. 谢尔曼先生写下了这本书。区别于很多学术性书籍,您会发现这本书在各个方面都很新颖、现实、富有远见,让人受益良多。它是值得信任的一本书,其内容是基于众多顶级公司的现实实践而来的,它远远地超过了纯粹的理论知识读物。

它也是非常激励人的一本书。

在我拥有40年的零售业工作经历,并在5个不同的公司都做到高级经理职位,且拥有10个企业的供应链运作的成功经历后,理查德的这本书让我重新思考起来。它提出了一些我们必须回答的新问题。

- 我们有哪些存在于组织内部，错误地阻止绩效提升的联盟形式？它们是文化上的因素吗？它们是自我驱动型的吗？
- 您的流程规划图完整地展示出了正确的商业驱动力吗？
- 您的薪酬系统正确地体现并强化出了供应链绩效吗？
- 您执行力上的短缺，是糟糕的计划所导致的吗？或者是糟糕的预测？糟糕的运营？糟糕的供应商协同？组织结构或领导力的变革是按次序来的吗？
- 您的流程确立并安排好了那些几乎从不变化的产品类型吗？尤其是那些高度季节性的，受气候变化因素强烈影响的产品？
- 为了以较低成本实现速度和精确度的目标，什么样的系统提升是必要的？
- 在一个高度关注变革的会议议程里，应该释放出多少资本，用于更高的回报及持续再投资？
- 您的董事会成员里有这样的专家吗？

谢尔曼提供给我们一个有价值的路线图，来帮助引导我们，挑战我们，并回答了这样那样会出现的问题。它是一本值得一读、且能在您的高层团队里进行分享的书。这本书能让您重新审视（或许是提升）您的供应链战略并创造出新的发展路径，这个路径不但能带来运作绩效的提升，而且能实现您供应链战略垂直空间的差异化处理等深度问题。

希望伴随着您的阅读、深思和反应，成功随之而来！

马蒂·哈纳卡

奥斯汀，德克萨斯州

哈纳卡先生是高福史密斯（Golfsmith）国际公司的首席执行官和董事长，曾服务于著名零售业——运动权威公司（The Sports Authority），担任该企业的首席执行官和董事长，也是史泰博公司（Staples）的首席运营官和主管。他在零售行业的任职生涯长达40年之久。他加入过5个上市公司的董事会以及数量众多的私人董事会，此外，他还是美国男孩女孩俱乐部的主管。

引语

在全球化竞争前所未有的激烈、经济形势变化无常的形势下，企业必须将注意力锁定在传统供应链管理的战略性杠杆功能及价值上。实际上，供应链强调将每一个财务模块都纳入企业的盈余及收入结算单中。供应链运营绩效能创造超过35%的收入增长，来回报投入的初始资本。美国生产力与质量中心（American Productivity and Quality Center）的公开标准研究资料显示，一流的企业在供应链成本控制的收益上，远超过其普通竞争对手的50%还多。各行各业均如此——这一鸿沟在过去25年中从未被愈合过，甚至更久。改革您企业的供应链管理，使其进入新的征程，获得持续的绩效提升和运营效果，已经不再是一项选择，它是一个具有战略性意义的授权行为。

在过去30年里，我一直在全世界各地演讲来"信息娱乐化"我的听众，至少我觉得既传递了信息，又带来了娱乐效果。然而大多时候，我从会议、专题讨论会接收到的各种反馈，都是人们感到对巨量信息有些吃不消的评论。除了内容多、节奏快和一些轻松的笑声外，他们希望有更多的时间来消化掉这些知识。因此，我开始将演讲内容分解成更易被消化的标题和内容，同时保持进度与听众轻松愉快的感受。然而，后来我对此更不满意了。原因在于，供应链管理复杂性的错综程度，不可能通过听众有效地小酌几口，或专家评委讨论，甚至必要的案例研究就能得到充分解读和掌握。当然，解决方案也不是一个大概40分钟案例得出的"我们有决策层的资助支持"结论所能真正解决的。

通过调查众多文献，我发现在研究"如何做"方面，有很多很棒的资料包括书籍、教科书、学术论文，甚至坦白地说，有一些很枯燥的资料，我认为其内容充满活力、激动人心，几乎能成为一项无止境的事业。它也让我很挫败地意识到，领袖企业和落伍企业间的差距将会被持续放大，尤其当我知道那些领袖企业在做什么时。我知道技术的能力有多大，我知道这种差异经常体现在企业文化上，并且，我知道根源是他们能获得资助和支持。

当威利（Wiley）出版社与我接洽，邀请我写一本关于供应链改革的书时，我的第一反应是，这本书应该起名叫"为什么我们不得不眼睁睁看着人们死掉？"这个名字背后有一个故事，即我与杰·福瑞斯特（杰伊·福瑞斯特）教授的一次会谈，后面第1章将会详细讲述。然而幸运的是，威利出版社的蒂姆·伯加德（Tim Burgard）相信我，但我真的不想只写一本"怎么做"的书，我希望您能从这本书中发现更多"为什么做"的内容。因为，并非人们不愿意改变或提高他们的绩效，或改革他们的组织结构，而是很多人不知道为什么要这么做。在每一个企业文化里，都有一个对变革成熟度的接受水平，这种水平需要演化成具有影响力的行为，改革通常被认为要做一系列工作。事实上是，那些落伍企业与那些领袖企业一样在拼命工作。我更愿意为成功工作，而非为失败工作，您是不是也如此？领袖企业与落伍企业的差异是在输出上，而非输入。

正如我通过供应链改革的"为什么做"来引导您那样，我的希望是，您将看到如我所经历过的这趟改革征程，即建立一个卓越性能的房子，居住在"先进城邦"里，是一段能让人满意的工作历程，而且每个企业都能加入这趟征程。就像彭尼公司[1]（J.C. Penney）的首席执行官，罗恩·约翰逊在其任职报告中所说："这趟征程（目标）就是奖赏。"这真的很有乐趣啊。在一个学习型、自我价值实现型的组织里，为成功、胜利、增长而工作，远比追求单纯的"露面"更有乐趣的多。

因此，仅此一次，我可以做一个无时间限制的陈述，我可以从头到尾尽可能多地讲述供应链的挑战、流程、途径及解决方案等，无论它们有多么复杂，只要我想去做。并且，您可以按照自己的意愿来选择，花一点点时间，或者很多时间来消化这些资料。然而，这条讲述供应链改革的路程必将充满节奏感；会有一些故事（我

---

[1] 美国一家零售企业——译者注。

是一个擅长讲故事的人）在里面；并且，我希望这些故事能带给大家轻快的笑声。我热爱并沉醉在供应链里……真实的工作，真实的人。

合作是通往"先进城邦"的关键，我会跟你们分享我在一些跨职能部门的工作经历，在销售部、市场营销部、研发部、财务部、采购部、生产部、物流部等内部工作，或与这些部门一起工作的经历。我也会分享与一些渠道合作商如零售商、分销商、制造商、供应商等的工作经历。您知道爆米花盒的核心成本是大约10美分吗？这种感觉就像，某天清晨您睡觉醒来，发现圣诞老人花了10倍于准备礼物的时间来包装那些礼物一样。

您不能将整个供应链流程分解开来对待，这是企业为获取商业成功而进行组织工作的必然方式。但是，这些流程应该跨越那些职能部门或各个单一的供应链节点企业。并且，您必须得知道职能部门之间或节点企业之间的衔接口在哪里，来便于人们进行协同合作，以确保同步运行的商品流、信息流、现金流及资本流等，从上游供应商至终端消费者市场，以及逆向返还等整个供应链流程，都能够得以实现。并且，您需要知道并懂得您的流程对企业成功目标的贡献，从而使您能评估其外包的机会。很多年里，我看过第三方服务企业的成长壮大，我也有过与很多该类企业领导者共事的机会。

我的工作经历几乎跨越了各行各业，足迹几乎涵盖了各个大洲，我深深理解全球化是整个游戏改变的始作俑者。我不仅仅会与您分享，为何每一个案例都终止于"需要管理决策者的承诺和支持"这个结论，不能朝前继续分析的原因；我更会与您分享如何得到这个结果！不要错过了第7章的精彩内容！

供应链是一条充满机遇的传递管道，是文明化进程必不可少的一项（我们在这世上需要吃、穿及庇护所），是自由现金流及投资资本得以被释放的金库——并且它永远不会过时（第2章会讲述）。因此，我想写这本书，这样任何人都能，且都应该能对供应链的战略价值达成充分的理解。它如何运作，它对组织的价值意义，对全球化商务的价值意义。以及对很多人而言，为什么供应链现在是，而且将来仍会是一个很棒的职业发展机遇。这本书不是一本教材，但它对学生为何想要学习供应链管理的相关教材，给出了很好的理由。它可能解释了，为何每一个高管都想花时间来弄懂供应链的财务杠杆和支点功能。它可能解释了，为什么每一个供应链职业工作者都想跳入这个供应链改革的征程中来。并且，它也解释了，为何鸡尾酒会上的每个人都可能给供应链职业工作者买杯酒并说声"谢谢您"。我告诉过您这是一本讲述"为什么做"的书！享用它吧！记得当您彻底领会这本书并获得成功时，给我寄个便笺说一声哦！

致谢

这是一段很长的职业生涯历程,很多人激励过我,并对我的成长都做出了贡献。在感谢我的妻子和家庭的奉献牺牲之余,我也不会忽略我的母亲给我的丰富灵感,她曾经激励我展开演讲生涯,发挥出我的戏剧化天赋,并积极乐观地展望未来……这么多年来,她乐观向上的态度一直感动我至今。

曾经,当我的智商测试达到99%时我有点自鸣得意。我的父亲就对我说,这意味着还有1%的人跟我一样聪明,甚至比我更聪明。虽然我不是数学专业出身,我也能计算出,外面有很多聪明人在那儿。如果我是百万分之一中一员,那么世界上至少有6000甚至更多的人,跟我一样聪明或者比我更聪明。我们每个人,在生活的某些方面都拥有独特的天赋,而真正优秀的人,是向自己遇见的每个人都学习这种天赋的那些人。

我父亲对我的教诲多年来一直鼓舞并引导我:持续学习并在学习时保持谦卑。他总是告诉我,无论在我生命中将会碰到的人的差异性有多大,总有一些本领我能从他们身上学到。后来,当我在职业生涯中碰到了很多不同的人之后,我学到,被影响感动,从曾经、现在及将来会遇到的这些人中获得激励和力量。谢谢您,父亲,您开阔了我的视野,并让我了解认识了人类之伟大。

这里我特别要感谢罗伯特·麦秀,一个我在微软工作的同事,引荐我认识迈克尔·胡格斯,即《供应链管理的本质》(威利出版社,2011)一书的作者。迈克尔将我介绍给约翰·威利父子公司的蒂姆·伯加德先生,他非常支持和帮助我来准备这本书的提案,及后面一系列获批事宜。同时,当然,也要感谢斯泰西·里维拉先生,他是威利出版社的开发编辑,以及克里斯·盖奇先生,他是威利出版社的制作编辑,感谢他们在这本书完成过程中的指导及建议。

自始至终整本书里,我都会介绍很多影响并激励我对供应链管理理念思考的那些人。我特别要感谢我的学术团队:已故的密歇根州立大学(MSU)的唐·鲍尔索克斯;密歇根州立大学的帕特·多尔蒂;罗格斯大学(Rutgers)的戴尔·罗杰斯;阿拉巴马大学的格伦·克伦和亚历克斯·埃林;俄亥俄州立大学(Ohio State)的巴德·拉隆德、道格·兰伯特以及玛莎·库珀;曾经都在田纳西州立大学工作,现分别在密苏里州立大学和宾夕法尼亚州立大学的雷·芒迪和约翰·蓝利;来自宾夕法尼亚州立大学的鲍勃·诺瓦克、约翰·蓝利以及斯基普·格勒诺布尔;来自塔斯基吉大学(Tuskegee University)的杰克·克罗布利;来自乔治亚理工大学的约翰·怀特;已故的密歇根州立大学的唐·泰勒;以及密歇根州立大学的乔治·维格海姆、比克斯·库伯、基思·赫尔弗里希、尼克·利特尔和戴夫·克洛斯;田纳西州立大学的玛丽·霍尔科姆、吉姆·富金、劳埃德·莱因哈特、朗达·巴顿、布里克·惠勒以及泰德·斯坦克;俄亥俄州迈阿密大学(Miami of Ohio)的汤姆·斯派克;圣母大学(Notre Dame)的约翰·盖思科;乔治亚南方大学(Georgia Southern)的卡尔·马若特;麻省理工学院的约西·谢菲尔德、彼得·圣吉和拉里·拉皮德;亚利桑那州立大学的阿尼·麦克斯;德克萨斯A&M大学的马达夫·帕普;德克萨斯州立大学的麦克·郝勒和道格·莫里斯;以及其他高校及学院的很多学生、职员及科系等,他们这么多年来一直为我开放教室进行演讲,并给我诸多的建议和启发。

多年来我一直为之工作或一起工作的许多人里,有先后在宝来公司和美国数字设备公司(Burroughs and DEC)工作过的麦克·普吕萨;有来自提供全球供应链执行系统供应商的亿杰科技(EXE)及皮利翁(Pelion)公司的戴夫·阿卡拉;有来自IRI公司[1]的安德莱·马丁及已故的吉姆·安德斯;美国数字设备公司的汉克·菲尔普斯;先后在美国科尼尔咨询公司、摩斯大学(AT Kearney,美世咨询公司)工作,现在服务于Trissential管理咨询公司的鲍勃·萨巴斯,这些人在供应链管理实践的思考探索方面,担任了我的领导者、良师益友及影响者等角色。他们激发了我,使我成为所带领团队的一名优秀领导者和良师益友,至少对于那些至今仍

---

[1] IRI:美国著名的市场研究公司——译者注。

与我保持联系的人而言，如罗柏·吉尔森、罗恩·格里格斯、戴夫·蒙哥马利、凯丽·司库德文、派翠西亚·伯托尼、休·霍克西、斯蒂芬·戈登史密斯、劳拉·涂爱特、爱尔兰·伯尔，以及金姆·帕凯科。喜剧行业（Comedy Industries）的史考特与卡特琳是真正的灵感来源者，他们的每一部上映作品都获得巨大成功。我真地想感谢我的合作者们。虽然有太多的名字了；不过你们每一位都在我心中占据着独特的位置，我感谢所有鼓舞激励我前进至今的人们。

很多年里与我一起工作的商业伙伴、客户及权威人士中，尤其要提及来自提前期技术公司（Lead Time Technology）的格斯·圣泰利、道格·麦克莱恩，及已经故去的迈克·波内利三位，他们对供应链"端到端"的决策支持工作，对我充满了启示意义。感谢杰里米·盖格，O2O库存数据"智能零售"平台的奠基人，他给了我机会参与进新的市场细分、用数据提供服务、大数据时代等的游戏变革中。另外，特别要感谢已故的约翰·丰塔内拉，我与他在西部数据（MD, Digital）、微软、航线（Skyway）等多家公司一起工作过。后来，当我成为"先进制造研究中心"（AMR）的一名客户时，约翰又变成了一位极好的同事与善于思考的领导者。当然，还有先后在先进制造研究中心与高德纳（Gartner）两公司的鲍勃·法拉利、格雷格·艾米、约翰·贝姆德斯、罗迪·马丁、西蒙·雅各布森、迈克尔·迪·佩特罗、罗布·塞若奥、鲍勃·索尔兹、托尼·弗瑞萨、凯文·道尔、德怀特·克莱皮和杰夫·伍兹等；以及在美国红十字会（ARC）的史蒂夫·班克、安迪·查塔、艾德里安·冈萨雷斯、格雷格·尔巴赫、拉尔夫·里约及迪克·斯兰斯基；在高露洁公司工作的埃德·杜宾；先后在高露洁、BD及利米特（The Limited）公司工作的尼克·勒郝琦，以及在美国数字设备公司和供应链管理专业协会（CSCMP）工作过的南希·哈斯利普；在纳贝斯克公司（Nabisco）和美国产业共同商务标准协会（自愿性跨产业商务标准协会）工作过的乔·安翟斯克；在纳贝斯克公司、卡夫（Kraft）公司，以及供应链管理专业协会都工作过的里基·布拉斯根；在Numetrix（纽迈垂克斯）公司工作的胡恩·钟、埃德·西塔尔斯基和布莱恩·尼克森；在专业领域一直给我启发的好朋友及同事罗恩·里克特；"The Band"公司的里奇·塞拉布尼，罗波·盖茨和汤姆·艾利奥特；来自创新顾问公司（Innovation Associates）

的迈克尔·古德曼和比尔·拉特肖；宝来公司的约翰·佩里、汤姆·科斯特罗和迈克·帕加科斯勒；仓储教育和研究协会（WERC）的汤姆·夏普；先后就职于IMI和Optum医疗健康公司的戴夫·斯姆巴瑞；在弗莱彻挑战公司（Fletcher Challenge）、提供全球供应链执行系统的亿杰科技公司及毕马威（KPMG）公司分别工作过的杰夫·兰利；亿杰科技公司的特雷夫·巴罗斯；阿巴町（Aberdeen）和Steelwedge公司的纳里·维斯瓦纳坦；来自供应链委员会的乔·弗朗西斯、梅琳达·斯皮林和卡斯帕·胡斯齐；在供应链愿景（Supply Chain Visions）公司任职并来自田纳西大学的凯特·维斯塔克；超威半导体公司（AMD）的迈克·马塞特；在戴尔公司、宾夕法尼亚州立大学及奥利弗·怀特（Olive Wight）企业都工作过的迈克·格雷；宝洁公司的路·波德鲁、拉尔夫·德莱尔，及汤姆·福特；标杆管理伙伴公司（Benchmarking Partners）的特德·瑞贝克、安·古瑞肯和简·比特尔；皮利翁公司的戴夫·格莱迪奇；Syncra公司的克里斯·塞勒斯、迈克·卡森特瑞及马特·约翰逊；Avicon企业的汤姆·布拉内奥；梅杰（Meijer）公司的埃德·尼乌文郝伊斯；互联网数据中心制造业洞察部（IDC Manufacturing Insights）的鲍勃·帕克和西蒙·埃利斯；吉利公司（Gillette）的约翰·法德特；来自于史泰博公司（Staples）、运动权威公司（The Sports Authority），并在高福史密斯国际公司/高尔夫镇（Golfsmith/Golf Town）从事研究驱动首席执行官成长研究的马蒂·汉拿卡；我在ND企业的前任室友，已故的迈克·瑞卡斯，他对我的鼓舞和彼此间深刻的友谊；迈克·莫菲的保守性洞见以及保罗·迈克尔对消费者市场的洞见。在TBS和安达信（Andersen）咨询公司任职的戴夫·安德森；安达信咨询公司已故的比尔·考帕斯奴；美世咨询公司（Mercer）的保罗·法奥奇奴；科尼尔公司（A.T. Kearney）的吉姆·古瑞斯和迈克·莫里亚蒂，特别是其拥有的"激怒对手、恶化合作关系"本领；Integrare公司的埃尔西·古瑞斯；Ultriva公司的纳拉杨·莱克谢穆；DSC物流公司的安·德拉克；CHEP和Saddle Creek企业的克里夫·奥特；爱尔康公司（Alcon）的戴夫·马朗方；IBM公司和威普罗公司（Wipro）的恩里克·卡里罗；来自宝来公司、SAP公司和安达信咨询公司的埃德·兰格以及其他的很多人，感谢你们启迪我对这个精彩的行业所形成的思考与见解。

目录 CONTENTS

第1章 变化是不可避免的，增长是非强制性的 / 001

全球化改变了游戏规则 / 003

驱动组织行为及文化的模块 / 005

敏捷供应网络 / 007

评估您的企业文化 / 008

文化成熟度水平 / 010

打造一个推行变革的案例 / 015

范式能鼓励或约束创新 / 016

第2章 正确地看待您的商业愿景 / 019

定义并理解您的商业目标 / 022

在行业市场背景下定义您的商业内涵 / 024

发展您的愿景 / 025

在商业愿景下加入 SWOT 分析 / 029

创造性张力的原则 / 032

第3章 市场驱动力和变迁动力学 / 035

供应链是市场营销：一种分析市场环境作用于供应链的工具 / 038

审视市场环境，寻找变化驱动力 / 041

系统思考：变化市场下的管理策略 / 044

第4章 商业结构是变化的杠杆 / 053

您不能瓦解掉筒仓：合作是关键 / 055
理解支配组织行为的商业结构和流程 / 057
垂直与水平的商业结构及驱动力 / 059
每件被完成的事情是通过流程来完成的……商业流程管理 / 060

第5章 如果您被需求驱动着走，您可能会被逼疯 / 067

需求创造结构的流程模块是什么？ / 072
需求创造流程动态地作用于需求实现行为 / 075
猜猜什么？预测是错的，解决掉它 / 078
预测的科学性和艺术性一样多 / 081
事件驱动型预测是最佳的实践原则 / 083
对客户（以及供应商）拓展合作流程 / 085

第6章 供应链管理：机会的传递途径 / 089

理解需求实现结构 / 091
需求实现结构的主要运营职能：采购、生产以及物流 / 092
六西格玛不是一项选择——它是一种需求 / 097
利用供应链能力来实现协同：战略、计划以及执行 / 101

第7章 好的，我们需要管理层承诺；那么，我们怎么做才能得到它呢？ / 117

理解需求绩效结构 / 119
您不能管理您无法测量的事情 / 121
驱动需求绩效结构的流程类型 / 126
什么让首席执行官和首席财务官彻夜难眠？ / 127
运营绩效是如何影响损益表和资产负债表，以驱动投资回报率的？ / 129

第8章 技术驱动了变革的浪潮 / 135

技术发展历程纵览 / 136
新技术可能对供应链产生什么影响？ / 137
技术如何影响组织的？ / 141
信息技术怎样能使得商业运营获得最大的回报？ / 143

第9章 让征程展开吧 / 147

我们获得管理层承诺后，现在要做什么？ / 148
开发一项运营计划并创造一种变革的文化 / 149
标杆：认知与现实 / 154
我们如何吃掉大象？确立方案并设置优先级 / 155
跳到游行花车上：沟通游戏计划并建造运营支持 / 159

第10章 结束语：一般意义上的商业已经消失了，现在该如何做呢？ / 161

参考文献 / 167

第1章

变化是不可避免的，增长是非强制性的

查尔斯·狄更斯（Charles Dickens）也许是第一位供应链产业分析家。早在两百多年前他就写道："这是最好的时期，这是最坏的时期，这是智慧的时代，这是愚蠢的时代，这是信仰的新纪元，这是怀疑的新纪元，这是光亮的季节，这是黑暗的季节，这是希望的春天，这是绝望的冬天……"听上去是不是很像供应链职业生涯里的又一天？各个行业里没有任何其他职业拥有如此多的波动性、变化性及必然的不确定性。同时，企业里没有任何其他组织结构（您可能会称之为职能），能在自由现金流、投资回报以及股东价值等方面拥有如此多的杠杆功能。原理实际上很简单，如果您不能发货，您就不能开账单。您尽可以按照自己的意愿创造、营销和销售产品；但是如果您不能采购、制造和配送它们，那么对于投资、测量以及估价等来说就不重要，它们永远不会成为资本，无法为您带来投资回报或价值的好处。发货（到岸）时的总成本决定了产品的获利能力。

与狄更斯的《双城记》一样，供应链行业里也有两座迥异的城市——"先进城邦"和"落后城邦"，两座城市之间挤满了犹豫不决的人们。在将近25年的演讲生涯中，我一直在用一张产业基准度量图（图1-1）来帮助大家理解我所讲述的内容。您不必担心这张图的绘制日期是否过时，这不重要。因为我每年请我在美国生产力与质量中心的朋友更新相关数据时，发现虽然原始数据每年变化会比较大，身处领先、中游、底层地位的企业比例却始终如一。"一流"企业在成本收益上远远超过其中游竞争对手50%还多！而且，领先企业与落后企业间的鸿沟呈逐年扩大的惊人趋势。

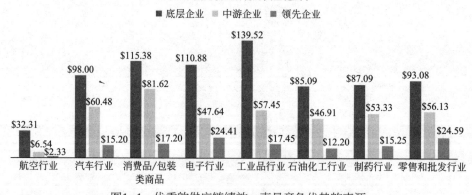

图1-1 优秀的供应链绩效一直是竞争优势的来源

经过美国生产力与质量中心（APQC）同意方进行重印。选录自APQC公开的标准调查研究资料（www.APQC.com）。

版权来自于2012年美国生产力与质量中心；保留一切权利

尽管在绩效提升、方法论、工具、技术、教育等方面有所进步，但落后企业甚至是中游企业始终无法缩短与领先企业之间的供应链成本鸿沟，这是为什么呢？在后面章节中，我们会看到，这三种企业在其他衡量标准上是能够拉近距离的。但从总成本指标来看，它们仍然存在显著的差距——这种差距已经持续了超过25年之久。这种差距根源的最初，在于供应链的复杂化和权衡性。一个人想要在整体上超越别人，必须在整体上优于别人。在时间、模式、距离、速度、服务及其他的供应链特征（这里仅列出了几个）上，各自都有太多的成本权衡策略了。如果这些特性要获得整体上的超越，需要在整合、教育、系统、承诺效果等方面达到相当高的水平才行，而这是很多企业不愿意或者说是无法实现的。那些不愿意改革其生产运营、采取最佳实践模式来适应瞬息万变的市场的企业，将继续栖息在"落后城邦"里。

贯穿整本书的主题是，我们要探究这种现状为什么会一直持续着。不过，如果企业认为问题的根源是规模、成本，或是财政投资水平等的话，他们就错了。当我又一次和美国生产力与质量中心（APQC）的人员一起工作时（他们持续地使用大量的公开标准调查资料，来研究产业度量图和基准数据），我们还是不能发现绩效与收益或投资间有任何相关关系。各种规模、投资水平、产业化程度均不一致的企业，都能够通过持续提升并采取最佳实践模式，来获得长久的可持续的高绩效成果。然而，那些看起来是知名品牌且金融资产雄厚的企业，却常常处于度量图中的中游企业甚至是"落后企业"之列。为什么会这样呢？为什么会出现这样一条鸿沟呢？

当我们从产业远景的角度进行思考时，可以发现：好的一面是，您可以连续25年使用同样的幻灯片，因为它们直到今天仍然是适用的；坏的一面是，除了可能已经花了数百万资金到企业应用（譬如，企业资源计划，或简称为ERP）及系统整合软件上之外，很多企业的运营流程系统在这25年里并没有获得显著的提升。当然，这并不是说世界一直没有改变；反之，这个世界在过去25年里发生的变化，比在更早的250年里发生的全部变化还要多。只是看起来好像是，如果没有来自高层的真正支持的话，用这种方式定义起来的组织模块（譬如，企业文化）很难撼动一个组织的根基，更别提对它实施转型改革了。

好吧，其实我们可以不让现状这样持续下去的。对我来说，我更乐意理解成高层主管读这本书的目的，是为了驱动组织更好前行，因为这本书对组织里每一个人来说，也是一个实践路线图。在这本书能真正帮助实现来自高层支持的转型改革之前，我们不能想当然地等待每一位高层领导都能被它的理念折服，并努力让组织朝卓越绩效的方向前进，或者想当然地认为高层领导能够理解它的理念是什么。无论您的职位是什么，您都能比您想象中更容易获得高层的承诺。接下来我们将要探索的，不仅是怎么去做，更应该弄明白为什么要去做。

全球化改变了游戏规则

全球化不仅改变了市场竞争的格局，更改变了企业间竞争与合作的方式。是的，关键就是合作。因为如果我们不能通过合作来降低、消灭各个层面浪费的话，2000年可能就是人类的最后一个千禧年。从新产品研发、商业化运作、营销、销售，到如何用一种可持续的方式来进行计划、采购、制造、配送您的产品，再到资本的获取和分配、成本结构及绩效等，所有这些组织职能都将对提升股东的收益做出贡献。

在我转行从事供应链相关的职业与研究生涯之前，我曾是一个神学及英文教师。由于在大学里的主修专业为英语，我学会的第一件事情就是明白了"研究"的含义："偷一个人的叫剽窃；偷很多人的叫研究！"作为一个行业研究专家，我一直在"偷窃"实践界的成果，最好的最坏的都偷，也从很多渠道偷，有同事，有我工作很多年的企业，有无数次行业会议上听来的现场演讲，以及偶尔在酒会上小酌之后分享来的商战故事。当然，相应地，我会感谢他们对我的研究基础做出的贡献。

然而，有趣的是，这么多年来很少有人将这些分散的知识亮点给连接起来。当我在美国数字设备公司时，我曾有机会与彼得·圣吉一起工作，他是《第五项修炼：学习型组织的实践和艺术》❶一书的作者。一起工作的还有他在创业伙伴公司（创始人是查理·基弗）的同事们，尤其是迈克尔·古德曼和比尔·拉特肖两位。我们曾在美国数字设备公司一起开发出了"数字物流架构"系统。我们使用彼得·圣吉所讲的系统动力知识，并利用啤酒游戏来讲解供应链的难题。那个方案把我们大家带到了一起。更多关于啤酒游戏的内容见第3章。

正是在与彼得·圣吉及其同事一起工作的这段时间，我才真正把系统化思考融合进一直在"偷窃"的产业实践分析中来。并不是实践、提升、变革等因素的单独作用，会必然地带来启发与转型，而是自始至终所有行动形成的一个整体系统，如何对行为产生了影响。变革是一个动态的系统，系统里有被组织结构及行为所影响的人、流程和技术（如图1-2所示）。

这就是本书发挥作用的关键所在了，就像汤玛斯·弗里曼的《世界是平的》那本书所实现价值的关键所在一样❷。这不是汤玛斯·弗里曼在书中谈到的十项"平整化因素"单独发挥作用，而是它改变了世界的十项平整化因素，如何动态地收敛集合而发挥出的整体作用。他书中最重要的观点是，告诉我们有七亿新兴的消费者和一万多的新兴企业家，正涌入全球性贸易消费和竞争市场中。

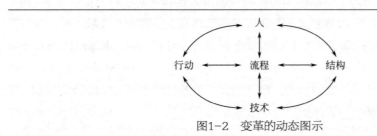

图1-2 变革的动态图示

所有这些新兴的消费者和竞争对手，都能以极低的成本实现全球化实时沟通和贸易的能力——这是事实！新的应用软件能够充分利用计算机的无限能力，戈登·摩尔定律（英特尔企业，20世纪90年代早期）说过："每隔18个月计算机的能力就会翻倍，同时它的价格会降为一半。"在今天这一点正演化得更为迅速和无限扩大化，这是由于开放源代码合作、企业流程管理、云计算部署、企业流程管理软件工具等带动的缘故。而且，它是对电子化供应链的一项挑战……计算机在货架上的寿命，比一加仑牛奶的保质期还要短暂！

基于全球化平台的沟通，正变得像隔着篱笆跟您的邻居谈话一样普遍；就像比尔·盖

---

❶ Senge, Peter. The Fifth Discipline: The Art and Practice of the Learning Organization, Currency Doubleday, 1990.

❷ Friedman, Thomas. The World Is Flat, Farrar, Straus, and Giroux, 2005.

茨20世纪90年代早期说过："10年里我们将会拥有无限的带宽。"但他没预料到的是，它也会变得如此便宜。我使用免费的网络电话（Skype）与全球很多同行进行通话交流。

借助思科（Cisco）和宝利通（Polycom）等企业开发出来的"远程呈现"技术，最近我得以"虚拟化"地坐在客户会议桌前，同来自迪凯特市、伊利诺伊州及英格兰国家伦敦市的同事们一起召开可视化会议。可以打个赌，您可以在任何时间、任何地点，借助无线网络，让所有事情都通过您的个人通信工具（包括所有的商业宣传）来实现。并且，是的，汤玛斯·弗里曼先生，这个世界不仅是扁平的，也一直是高清3D模式的。离"远程呈现"全息化的时间不会太长了；谢谢您，Leia公主❶。

然而，对您来说具有重要意义的，不仅仅是扁平化世界的出现改变了游戏规则；更重要的是，它改变了游戏本身，告诉您企业在21世纪应该怎么进行竞争。企业正在打开供应链价值的奥秘，他们外包出越来越多的非核心流程（不仅是考虑成本的因素，更是出于对柔韧性和敏捷性的需要），部署更多的销售、市场运营以及生产制造环节，到具有更高利润响应能力的地理位置上，并且，将重心倾斜到将您的生意看成盘中午餐的、具有快速适应性与客户响应能力的全球化竞争对手上。创新能力是这场战役的早餐，市场领导力是晚餐，同时，餐间点心则是不断增长的股东价值。举例来说，苹果公司多年来总是位于高德纳咨询企业供应链板块的前25名之内，他们外包出了供应链运营几乎全部的执行能力。

驱动组织行为及文化的模块

对于竞争激烈的未来时代来说，将您的组织模块转变为顾客响应型的敏捷供应网络（后面马上会谈到"敏捷供应网络"），是新形势下具有战略性意义的当务之急。从我们听过的一些传奇故事里可以总结出，商业实践的主要挑战，在于管理变革及影响现有技术水平的能力，同时授权您的手下利用好新经济所创造的机会。企业必须适应并能够从技术上提升其商业流程，以面对新的全球化的市场游戏规则，进而制定出变幻莫测的市场领导力游戏策略，来应对新出现的凶猛的全球化竞争对手；否则就会被裁定出局，被迫退出这个战场。而且，这不是一件必须要花费上百万元，或需要一个军团的顾问团队和整合专家才能做到的事。您在自己的企业内部拥有足够的能力去实施这个转变。那么为什么不"解开猎狗身上的束缚"呢？

埃弗雷特·罗杰斯在1962年出版的书《创新的扩散》（此书的观点现已被广泛采纳）中，认为一项创新（某些被察觉到的，新的或有变化的事情）能否被察觉到（被其对手察觉）比它所替代的旧理念好，对该项创新被采纳的概率有直接性影响❷。这其实就是说，"不劳无获"。变革是不易的，它是趟艰难的历程，因为通常人们是不太能接受在原本很舒适的环境里引发一项变革的，除非已经察觉出这项变革和创新，能比原有的状态

---

❶ 莉亚·欧嘉纳公主（Princess Leia Organa）是电影《星球大战》Ⅳ～Ⅵ中的重要角色。在她的领导下，反抗军同盟持续和银河帝国周旋，并获得最后的胜利。此处暗指"远程呈现"全息化等新兴技术的兴旺——译者注。

❷ Rogers, Everett. The Diffusion of Innovations, Simon and Schuster, 1962.

带来更好的巨大收益。

里基·布拉斯根是我的一位好朋友兼同行。我们首次相识时，他还在纳贝斯克公司（Nabisco）做计划专员，那时我正在IRI公司任职，如今布拉斯根成为了供应链管理专业协会的首席执行官。在我刚加入那会儿，"供应链管理专业协会"还被称为"物流管理协会"（Council of Logistics Management）。1997年，当在芝加哥召开物流管理协会的全球年度大会时，布拉斯根在现场展示了纳贝斯克公司的供应链管理现状。

"纳贝斯克公司的供应链改革进程中，碰到的一个重要障碍是，"他说，"企业陷入了用成功的方式维持经营的泥潭里……"

想想吧，您的第一反应可能会是，没破就别修它。现实情况尤其是成功的现状，创造出了一个很难变革的舒适场所。但是，当企业的外界市场发生变化时，如同布拉斯根在演讲报告里指出的那样，如果企业不能适应变革，它的成就也就转瞬即逝了。

现实情况是，组织创造出来的这种舒适氛围，又被称为"企业文化"。在任何一个转型甚或是一个项目提议里，首先就是理解企业的文化。运营转型意味着更新企业的文化。这对人们来说也是最难理解的事。很多年里，在参观拜访数百家企业，并请教员工描述一下企业文化时，我看到上百次的员工反应，都是先愣了一下神，然后深深地思考，继而总结出一些流利的、情绪化的特征描述，如热情、管制严格、高度纪律化、等级森严等。他们的答案各自不一，从"我们拥有一个持续提升的文化氛围""追求卓越"，到简单地来一句"它就像是狂野的西部"。

很多年以前，在另外一场物流管理协会的全球年度会议上，主题发言人是约耳·亚瑟·巴克，当时他正在推销他的书《未来优势》[1]。从他演讲中得到的收获"人们都生活在各种范式里"，这观点在很多年里就像刺一样扎在我心里。他给出了范式的定义："一系列规则（写下来的或没写下来的）只做两件事情：（1）它确立起或定义了边界概念；（2）它告诉您为了获得成功，在边界内应该如何表现。"这个简单的定义帮助我评估并理解企业文化的本质定义。企业文化确立了企业的内部行为规则。文化就是企业的范式。

企业通过政策、流程和文化创造出了它的运作范式。总之，一种"文化"就是一种"范式"。我们都生活在某种范式里，不管是我们的商战生涯还是私人生活。如果您的行为在文化的边界或规则之内，那么您在企业里终将成功（大多时候都是如此）。当一项新想法或创新放在眼前时，企业文化在很大程度上决定了员工的想法。如果是在边界内部，这项创新被采纳的可能性就很大；如果是在边界外边，且被员工认为是一项潜在的干扰因素，或对企业文化来讲是一项挑战的话，创新就会被抵制。

抵制变革的最大阻力，是过往成绩所导致的。企业发展停滞不前的最大因素，是员工对现状的舒适感；并且，反对变革的最好武器是，这项变革缺乏在市场里已有的成功"证据"或迹象来支持。这就是领先企业与中游竞争对手的成本鸿沟在超过25年以来一直没有改变的根本原因。图1-3是一副美国生产力与质量中心提供的完美订单绩效图。完美订单是对整个供应链绩效及服务的测量。在不同产业里，领先企业与中游竞争对手间的"完美订单"基准的鸿沟都相对较近，而且无疑地，比两者的成本鸿沟更近一些。

---

[1] Bakerm Joel Arthur. Future Edge, William Morrow, 1992.

中游竞争对手的执行效率与领先企业一样，但领先企业以更低的总成本实施，执行效率更佳一些！这就是领先企业、中游企业和落后企业之间的差距所在。领先企业已经学会了如何评估并权衡一项变革是商机还是威胁。他们寻找创新，并愿意为获得更好的回报冒失败的风险。他们为成功而工作！

我记得一个关于IBM前任主席托马斯.J·沃森的故事（我不确定故事情节是否真实）。根据我在IBM的朋友们传来的信息得知，在总经理给他的直接报告里，有一项要花费大约两亿美金的决策。当沃森把总经理传唤进去解释他的行为时，大多数同事都猜测总经理要带着"解雇通知书"从会议室出来了。孰料，当他从会议室出来时反而获得了晋升。当被问及为什么不解雇总经理时，沃森回应说："解雇他？我刚刚花了两亿美金教育了他。"改革性的企业文化是学习型文化。如果企业文化不是改革性的，它的绩效也将不会是。

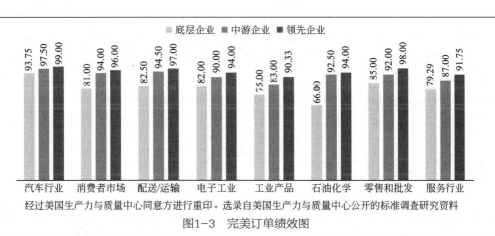

经过美国生产力与质量中心同意方进行重印。选录自美国生产力与质量中心公开的标准调查研究资料

图1-3　完美订单绩效图

敏捷供应网络

如果您供应链里的每个人都能相互同时联系的话，会如何呢？如果每一个被贴了电子AutoID（自动身份识别标志）和RFID（射频识别身份标志）的"运输单位"都能相互同时联系到的话，又会如何？如果每一个运输集装箱都能被GPS定位，且能被监控和跟踪的话，又会怎么样呢？

网络里的每一个人都有能力分享他或她的专家知识，以在任何时间和任何地方来对变革进行管理和响应。当变革发生的时候，也许是促销或销售促进、高速主干道上的拥挤、恶劣的气候，或者其他变量的扰动因素，变革（"哎呀，这次他们买了其他企业的产品"）带来的影响（考虑了所有变量及其聚集效应）通过网络被相互传达。

如果变革是外部预先设定的限制因素，如原料流、成本、实践，或其他绩效标准，每一个此类因素变化的负责人都会被告知，其他位置（或节点）上的条件是如何或可能直接影响到这些因素，以及需要制定些什么运营调整措施，来确保对客户需求/订单的及时响应。

接到通知后，该负责人有能对事件展开深度挖掘的能力，譬如集装箱GPS定位、图表信息处理等能力，并且，对那些涉及利润层面变革的、需要做出响应的信息展开交流。要展现出被影响到的每一个人，这样才能进行实时的沟通和合作，以确保对变革做出响应的承诺得以实现。实时、多维度地通过任一媒体，在世界上任一地方，共享并展示出支持决策的必需信息。贯穿整个网络的，位于所有原材料、集装箱及运输资源的，从射频识别身份标志（RFID）和全球定位系统GPS（远程信息处理）装置传送来的数据，被全部采集起来。

网络里的每一个人及每一个系统都被可测量的计划所引导，以保证生意能被跟踪和校准，对实际需求做出响应，进而获得战略性的商业目标，并创造出股东价值。并且，这不是仅仅为了一家企业，而是为了供应链网络里、相互协作的所有合作企业。

客户、供应商、外包的服务提供商直接参与决策的制定流程，分享由于拓展组织有效性、提升服务及响应能力，并管理好可变性及不确定性所带来的价值。时间表、资源和产能，包括劳动力、原材料、机器设备、干扰因素、资本等，协调好所有这些因素，以贯穿整个企业及渠道的最大有效敏捷度，来对需求做出响应，视网络为统一整体，引导其寻求最优响应与价值创造的最大化。您说这是不可能的，是吗？记住，一般意义上的商务概念已经被取代了……欢迎来到21世纪的供应链管理和敏捷供应网络来。您、您的员工，以及您的系统准备好迎接挑战了吗？

评估您的企业文化

因此，您应该如何评价一个企业的文化，并确定其如何才能成为可转型的文化类型呢？一个更具有实践特色的、用来评估企业文化的、很多年里我发现都很有用的方法，是将亚伯拉罕·马斯洛的"人类动机理论"文章里的层次需要理论[1]，与弗兰奇和瑞文撰写的"社会权力的基础"两者结合起来使用。

很多年来，我改编了几个概念到我的5S转型（文化上的和管理上的）成熟度矩阵模型中（见表1-1）。模型可以相对快速地评估出企业文化在转型成熟度中所处的位置，以及可能采取何种管理态度及响应措施，来应对变革的发生。

顺便提一下，您曾经注意到过各行各业的专家们，都创立了某种程度上的"成熟度模型"吗？好吧，我也一样，除了一点，即从来没有人达到"多数专家们的成熟度模型"的最高水平（也因此专家们能有无止境的系列化咨询业务），而我的模型则不是。我的模型的最高水平不仅是可以达到的，而且这种最高水平我发现有很多领导人已经达到了。彼得·圣吉称其为"学习型组织"。在我的模型里，这种最高水平就是马斯洛的自我实现水平。

横向水平来看，这张表代表了弗兰奇和瑞文的文章中的权力基础：威望权、专家权、合法权、奖励权以及强制权[2]。纵向垂直来看，这张表代表了马斯洛的五类需要：自我实现、自尊、社会、安全和生存需要。您要花多少时间、会多详细地分析这张表，这取决

---

[1] Maslow, Abraham, "A Theory of Human Motivation," Psychological Review, 1943, vol.50,no,4,pp.370-396.

[2] Adapted from French, J. P. R. Jr., and Raven, B. "The Bases of Social Power," in D. Cartwright and A. Zander (eds.), Group Dynamics, pp.607-623, Harper and Row,1960.

于您。在我的经验里，您通过面谈和对组织中各项职能的观察，就能够迅速完美地评估出企业整体的文化现状。这张表从1到10代表不同的水平，10意味着组织里最强的，或者是能更频繁地被观测到的影响或行为。您可以用各项指标，并进行指标的聚合分析来考量组织的评估体系。在这个例子中（表1-1），我已经对我所观察到的现状给出结论，即它是一个文化上或者说转型成熟度上非常普遍的一个状态。社会需要层面的总价值是35，这一层是对这个组织文化状态的最好描述。

表1-1 转型成熟度水平的5S图

弗兰奇和瑞文	威望权	专家权	合法权	奖励权	强制权	总价值
自我实现	3	7	10	2	1	23
自尊	3	7	10	4	2	26
社会	7	7	10	7	4	35
安全	5	5	10	8	6	34
生存需要	2	5	10	5	7	29

取值范围为1～10，10代表影响力最强

考量这个成功的企业，就像很多组织一样，合法权，或者称之为对权威的尊重，或曰责任管理水平，是能够观察到的最强大的权力根基。绝大部分时候，人们认为他们属于组织并且是团队的一部分。但是他们也没觉得应该必须站出来获得多方认同，他们对突出自我没有很强的渴求。企业没有提供或者高度鼓励相关的职业发展方案，而人们也没有要求这些。

一般而言，在组织开始寻找某个人来领导一个项目或首创方案时，人们会感激某些领域的专家或具备资格的人，并给予他们足够的尊重，特别是在同事之间。但是，这类项目是倾向于由于运营需要或解决问题需要而首创出来的，并非因为试用或测试一个新想法、技术，或方法而创立。

日常管理工作以成功为目标，可能会以奖金或建议盒的方式作为激励性的工具，但是它较之于正式的项目或流程来说，形式更为原始一些。通常来说，如果他们为目标工作，并达到可接受的绩效水平时，人们会感觉很舒适。他们会继续在企业工作。若他们的整体薪酬具有竞争力，且在企业内拿的薪水相对公平的话，一般情况下他们是比较满意的。看上去似乎企业里没有太多的逆境和压制（恐惧），现状是可以接受的。企业里会有几个积极能干的人，并且他们积极追求职位发展的上升通道，但是这种积极性是渐进性的，而非革命性或破坏性的。这听上去很熟悉吧？

当我拜访并观察某个企业的员工时，我留心观察他们的开放程度有多大。他们在信息共享方面态度亲切友善吗？他们的肢体语言放松吗？他们会倾听并探寻原因吗？他们会询问问题吗？或者他们是封闭的、抵制的？一切工作都围绕着成本转吗？是否担心说错话或者不敢自发的提供信息？这个组织结构是命令和控制型的风格吗？每一件事都被要求要严格按照正常程序走吗？您是否理解我现在在说什么？以前我经常有个习惯，能帮我了解一个组织结构的很多东西。回想在某一天里，当我想抽根烟时，我会径直走到休息室，跟大伙一起抽抽烟，聊一会天。仅仅是在休息室里随便抛出一两个问题聊聊，您就会获益良多的。

举例来说，需求是创造之母。当时我们正在研究一个设计方案，我们想要找出来为什么运输线路利用率下降了，仓库里有很多库存，而准时发货情况又很棒，我们完全摸不着头绪，研究进展很艰难。在整个会议讨论过程中，我们一无所获，不知道为何运输线路利用率比标准设定低这么多。我就去抽根烟透透气，跟几个大男孩在一起，随意地聊些他们做什么工作之类的话题。很凑巧地，当他们进来时，我发现他们正在筹划拖车（预建载荷）以跟订单相匹配……至少从会计角度来看是某种"禁忌性"行为。当我们稍微深入讨论下去时——好吧，如我所说，如果您不能发货，您就不能开账单。因为没有发出订单获得收益而被解雇的供应链经理们，比什么都多。

在这个企业，既然绝大部分订单在每个周末都会如期而至，且经常会超出仓库的最大载荷能力，那么这个企业的管理团队，注意到很多客户都会对某些产品订满一卡车的货且订货模式很有规律，所以，他们就根据这些订货模式，及仓库外停放的卡车数量情况来预建载荷。当订单到来时，他们先查找与该订单量最接近的卡车载荷，通过比较匹配，让搬运车"先放下能匹配的卡车空箱，待装满符合该订单量的载荷后，再吊回卡车上"，这样他们就可以运送最大数量的订单，以创造额外收益。在这个过程中，他们不是在"拣选和装载订单"（译者注：而是尽量提高空载卡车的利用率，并解决仓库容量不足的难题，实现双赢），所以就经常做不到订单的完美匹配，结果就是运输利用率的度量值很差。在那之后，我的几位同事又拾起了抽烟的习惯了（至少在那个设计方案期间）。我也许不再吸烟了，但当我在做一个设计方案时，我仍然会不时地在休息室闲晃一下。

文化成熟度水平

关于古老的"巡回式管理"也有很多现实意义。"巡回式管理"是托马斯·彼得斯和罗伯特·沃特曼在其出版的《追求卓越》❶这本书里提出的观点，该观点从他们跟当时的惠普公司董事长约翰·杨在1980年的一次访谈而来。

让我们来看看影响文化成熟度的一些特性和权力基础。

第一层水平：生存

文化的最基层水平是生存需求。它可能不在马斯洛的生理需求层次，但是，很清楚的是，人们想要工作。他们不想冒风险失去他们的工作。他们想要一份公平的工资，以及来工作却不用担心他们将会被解雇。工会逐渐成立，来满足他们在工作场所中的各种需求。令人惊奇的是，有很多企业日复一日地处于生存水平层次，特别是中小型企业及一些新兴企业。很多企业被收购和兼并，所以有很多工作职位会丢失掉。对经理人来说，让职员受到威胁是不常见的。如果他们不能在一定水平上经营运作，他们就会被取代。

---

❶ Peters, Thomas J, Robert H. Waterman, Jr. In Search of Excellence: Lessons from America's Best-Run Companies, HarperCollins, 1982.

成本驱动着行为。每一个行为都是由成本和效率来评价的。

当人们维持他们工作的需求强于任何别的东西时，转型改革会很艰难，更不必说创新了。这是为什么呢？

在这个水平层次上，人们被巨大的恐惧感操控。他们担心犯错，担心丢掉工作，担心下一步会发生什么。这个层次上的权力主要是强制型的，根据弗兰奇和瑞文的观点，基于职员（特意使用该词来代替"同事"）会洞察到监督人（特意使用该词来代替"经理人"）拥有惩罚职员的权力的情形下，如果您不做要求您做的事，您就将会被解雇。所以这一点，通常是没有什么好讨论的。

在商业活动中要注意到，很大程度上，几乎所有的文化成熟度水平都会利用合法权这一点。根据弗兰奇和瑞文的观点，员工会洞察到经理人拥有合法权来界定职员的行为。在组织权威普遍地被绝大部分职员接受的情况下，处于生存水平层次上或是存在工会的环境下，企业文化可能是对抗性的。该转型成熟度5S图的结构特点，在垂直层面上一般是命令与控制型的，政策是被要求严格拥护的，并且几乎没有给那些解决问题的创造性建议提供任何的生存空间。处在这个水平下，通常的变革手段或激励措施就像一个燃烧的平台❶。只有来自于竞争对手、财政和/或客户的压力才能让这个组织站在十字路口，被迫去做出选择。

我们将不得不首创出一个转型方案，以撼动人们迈向下一个更高的文化成熟度水平，否则我们就歇业了。

第二层水平：安全感

人们需要在工作场合有一定的安全感，以面对任何形式的实际流程提升或转型，这样他们才能独自面对，并把转型持续下去。他们想要有一份合理稳定的职业，具有竞争力的薪水和收益，并且希望自己的付出能获得尊重。这个层次是一个管理层承诺的层次水平。根据弗兰奇和瑞文的观点，在员工会洞察到经理人拥有员工的薪酬权及（或）赞誉权的基础下，管理人员必须把员工对强制性权力的恐惧，转移到让奖励性权力发挥作用上面。在此文化转型成熟度水平上，管理手段从强制性演变为鼓励性。您不必改变激励体系（虽然这或许是有帮助的），但是您必须给予鼓励，表示祝贺或庆祝成功，同时，针对您想要在组织里倡导的某种行为，对相关员工给予一定形式的奖励。

这里讲的全部内容，都是为了将员工的恐惧感从组织的平衡状态中驱走，并得到积极的结果作为回报。如果想要他们能很好地完成职责，并被认可的话，他们应该拥有足够的安全感。不过，这需要来自管理层的一种承诺才能实现。很多年来我见到过各种各样的激励手段和形式，从正式的激励机制和政策，到比萨晚会和咖啡券等。总之，这种文化转型想要成功，必须是管理层发起的才真正管用。

曾经去参加过行业会议或项目吗？相信您参加过。在每一次行业的相关会议中，都有案例研究的现场演讲。这是一种不太昂贵的手段，可以采集到相关行业面临的现实困难或实践情况等信息。每一场案例的现场陈述都有什么共同之处？拜托，就是那样；每一次成功的案例研究现场演示，均起始也终止于"管理层的承诺"。发言人说，没有管理

---

❶ 比喻上下级关系剑拔弩张的状态——译者注。

层承诺的话，这个方案就不可能成功。好吧，这是个好消息，也是个坏消息。坏消息是，首先您可能从来没有听到任何一个现场演示者告诉您，如何得到高层管理者的承诺。他们只是告诉您这有多么重要而已。好消息是，现在随着您继续阅读本书，您将学会怎样才能得到高层管理者的承诺。事实上，第7章就是专讲这个主题的。在此期间，让我给您讲个故事，关于为什么管理者的承诺对最终的转型是必需的。您不必从管理者的承诺开始，但您将不得不在某一时刻战胜它。

人们的习惯模式经常会挡住改革进程的前进道路。不管是管理人员或普通人，如果人们感觉不到其能力范围内的安全感，他们是不会去拥抱变革并冒风险的。任何积极结果的可能性也变得微小。举例来说，据说在1957年，普伦蒂斯·霍尔（Prentice Hall）出版社掌管商业类书籍的编辑，在关于数据处理技术的兴起上曾说道："我纵横万里在全国到处旅行，并与最优秀的人有过交流，我能确信地告诉您，数据处理技术只是一时流行的狂热而已，不会撑过一年的。"有很多可以归入犯下"大错"的预言就在那儿，譬如在1943年IBM的汤姆·沃森说过："全球市场只需要大约5台计算机。"或者还有，1949年3月，《大众机械》杂志给出评论说："在一个电子数字积分计算机（ENIAC）配备了18000个电子管重达30吨的地方，未来计算机也许只需要1000个电子管，且或许仅重1.5吨。"

然而，对我来说，1957年发表的：普伦蒂斯·霍尔出版社编辑的言论一直意味深长。1957年那年让我记忆深刻的原因是什么（不是人造卫星，虽然它也意义重大）？1957年那一年，计算机工程领域的先锋战士、麻省理工学院斯隆管理学院的杰伊·福瑞斯特教授完成了他"关于变革对多阶供应链的影响"的研究，并由此发表了他的著作《产业动态：决策制定者的一项重要突破》。在这本书里他写道：

> 管理工作已经接近于一个将获得重要突破性进展的边缘了，即管理者应领会理解到，行业企业的成功是多么地依赖信息流、材料流、资金流、劳动力流、资本投资流等的交互作用。这五流在系统里会发生连锁反应，进而彼此放大，并引发变革和波动。这种趋势将为决策、政策、组织形式、投资选择等效应的预测提供支持。
>
> 经过《哈佛商业评论》（1958年）同意方进行重印。选录自36卷，第4期，杰伊·福瑞斯特的《产业动态：决策制定者的一项重要突破》。

福瑞斯特教授在管理决策制定上的突破性进展，使得数据处理技术能够领导系统动力学领域的发展。他有个同事叫彼得·圣吉，像我前面提过的那样，当年我在美国数字设备公司工作时，我们曾一起致力于研究物流系统架构的企业内外部拓展问题，如此将在内部引导我们的物流战略和运营走向，在外部使得我们有能力引领我们的客户，以获得卓越的运营效果。此外，它能指导我们重新招募合作伙伴，进入我们的物流（在那时，供应链还不是一个主流术语）解决方案生态系统中。作为那个方案的一部分，我们与创新顾问公司、彼得·圣吉一起工作。

所以，这就是1957年对我意味深长的原因了。而且，我们还要面对普伦蒂斯·霍尔出版社掌管商业类书籍编辑的预言,"数据处理技术只是一时流行的狂热,不会撑过一年的";并且还有福瑞斯特教授写下的那句"商业决策制定已经接近于一个将获得重要突破性进展的边缘"。两种迥异的思维模式,您选择走哪条路,也将决定您住在哪座城市里——"先进城邦"还是"落后城邦"。好吧,那是在第一届"行为的系统性思考"会议上,我有了一个机会跟福瑞斯特教授相遇。圣吉邀请他做关键发言人,当他讲到自从他在《哈佛商业评论》发表了这篇文章以来,已经演变了三十余年时,我听得入迷了。

当然地,当时间到了"您问我答"环节时,我必须问问教授,为什么在过了三十余年之后,几乎还没有一位商业领域的教授愿意接纳系统动力学原理,也没有一位将其作为一种方法来进行课堂教学,以便学生们能更好地理解物流及最终的组织行为与决策支持的动态演变过程。

他的回答非常迅速和简单:"我们只是不得不等这拨人死掉。"

我的天啊!我目瞪口呆了。我们不得不等这拨人死掉?好吧,像您能想象的那样,我们在一个很大的公共场合之下,所以不允许我继续提问。但是我必须见见教授,请他给我个更好的解释。幸运的是,那天之后彼得·圣吉邀请我参加一个更私密的会议,我也因此能让教授给我一个解释了。

教授向我解释说:"德国先锋物理学家马科斯·普朗克在1936年说过,'一项重要的发明,极少能通过赢取对手来为自己开辟道路……会发生的情况通常是,对手逐渐消亡了。'"福瑞斯特教授继续解释道:"学者们都有自己的理论及对商业实践的假设,且他们理论的卓越性,是依赖于其优于同行的教学效果,从而获得采纳的缘故。并且学者都有任期,因此,若不采取同行的假设也没有什么好损失的……"因此,他说:"我们只是不得不等着学术对手死掉,并且希望我的学生能取代他们的位置。"

这是我在组织行为方面学习到的最重要的经历之一,跟学术政治无关。除非您能制订一个计划,来与"现状"的文化展开对话,确信您所提倡"理想愿景"的变革,将对"现状"的文化产生一种收获将超过疼痛的影响,并提出一个计划来处理掉可能产生的疼痛。在转型改革能够完成之前,您可能不得不等这拨人先死掉!

简言之,您必须以同样的方式告诉管理者和同行们,相对于不接纳转型来说,接纳转型将让他们的境况显著好转。彼得·圣吉将此称之为"构建起一个共享的愿景"。是的,这很艰难。但这不是不可逾越的,您没必要去死。您只需要去说服企业,如果不转型它可能会死掉。

所以,现在您知道为什么了。在每一个案例研究里,人们都会告诉您,任何一项变革中,最重要的成功因素都是执行者的赞助和承诺。如果"理想愿景"的因素不在高层管理者的思维模块里,那就不太可能被制定进企业文化里,也不太可能获得成功。这是组织变革里唯一的关键性阻碍因素。在第7章我们将要详细探讨,到底该如何与高层管理者交流这些内容,让其成为他们思维模块的一部分。为什么要这么做呢?只是因为在这个千禧年时代里,我们不能眼睁睁地看着管理层死掉。然而,如果在能力方面人们没有足够的安全感,来接受转型带来的变革的话,他们不大可能成熟地迈入下一层水平,除非他们是大批量买进来的。

第三层水平：社会

在推行转型改革战略时，我们必须要开始制定文化的变革策略，来促进整体转型战略的进展（譬如，从"监督者与职工"到"管理者与同事"以及自我管理工作团队的改革）。这是不容易的。旧的企业文化环境已经存在多年，故很难被克服，但是，除非人们开始对一些行为感到舒适自然，如彼此开口谈论、运作流程变得开放、寻求上级支持等行为，这时候转型才得以成长变大，难以被一口吞咽下去。进行这些变革是真正困难的任务，特别是在一个已经存在相当长时间的旧有运营环境下，变革很艰难。

举例来说，譬如宝洁公司全球制造工厂的高绩效工作体系。我将会提及我在很多年里跟宝洁公司同事一起工作的经历，因为宝洁公司也许不是最佳，但可能是我曾观察过的转化性、创新性最好的企业之一。他们一直致力于推动组织对卓越及竞争力的追求。

好了，说完这些后，让我们来看看这个案例。这是在由帕格索斯传播机构（Pegasus Communications）主办，位于新罕布什尔州布雷顿森林度假区，华盛顿山度假酒店的第二届"执行的系统性思考"会议上。其中一位被邀请的发言人是查理·埃伯利，他是宝洁公司已经退休的前任全球制造部的最高负责人。埃伯利用了45分钟的时间，详细讲述了他们制造实施的流程和时间表。

在他现场演讲的尾声时，我拖延了一点时间，问了一个简单的问题："查理，我冒昧问一下，但是刚才您只是详细陈述了在您实施高绩效工作体系后，您在全球各个制造点收获的优秀绩效。然而，当我看您的时间表时发现了问题，为什么你们花费了15年的时间，才在宝洁公司的所有全球工厂里全部实施完呢？"

几乎同时地，埃伯利回答到："因为我花了15年的时间才被提升为全球制造部的副总！"并且，他补充说："很坦白地说，当我进到我在辛辛那提的办公室，俯瞰俄亥俄河时，我也不想去实施它。"

埃伯利继续解释说："推行高绩效工作体系并不是那么容易的。这是转型改革性的，需要一种跟已有的宝洁公司大部分工厂里完全不同的文化思维模块。高绩效工作体系对员工授权更多，并改变了员工与管理者的关系。职员变成了同事或技术员，并且，员工以可交换的角色参与进自我管理的工作团队中，以提高流程，运营决策制定等。"

因此，虽然对全新的宝洁公司工厂来说，这项实施方案是很棒的，是"全新的实施方案"，但没有一个之前的宝洁公司全球制造部副总愿意忍受这种改进现有工厂带来的疼痛。虽然推行高绩效工作体系带来的工厂绩效和生产率的提高，远远超过了现有的工厂，但是现有工厂的执行力，已经处于超越竞争对手的显著优势情形下了。底线是，在全球工厂执行"全新的实施方案"得到的收获，没有超过带来的疼痛。

埃伯利说他刚开始时，也不想做这个改进方案。有一次他和彼得·圣吉一起出去钓鱼，那时他们才一致认为"这是在做一件正确的事"。当他被提拔到全球制造部副总的位置后，他着手推行这个全球实施的行动。然后，当最后一个工厂被成功转型改革后，他退休了。这是一场很棒的演讲，也就是此时，围绕在组织内推行改革实施方案面临的挑战和机遇问题，我的想法和思路完全成型了。如果一个组织不能超越生存或安全感的文化水平，要进入到专业的"社交需要"层次的话，转型改革就会极其困难。

打造一个推行变革的案例

通常来说,在这个层次上吸引人们的最实用方法是,向其介绍流程绘制图、建模,以及其他能在组织里展现的可视化技术。这是界定"现状"的商业环境和流程是什么样的最快速方法。在第4章里,我们会介绍各种更深入的绘图技术,以及怎样引领组织投入到转型改革的路线中去。现在要关心的是,为什么流程绘制图这么重要?

可视化系列技术是引导人们用一种没有威胁的方式,在工作场所采集信息和数据的极好方法。我们逐步在地图上标出流程的各项步骤,并搜集在这些流程中产生的行为与绩效数据。我们尽可能客观并简单地绘制出,各项活动是如何地被组织起来并得以实施,以最终达成我们的目标。

流程绘制图也是理解流程上行为的一种重要方法。人们对图示上的描述有所响应。很多模型拥有"细节层次上的技术",既能在很高深的层面上与高级主管交流,又可以在很细节的层面上跟运营执行官沟通。最重要的是,人们能够静心坐下来,观察其行为是如何对运营的成功做出了贡献,又或者是如何抑制或约束了运营活动的。

流程绘制图最有利的结果是,它能把人们带到流程之外来审视。它使流程变得具体化。它不是在评论人们谁好谁坏;它是在讲流程。一旦您让员工像团队一样一起工作,定义流程、行为、指标等,并搜集相关数据来支持他们的流程图的话,您就已经使更多的交流互动成为可能,并创造出一种"社交需要"的文化氛围,这有助于分析和变革等工作。员工不需要被修理;需要修理的是流程。当达到此种状态时,对提升流程或进行变革的需要就成了不言而喻的,并且企业开始提出,要迈向下一个文化成熟度水平——自尊需要层次。

第四层水平:自尊

当流程提升工作开始站稳脚,取得成效,并且一般而言如我早些时暗指的那样,那些成效是值得庆祝且/或奖励的。对很多企业来说,这种奖励,不是必须要制订一个重大的投资或正式的薪酬刺激计划,它可以是通过办一场比萨晚会,或午餐会,甚或分发一些咖啡券等形式体现出来。当同事们发现在获得成就和被重视的同时,还会带来这些好处后,他们也想加入进来。他们开始寻求一些手段,以体验更高水平的自尊感和个人价值感。他们也开始认识到,其他同事的贡献价值和团队的努力付出。专家权和建议权变得比合法权更为重要。人们变得更为团队导向型和自我管理型。强制权几乎不再存在,而奖励权更像是一个结果而不是手段。

在发起转型改革的早期,在组织的文化成熟度处于从社交需要到非常关键的自尊需要水平之间的时候,实施职业发展项目变得很重要。而且,这是推进组织的文化成熟度水平上升到自我实现需要层次的关键手段之一。一项包含内部或外部的关键课程的、支持企业转型改革的职业发展计划,能把员工引入同一个阶段,谈论同一个话题,并建造起人际关系。如彼得·圣吉所提及的,此时的团队学习,才能成为一种程序化的例常工作。

第五层水平：自我实现

这是改革更新文化成熟度的最高水平。几乎没有一个组织，能持续地在企业文化内部展示自我意识、个性以及职业成长行为。当然，在这个水平上，组织里的人们都认可正式的结构形态，以及责任和管理行为的合理分配。

然而在这个水平上，合法权的使用，更像一种指导，而不是一项指令，人们感到有更多的自主权去做正确的事，并能够持续地寻求途径来实现自我以及组织的提高。变革是一个有待开发的机会。员工是现状的再次发明者，并对实现最大潜能的兴趣最大。各种领袖逐步涌现出来，并得到人们的认可和尊重。组织内部到处可以看到，员工的自尊需要获得了满足。

当您遇到处于这个水平的人们时，您几乎会觉得他们很傲慢，但实际上不是。他们是竞争对手和赢家，且充满自觉的意识和自信，他们也可能来自顶尖的高校，在班级里名列前茅，是学术圈中的领袖人物，且经常出现在运动场上和课外活动中。为什么会是这样呢？因为处于这个文化成熟度水平的企业，居住在"先进城邦"中，他们有资金从内部进行人才建设，并通过招募全球一流的专业人才来实现人才的"再补货"。他们是市场的领导者，在所处行业里被高度认可，他们持续地投资到人力资源、流程和技术上。最优秀和最聪明的人都想为他们工作。他们拥抱风险并关注未来，永无休止地追随他们能发现的每项创新。用彼得·圣吉的话来说，这是一个"学习型组织"。他们最恐惧的是被甩在后面，丧失了领导地位，被对手奇袭式地给取代了。这是学习型文化转型改革的目标，也解释了为什么说转型改革被看成是一场征程……它没有终点，且跟您踏上这趟征程至今的时间一样长。

范式能鼓励或约束创新

当我在美国数字设备公司开始和彼得·圣吉，及创新顾问企业的同事一起工作时，我加入了他们的一个讲习班项目中，主题是"领导力与统治权"，我想它也是彼得·圣吉这本书的灵感来源之一。课程由彼得·圣吉任教，在巴布森学院的行政教育中心举办。本书里自始至终我都会提及我从这个项目里学到的一些经验和知识；然而，正是在这个项目进行期间，我学到了宝洁公司的改革之路是如何被实施的，且在随后很多年里，通过我在布雷顿森林与查理·埃伯利的多次谈话，及我与在一些行业协会会议及事件中碰到的、其他一些宝洁公司同事的数次交流中，这些知识被自始至终不断地加强和完善着。

像很多讲习班一样，我们先开始介绍自己、所在的公司、职位等情况。班级里有大约15个人，人数可能略有出入。当我们进入房间里，发现大约有8～10个来自宝洁公司的出席者。在我与同班同学的交流中得知，宝洁公司当时的首席执行官约翰·G.斯梅尔，几乎是命令每一个宝洁公司的经理人都要参与进这个"领导力与统治权"的项目。我被告知的理由就跟我随后知道的一样，斯梅尔是那种不仅拥抱变革、更是变革代言人的"管理层承诺型"高管。直到2011年11月他过世，那些纪念物、客户评价、讣告等都称他为宝洁公司在全球扩张和改革方面的领袖人物。据记录报道，在企业为约翰·斯梅尔举行的纪念仪式上，斯梅尔的首席执行官职位继任者埃德·阿兹特评论道："作为我们企业的领袖人物，唯一一件使约翰职业生涯显得光彩夺目的，是他作为变革代言人所创下的卓越纪录。"

在与研习班同事们交流及随后和其他人交谈中，我得知斯梅尔想让企业创立一个走向市场领导力的愿景，他需要企业员工能结盟起来共享这个愿景，像个团队一样执行并实现这个愿景。我相信，斯梅尔是第一个领导宝洁公司在改革征程上达到自我实现水平的人；并且，这是一趟超过30年的漫长征程，因为这是一趟大家都知道没有终点的征程。斯梅尔利用职业训练项目，让每个员工都达到同一个阶段，都在一起工作，从而将宝洁公司的文化从社会成熟度水平推进至自尊水平，直至最终的自我实现水平。这期间宝洁公司的每一个经理人都参加过"领导力与统治权"项目，他们都领会了《第五项修炼：学习型组织的实践和艺术》❶一书的本质原理。

他们学会了系统思考、自我超越，及怎样经历自尊需要的实现；他们学会了创造愿景，及怎样建立起一个共享的愿景。更重要的是，他们讲同一种语言，致力于团队学习，并加入到这趟改革的征程中。约翰·斯梅尔的典范模式及其领导宝洁公司成为市场领导和最佳实践领导的承诺，可以成为任何一个寻找转型改革根基的企业的典范。

另外，正如我们前面已经见过的"犯下大错"的名句一样，高层管理者的思维模式会阻碍一个企业的发展或成功。在加入美国数字设备公司之前，我在宝来公司待了10年，它后来合并了斯佩里公司（Sperry Corporation），变成了优利系统公司（UNISYS）。这个企业的领导力水平，从其将两个市值六十亿美金的企业，整合进一个市值四十亿美金企业的过程中，可以窥得一斑。我在优利系统公司的导师，最近加入了美国数字设备公司，美国数字设备公司的内外部均正处于重要的转型改革的中期阶段。

美国数字设备公司的迅速成长，很大程度上要归功于创始人肯恩·奥尔森引入小型计算机的突破性工程，一开始是做过程控制，后来为分布式计算机提供网络技术支持。我们成功地销售，并为合作伙伴的部门解决方案配置了技术，在提供专门的行业应用程序方面，围绕大型主机的"玻璃房"，并跟IBM及五家大型主机提供商BUNCH（Burroughs, Univac, NCR, Control Data, 及Honeywell）展开激烈竞争。在专业领域和市场营销方面，我们实际上都说"网络就是系统"。

长话短说，在部署分布式计算机作为工业解决方案方面，行业领导者的五年期改革战略，并不符合肯恩·奥尔森的思维模式。1977年奥尔森贡献出"犯下大错"语句里最有名的那一句："任何人都没有理由在家里装上计算机。"您家里有多少计算机呢？越来越多的家庭里，计算机数量已经超过了家里的人口数量。

他的思维模式（强迫心理）是，打败IBM的办法，应该是生产出能替代"玻璃房"的大型主机，而不是围困住它，并拔下它的插头。作为一个做硬件出身的人，他的确打造出了强大的、能替换掉IBM大型主机的计算机能力。但是他低估了软件部分的力量。并且，因为存在插口不兼容的问题，很多企业都不愿意花成本来转换他们所有的应用设

---

❶ Senge, Peter. The Fifth Discipline: The Art and Practice of The Learning Organization, Currency Doubleday, 1990.

备，以迎合一个能与IBM大型主机相媲美的盒子❶。在研究开发大型主机的投资及初始运营的生产成本这两块上，美国数字设备公司耗费了大量的现金储备，导致企业陷入衰退，最终被康柏电脑公司（Compaq）收购。具有讽刺意味的是，后者是私人计算机市场上早期的成功者之一。当然，康柏电脑公司被惠普公司（Hewlett-Packard）收购了，它是美国数字设备公司在西海岸的同行，也是最凶猛的竞争对手。最终的讽刺性结局是，奥尔森模式变成了惠普公司模式。

从中我们学到的最重要一点是，我们不能眼睁睁地等待着，看旧有的模式慢慢死掉。我们必须持续地监控，推动我们的企业文化前进。要以市场为目标导向，而非个人的思维模块。思维模块必须要跟着市场走，流程创新应该激励文化的转型改革上升到自我实现的水平。

在本章结束时，结论得出来了：变革是不可避免地，增长是可选择的。供应链改革不是一项选择。如果您想居住在"先进城邦"，就像宝洁公司学会的那样，供应链改革应该是一个持续性的征程，从我之前与宝洁公司领袖人物查理·埃伯利的交流中，多次谈及拥抱形成制度化的供应链改革程序，并融入进企业文化中等方面，可以得出这个结论。这趟征程没有尽头。从顶峰跌至谷底的情况，可能在任何时候发生，并且，如果您没有持续地关注变革的外界整体环境波动的话，您就可能在某一天被意外替代。

这里所有的观点可以总结为一句话，就像诺贝尔奖及奥斯卡赢家萧伯纳说过的："没有变革的发展是不可能的；而且，那些不能改变自己脑袋里想法的人，也不可能改变任何事情。"如果一个转型改革想要成功，它将会是这样的，即文化变革方案像流程提升方案一样多，而且您必须按部就班地按计划实施才行。这就是为什么这么多专家称其为一趟征程的原因所在了。另外，就像宝洁公司在很多年里所验证的那样，一旦这趟征程开始了，它就没有终点。这就像种果园一样，它需要花费时间、精力，并投入资金来种植树木，但它们将要等待很多年，才能收获到果实。

我在美国数字设备公司的早期经历，以及与宝洁公司员工一起工作的经历，引领我逐步形成研究转型改革的技术和工具。后来，在高露洁棕榄集团的一项方案里，我把这些技术和工具进一步整合并完善起来。当时是为供应链技术开发商工作，并参与进各行各业的转型改革驱动方案里，譬如有效顾客响应（ECR）技术，合作计划、预测与补货技术（CPFR），这些技术和工具也侵入进服装行业的DAMA（需求激活型的制造架构）方案里。作为一个行业分析家，和开发出供应链运营参照模型的团队成员之一，以及供应链协会（SCS）的创始人，我也曾经有机会拜访并居住在这两座城市里，"先进城邦"和"落后城邦"，并从两者中学到很多。让我们以面向商业运营的视角来开始这趟征程吧。

---

❶ 指肯恩·奥尔森公司生产出的大型主机——译者注。

第2章
正确地看待您的商业愿景

回顾1969年时，美国曾送了一个宇航员登月。想象一下完成此壮举所必需的计算机能力，需要考虑进所有变量和不可预知变化的那些计算公式吧！十年之后，事实上任何一家企业，都能以比当年NASA登月计划更强大的计算能力来进行经营；又一个十年之后，台式计算机能实现更强大的计算能力；再一个十年之后，它可以在移动终端和笔记本电脑上实现。今天，我们有了单独的、可放在口袋里的进一步强大的计算能力❶。并且，伴随着计算能力的逐步增强，我们的手机具有全球即时沟通、定位服务、音频和视频服务、互联网接入口等功能。下一个十年内，如果我们的智能手机拥有即时翻译能力时，请不要觉得意外。这能消除不同语言间的障碍……也许会更快到来。毕竟，您已能拥有网页的瞬时翻译功能；那声音的瞬时翻译为何不可能呢？只要您能想到，它就会发生。

在同一时期内，我们已经实践了很多新的工业创新和转型改革的战略，以影响技术、沟通和信息管理上的已有成就。比如在工业创新领域，有服装行业的快速响应技术（QR）、零售/包装类食品消费行业的有效客户响应策略（ECR）、汽车制造行业的汽车工业行动小组技术平台策略等，这些新技术均在各自行业里承诺能实现数十亿计的成本节约。随后，各类转型改革策略应用而生，如全面质量管理（TQM）、即时生产制（JIT）、连续流生产（CFM）、高绩效工作系统（HPWS）、精益化、六西格玛、供应链运营参照模型，以及其他一些已经承诺能够使企业获得卓越运作成效的技术等；此外，还有一些转型改革策略用来实现库存、运作资本，以及成本等的缩减；又有一些策略用来实现客户服务水平、收益，以及利润的提升；并且，他们要使得这些技术成果能持续地经受起时间的考验。

顺便提醒一下，以免我们忘了，要记住迈克尔·哈默的咒语"消灭自动化"。它导致了众多企业投资数百万来展开再造工程运动，以辅助提升其商业运作的绩效。当然，我一直喜欢拿半杯水的例子来谈论流行的再造工程概念。乐观主义者会说杯子是满了一半的，而悲观主义者会说杯子是空了一半的。一个再造工程团队可能会说："你的玻璃杯太大了。"有数百万资金追随着再造工程的理念，投资进企业资源计划系统，更有数百万的资金用来实现它们（此处还不论及有多少无法实施的ERP"板凳软件"（shelfware）模块）。顺便说一下，我在这里写这些，是为了证明有效客户响应策略不能代替"顾问们的隐退"。那就是说，无论您在"先进城邦"还是"落后城邦"，您都会为变革付出代价，也无论您的抵制是多么的坚决，抑或又抵制了多久。

然而，根据供应链管理专业协会公布的物流报告显示，过去20年间美国的库存和物流成本的年平均值是处于高位的……直到大萧条时期才降下来，而现在它们又处于上升趋势中。每年有超过1万亿的资金花费在库存和物流成本上。到底我们是在缩减供应链库存和成本，还是仅仅在绕着它们转圈呢？

好吧，所以我喜欢说范式及范式转换、文化、趋势、变革等概念。我做这些研究已经超过三十年了，而企业仍然在抵制变革。如果商业的转型改革是容易的，那么每个人都去做了。那么现在，差异体现在什么地方呢？事实上就是，赢家总是赢，竞争者总是在竞争，以及赢家企业，譬如说宝洁公司，他们持续地拥抱风险，从组织内外展开学习，持续地关注客户及客户带来的商机，并对其进行创新。他们始终在预测未来，调整其商业运营，以迎合未来展现给他们的机会。落伍企业总是落在后面，幸运一点的企业，在

---

❶ 指手机移动端——译者注。

领袖企业留下的剩余市场份额中生存下来，不幸的企业则从此消失了。您不能避开变革。现在是您走近它的时候了。落伍企业与领袖企业一样在努力工作。那么，当您能够通过努力工作成为领袖企业时，为什么要甘心落在后面呢？如我所说，变革更新是一场持续的、没有尽头的征程。

奥斯汀美国政治家杂志发表了一篇文章，针对从苹果公司跳槽过来的彭尼公司新任首席执行官一事，标题是《彭尼公司首席执行官的新挑战：让生活重回标志性品牌时代》[1]。在文章里，罗恩·约翰逊谈及他在目标（Target）连锁超市的15年转型改革的历程，以及他在苹果公司的10年经历。他说彭尼公司"首要的竞争对手，是我们自己及我们的思考方式"，这是从他数十年实践经历中得出来的经验总结。"竞争对手不是别的同行；也不是别的新兴渠道譬如互联网。我们的竞争对手就是我们自己，而我们最好的朋友则是我们的想象力。"无论他是否会被授予为彭尼公司在转型改革时代里的标志性人物，也无论他将获得成功或不再出现在人们视野内，这些都不重要。重要的是，他让彭尼公司迈入了转型改革的征程。迈向通往"先进城邦"的征程，好过于落在后面等待被终结的命运。随后在文章里他讲了一个事实，即变革是"逐月累积"才产生的，而且"征程本身就是奖励"。

是时候退后一步，认真审视一下这个征程了。您上一次商务旅行是在什么时候？您想过去机场的路上会遭遇事故吗？在预订机票前，您会检查航空企业的安全记录吗？在上车前，您会要求披露火车上所有人员的背景信息吗？您会在出发前的夜晚，因纠结这趟旅行是否值得，而辗转反侧难以入睡吗？我猜您不会。然而很多人害怕踏上，单独展开这趟致力于卓越运营绩效的征程。好吧，我的朋友，在这儿我郑重告诉您，不必害怕这趟征程。这就像《活宝三人组》里描绘的"尼亚加拉大瀑布"，我慢慢转过来，一次一步，一步一步地，一寸一寸地。您怎能一口吃掉大象呢？

如果您正确看待商业……如果您设立您的愿景……如果您一次走一步，迈向运营卓越的改革征程就不会充满痛苦，也终将收获到自己的奖赏。改革的征程不必被全部立刻承担下来。它只是需要被执行，需要去开始做。它可以从下往上去展开做，或者从上往下；这取决于您。您可以从一个小项目和小成就开始。人们将会看到成就，看到这趟征程并没有那么痛苦，也会看到奖赏。您可以无视您转型改革时的文化成熟度水平，尽管去开始吧。事实上，一点成就能培育出更多成就，且会有更多人想要加入进来。文化将会开始成熟，自尊也会悄然而至。这一切一定会发生，因为变革一直发生在您和您企业的身边。随着时间的流逝，如果不是数以千计，也是数以百计的企业在变革理念中，或者开始前进，或者悄然倒下。这就像弗洛姆（Framm）油过滤器公司的那个家伙所说的："您可以现在付我钱，或者您以后再付也行。"

差别在于，早期的变革采纳者们，那些承诺致力于卓越运营绩效的，视转型改革理念如经商一样平常的企业，如今正处于文化成熟度水平的第四或第五层，他们的变革（成本）和更新（成本），由他们身为领袖企业所获得的收益给支付掉了。他们没有在经历变革的痛苦——他们在享受变革、更新征程所带来的奖赏。而且，这奖赏支付掉了继

---

[1] D'Innocenzio, Anne, "New J.C. Penny CEO's Challenge: Bring Life Back to an Iconic Brand," Austin American Statesman, January 31, 2012.

续改革征程的成本。所以为什么要等待呢？您只需要打好包上路就行了。让我们开始这场派对吧。今天是您迈向"先进城邦"的第一天。

定义并理解您的商业目标

西奥多·拉维特在其著作《市场想象力》(拓展版)中说："商业的目标是创造和保持住客户。为了做到这一点，您必须生产出人们想要的产品和服务，使其具备与价格相对应的价值，并能提供出比其他商家更合理诱人的条件来给你的消费者，而且这消费者的比例要足够大，大到使那些价格和条件成为可能。"❶ 我一直觉得，供应链的任何职能都能跟营销的职能一样多。事实上很多年来，与我一起工作的绝大多数大学教授们，都在商学院的营销系里任职。当然，这只是我的主观个人经验，我的履历在跨职能跨学科方面比较突出，而且多是在物流行业从事相关工作。但是这经验是从"供应链"变得流行开始的，即从每一个运营导向的学术团队（和专业协会）都称之为"供应链"开始的。

拉维特等人没有展开深入研究的是，供应链不仅仅只是生产商品和服务。它是一种能力，即供应链上配送的产品和服务能够让客户满意，且这种满意度使得其竞争优势能与市场上的其他竞争对手明显区分开来。毕竟，营销学里有4Ps理论：产品、价格、促销以及地点（当然，在国际营销领域里，一位杜邦公司的前任执行官曾经对我说，您还需要加入两个P因素，权力和政治——这是另一本书的研究主题了）。产品体现了采购和生产职能，地点体现了供应链的配送功能。在将营销组合里的所有参与方整合进来的框架下，4Ps理论的主要挑战者就是4Cs理论了，即企业、渠道、客户/消费者，以及竞争对手（见图2-1）。

在任何以绩效管理为驱动目标的情况下，您对企业的商业目标及战略的理解是很关键的。供应链管理实质上就是一门权衡的艺术。您应该基于您企业的商业目标，去制定出正确的权衡决策。

我一直喜欢说，我之所以不去沃尔玛超市购物，是因为我能承受得起不去那里买东西的后果。当你准备去沃尔玛购物时，您先将车开进停车场，四处寻找到一个停车位，然后您走上半里路❷，当您终于到达商场，心情愉快准备尽情购物时，超市门口接待员的笑容却足以让您瞬间冷却下来。实际上，接待员在那儿是为了盘查监视您的。但那是另一个问题了。

另外，在内曼马库斯百货公司门口的接待员，是那些帮您停车的人。所有的这些差异，从根本上来说都是一个权衡的问题。如果您在沃尔玛的供应链管理部门，那么较之于您在内曼马库斯的供应链管理部门，您的战略和决策将会非常不同。根据您企业自身的产品、服务及规模经济程度水平，您会制定出符合企业利益的独特的采购、生产、配送及资金决策。譬如，您可能不会再空运糖，但是会去选择一些对时间敏感度高、高附加值的或者医疗类的产品。

---

❶ Levitt, Theodore M., The Marketing Imagination (Expanded Edition), Free Press, 1986.
❷ 才能到达超市门口——译者补充。

在经商的黄金时代，利米特公司通常借助远洋承运商，将货物从亚洲水运过来。后来他们的销售人员和物流部员工，做了一个水路运输的时间成本、时尚类商品生命周期的边际损失、跌价因素等的综合分析。权衡决策的结果是，应该采取成本更高的航空运输方式。如此可以降低船运的提前期成本，抵消掉时尚类产品固有的、变化无常的生命周期所导致的边际成本与机会成本等。该项决策迅速获得成功。想想看，如此决策对航空和远洋承运商来说，又意味着什么。我们会在第3章里对此进行更多的讨论。

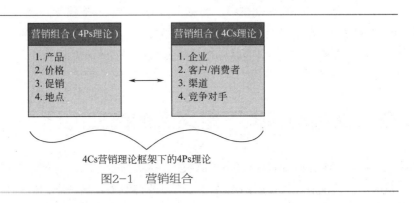

图2-1 营销组合

您的转型改革战略，是让您的供应链成员企业、流程及技术，与企业商业目标相匹配的根基所在。从供应链角度来看，您将不得不思考并测量下面的五项属性：

（1）可靠性：在满足客户需求上，您的执行程度如何；
（2）响应性：在应对变革上，您的提前期和能力如何；
（3）柔性：基于需求及/或产品的变化，您按比例增加或减少全球产量的反应有多快；
（4）成本：在您的利润目标内，您的运营状况如何；
（5）资产：基于您的供应链运作状况，您的投资回报率情况如何。

改革战略的终极目标是提高商业绩效，创造股东价值（见图2-2）。我们会在第7章，探讨财务上更多的细节问题……不要跳到后面先看第7章哦。

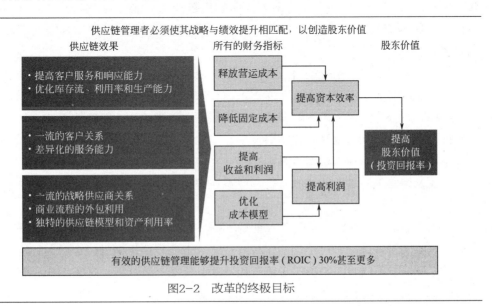

图2-2 改革的终极目标

您企业所服务的市场、您企业所在的运营渠道、您的客户期望、及您如何选择差异化策略来区别于您的竞争对手等，这些都将驱使您的愿景方向，即下一年到下一个五年之内，您想要的运营方向在哪儿，权衡点又是什么。在下面的章节里，我将提供更多的观点和工具，来进一步强化对供应链战略内涵的认识；然而理解您的商业及企业目标，是设置愿景和战略的根基所在。

根据您在企业里担任的角色不同，譬如您可能是一个高级经理，或者有与高级经理接触的途径，您就能够坐在会议桌边，参与进企业的战略计划流程设计里。如果您没能参与进去，那么关于企业的商业目标、战略、市场、客户及合作伙伴等，您的直接管理者、人力资源部门以及企业网站都能够提供有价值的信息。

在行业市场背景下定义您的商业内涵

由于每个行业都有自己的独特特质，搜集您企业所在的行业趋势和经济状况信息就很重要了。企业在计划任何新的产品引进或开发吗？基于您的供应链核心属性，从财务和运营两方面来看，什么度量指标对支持您的企业目标来说是最重要的？您的企业经营渠道是什么？是企业到企业，企业到消费者，线上还是实体经营，线上线下结合，企业自营还是外包，抑或上述情况都有？

企业的船头准备开往哪里？是战略计划中的收购还是兼并？在可预知的未来里，有没有任何主要的障碍或约束因素来改变您的商业计划？火枪的发明消灭了劳动阶层、剑士，以及大规模制造剑的行业。电子文字处理技术及个人计算机的出现，从根本上消灭了打字小组、某些秘书职位，以及很多辅助性的办公室设备（譬如打字机，用来辅助秘书的工作）。美国利盟（Lexmark）公司，就是IBM打印机业务转型后的新兴公司。

无论您在企业里处于什么职位，在引导企业转型改革的商业目标方面，您都能获得充分的知识量。并且，无论您的公司职位是什么，能够交流观点以迎合企业商业目标，这种能力对您来说很重要，这有助于提高您在安全管理和获取同行支持方面的能力。

当我在美国数字设备公司时，我有机会与查尔斯·塞维奇结识并一起工作了一段时间，他就是那本不可思议的畅销书《第五代管理》[1]的作者。他对命令和控制式的组织结构提出挑战，建议未来的管理模式应该依据自我激励和人际网络而建。从这本书里我得到的关键教训，也开始在演讲及项目里使用的是，无论管理风格是什么，最终还是企业的员工及其知识资本，去弥补企业文化和转型成熟度水平的不足的。处在一个组织里，您必须清楚地理解您所处的位置在哪里，才能创造出能实现企业未来愿景的流程。

因此在过了几年之后，我也开始理解，那些在尝试改变，或者至少是在向前走的、企业领导层的管理风格，对于让工作得以持续或者赢取项目来说，实际上不是一个好的策略。所以，那时我开始参照《第五代管理》这本书，并吸收了其中一些概念，将

---

[1] Savage, Charles, 5th Generation Management, Digital Press, 1990.

之转化为自己的想法。我称之为加工修改过的"愿景（Visioneering）"模型（见图2-3）❶。愿景模型是一套流程，基于该流程，企业能定义出它"现状"的商业状态，理解它的商业目标，并将该商业目标当作发展企业商业愿景的基础，当然顺序上不必完全一致。

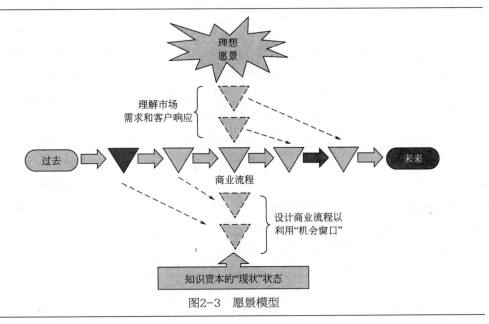

图2-3 愿景模型

改编自查尔斯·塞维奇，《第五代管理》这本书。

当确立了愿景与彼得·圣吉所说的"当下现实"之间的差距时，企业就能够授权员工来设计流程，并消除差距，实现与愿景的进一步靠拢。随着时间的变迁，当环境发生改变时，企业愿景也许会变，但是随着组织结构和义化成熟度上升至自我实现层次，或彼得·圣吉所称的"学习型组织"，企业将会从利润角度对愿景进行调整和发展，来对变化做出响应。

更重要的是，愿景模型将拥抱变化作为日常生活的一部分，并视变化为机遇。在第4章里，我将更详细地探讨商业流程的管理。但是事实上对我来说，愿景模型对任何的管理风格或改善方法都能发挥作用，并适应它们。并且，无论一个企业的文化成熟度处于何种水平，它都能独立存在，并发挥作用。这是踏上改革征程的一个极好的方法。让我慢慢给您举些简单易懂的例子和小故事吧。

发展您的愿景

您可以用愿景模型来审视任何的商业形式，无论是个别化还是专业性地，愿景模型都可以在任一文化成熟度水平上发挥效用。举例来说，在"领导与控制"课程上，彼

---

❶ 我必须坦白，我不提议使用"远见"这个术语。我们南本德市垒球队的一位投手（具有讽刺意味的是，该垒球队由谢尔曼洗衣店赞助……我希望我保存下来那件运动衫了！）在他父亲的名为"远见"的工程公司工作。我相信吉姆。吉姆·吉斯特勒不会因为我使用了这个术语而给我发来禁用函的。

得·圣吉让我们所有人都安静坐下来，思考一下，我们想在未来三到五年里，变成什么样子。也就是说我们想在哪里，以及我们的愿景是什么。几分钟过后，他让我们与隔壁的同学交流彼此的愿景。此时，他做了些让我终生难忘的事情。

他说："好吧，你们已经勾勒出来五年后你们想在哪里的愿景，为什么你们现在不在那里呢？"

我们接下来就开始思考"自我超越"和障碍因素，或者说那些在我们实现愿景征程上的绊脚石。如果我们能勾勒出想去哪里的愿景，为什么我们却不能扫清路上的障碍，顺利到达那里呢？进一步地，如果我们能打通道路，我们应该已经处在到达那里的路程上了，如果那的确是我们想去的地方的话。当然，没有一个人真的意识到，那也是进行自我改革的一条征程。这让课堂上的每个人都印象深刻。

的确，我们拥有目标和计划，但是我们没有真正努力起来，让愿景成为我们未来的状态。我们只是画了一张征程图，不断地修正和完成它而已。如果我们想要提高自己，我们必须开始这趟提升的征程。它是不会自己发生的。花点时间好好想想吧，我希望就像发生在我身上的一样，它也能改变您的想法。想想宝洁公司团队和课堂上的其他管理者们吧。当他们返回去工作时，他们对变革和更新的态度会有什么样的转变呢？是时候开始这趟征程了！您还在等什么呢？

那次小测验教会了我一点小技巧，它是具有标志性意义的。因为事实上在过去的20多年里，每次在演讲到供应链管理的议题时，这技巧都会出现在我的讲义里。它也是一个很好的解释愿景模型的案例，您可以根据需要，对其做出自己的解读。

我问在场的观众："您认为完美的供应链系统是什么？我对您一无所知；但是我现在已经讲了半个小时了……而且现在是下午，时间已经很晚了……坦白说，好吧……我真的要去喝点凉东西了……冰的……百威啤酒！给我拿点百威啤酒来，史考特！"

就是这一点了；从这个意义上来说，完美的供应链系统，或者说商业运营系统，就是客户认识到对你们产品需求的那个精准瞬间。在这个案例中，您就可以把啤酒瞬间发货给他们了。然后根据产品的销售收据，支付的资金将会发送到您的账户里。哇哈！交易完成了。这就接近于零延迟交易、供应链的模式，或者任何您能设计的模式了。

您说不可能？好吧，如我说过的那样，这个故事我已经讲了很多年，您能想象出，有时人们会对它很感兴趣的（后面几章我会多讲几个相关的经历）。然而，曾经一度地，我在英国的公关公司认为这个故事很聪明，以至于他们找到了一个叫劳伦斯·M.克劳斯的教授写的一本书，书名是《星际迷航的物理学》❶。

好吧，这本书会告诉您两件事情。其中的第一个收获是，瞬间移动的概念不是不可能的。实际上，在我自己的研究里，我发现了科普杂志《科学美国人》里的一篇文章，谈论了分子的拆解和重组问题。我也看到过一篇文章是关于一项实验的，IBM公司已经能成功完成量子遥感的实验。在这两个案例里，试验的都是很简单的根本性问题，与产品或员工等复杂的问题完全无关。

克劳斯教授解释说，虽然瞬间移动不是不可能的，但是它不一定真的会发生。理由在于，甚至是最简单的东西也从来没有被远距离地瞬间移动过。因为这可能需要一个有

---

❶ Krauss, Lawrence M., The Physics of Star Trek, Basic Books, 1995.

效的太阳能倍增器才能完成。因此，除非我们有一个可替代的、高于太阳好几倍的能量源……所以，我们还没有达到那种水平，即能构架起"给我拿点百威啤酒来"式的"零延迟交易型"供应链。哦，那么从这本书得到的第二个收获是什么？那就是，教授们手头上的时间过于多了❶。

当然，问题在于，在可预见的时间内，我们无法做到把产品瞬间发送给客户。虽然我们想视供应链为一条渠道，产品畅通地、不间断地从上游流向消费者（现在就是出售掉了），现实情况正如图2-4阐明的那样，它不是一个渠道。

不过，在我们开始讨论这项挑战前，请您花点时间来想些事情。您房间里有流动的水吗？您能到水龙头那里去接杯水吗？为什么不能把水换成是啤酒呢？难道您不愿意能随时随地在自己的房子里流出啤酒呢？为什么没有一个啤酒的公共事业企业呢？

不管怎样，愿景模型能为您及您的团队，开拓出一些真实的可能性，以集思广益地探讨您们企业的运营未来。您可以乐在其中，尤其是您旁边还配有啤酒和比萨时。因此，虽然我们不能把啤酒发送给客户，但是让我们看看能做什么吧。

现实中，我们的产品流存在裂纹。这些裂纹是由于地理位置间的物理边界，或者客户及渠道合作伙伴间的组织边界所导致的。此外，我们必须管理供应链上与产品移动有关的各类活动，我们必须采购原材料，管理原材料生产，并用仓库和运输系统来分配其产成品。当然，所有这些产品流里的去耦合点都会引致需求的不确定性，这些不确定性被两种交集所引发，即计划或预测中客户需求的多少与实际上客户订单的多少。通常情况下，这需要考虑提前期、产能、库存的缓冲等因素，以确保我们能满足企业的客户服务目标。您猜猜为什么会这样呢？因为通常的预测或者计划一直都是错的！在第5章我们会更详细地讨论这些。但是，假如客户能按照我们预测的方式去做，不是很奇妙吗？

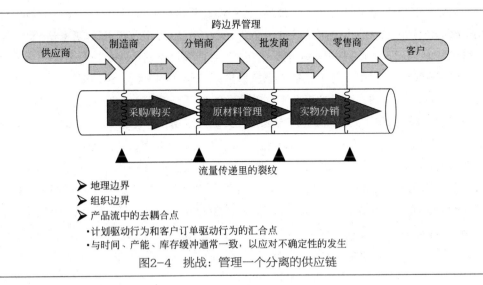

图2-4 挑战：管理一个分离的供应链

关于我谈及的喝啤酒一事，还有另外一则小趣闻。这要回溯到20世纪90年代初，我在波士顿"先进制造研究中心"年度执行会议上的一次经历。在我去演讲台的路上，

---

❶ 所以能有时间去研究这些不具有现实意义的实验——译者补。

我看到了观众席上我们的一位从米勒（Miller）酿酒公司来的客户。故当我演讲到这个喝啤酒的类比故事时，我决定换成"给我来杯米勒淡啤吧！"会后，他朝我走过来表达了他的沮丧感，说他不知道我会拿米勒淡啤做例子，如果事先知道，他会提前在包里装瓶米勒淡啤牢牢放在我手里……这些反应糟糕的客户啊！

所以，在您创造完美的市场响应系统愿景，以能够将您的啤酒瞬时送到客户手中时，实现愿景的征程中可能会有一些障碍物拦路，阻止您愿景的达成。愿景模型的流程，让您能定义您的"当下现实"，然后制定出您将去哪里的愿景。为什么不是从一个完美状态的愿景开始制定呢？让我们尽力来设计我们的商业，以使其接近把啤酒送达客户的愿景吧。

当开始设计我们的商业以实现愿景时，征程途中立刻会出现障碍物……我们称大的拦路石是太阳能式的。随着您愿景的推进，您将辨认出路上的拦路石……有些大，有些小。我们可能没打算打个大赌（投资），来发展出一种可替代的太阳能量源，但是我们能打赌做到把啤酒装上车送达消费者手中。

但是征程路上还有另一个绊脚石……单独配送啤酒到消费者手中的成本，已经超过了我们的利润目标，这就是另一个大绊脚石（顺便提一下，在配送成本方面，有些东西很多网络公司（dot-com）都考虑的不够深……这个大绊脚石戳破了很多线上配送型企业的美梦泡泡）。我认为构建起运输网络并能实现将啤酒瞬时送达消费者手中，不是一个好的计划。运输中排名第一的问题是驾驶员的短缺问题。这直接导致了排名第二的问题，即驾驶员的素质不够。因为消费者可能对在仓储商店里碰见什么样的销售人员，不会感觉到很不舒服，但他们对是什么样的人把商品送到他们家中，会更在乎一些。

也许还应该考虑一下，我们整个管理及责任层面的绊脚石在哪里。是否应该重新思考这个方案呢？

注意：这个案例是针对我们参与的零售商啤酒市场的。由于市场、产品，以及定价/利润策略等的不同，我们也许想要设计一个外包型的供应链（而非自建物流——译者补），借助第三方物流服务商比如联邦包裹（UPS）或者联邦快递（FedEx）公司，去设计一个"送货到家"的模型。您可以参考愿景模型来调整您的思路，使其适应各种不同的方案。想想亚马逊网站尝试过的太多不同的商业模型吧，而且他们现在仍然在调整，以应对电子销售模式下面临的实体配送的挑战。关键问题是，无论在哪种方案里，我们都要发现并明确这些绊脚石是什么，以及我们想要下什么样的赌❶，才能克服这些绊脚石带来的障碍或限制作用。在供应链管理中，魔鬼撒旦总是出现在细节中。

假设我们把啤酒配送到零售商店里，而零售商们只是在消费者因为想喝啤酒来店里买时他们才卖；并且我们卖给零售商的价格，会因为我们提供了啤酒的库存服务，也能获得一定利润，而且这利润包含在我们的总利润目标的话❷，会出现什么情况呢？当然，这些全都依赖于我们的营销团队，是否在开发促销计划，以沟通消费者拿到啤酒的便利性情况如何❸。设想一下，当我用米勒淡啤做例子时，坐在观众席上的可怜的百威啤酒厂

---

❶ 意思是指投资资金——译者注。
❷ 意思是指卖给零售商的啤酒批发价由于包括了库存成本，故批发价会高于进货成本——译者注。
❸ 可获得性包括，送货及时性、缺货情况等——译者注。

家人员的心情吧。第5章我们会更深入地探讨这个小假设的。现在我们探讨直接配送模型就足够了，不是吗？

还有，如果每个企业都把啤酒配送到零售店的话，对消费者来说停车场就没有空位了，零售商也会不高兴的，这又是一个大的绊脚石所在（现在您知道为什么大多数消灭掉中间商的"直接配送"策略无法成功的原因了）。直接配送（DSD）模式很大程度上是依靠零售商的策略，而非制造商的（投资者们应该去上运营课）！同时，虽然它不是一个非常大的绊脚石，我们仍然必须得构建一个完美的、相当大的网络和车队。就算和第三方物流服务商进行合作，也会给我们的直接配送方案带来些产能/成本/利润上的问题。

也许我们可以利用一个啤酒分销商的物流网络，将很多来自不同上游厂商的啤酒集中起来，每周一次配送到零售商店，这样的话零售店会有存货，零售商也会比较开心。我们能调整价格，如此分销商也会因为提供给我们所需要的服务，获得一定的利润。并且我们也可以这么做，这样还维持了我们的利润目标。这顺理成章地发展成为一个支持我们愿景的可行性计划，您开始理解愿景模型的流程了吗？让我们开始构建一个概念或者愿景吧，并把它们分解成具体的步骤去实施，由此判断它的合理性，及您所做计划的流程是否可行。

在商业愿景下加入SWOT分析

当我们经历了这种磨炼，即确定"现状"的工程需要做些什么才能缩短与"理想愿景"状态间的鸿沟之后，我们才能够对"理想愿景"的愿景优势、劣势、机遇和威胁（SWOT分析）是什么，又将会是什么（见图2-5），有清醒的认识，来完成资料上的搜集并形成具体的文件。在我们实施愿景模型的流程中，通过创建一个SWOT矩阵，将能识别出我们方案的风险是什么，并评估出竞争对手可能的反应是什么。不要忘了，竞争对手也是我们矩阵游戏里的一位参与者。举例来说，我们如何通过供应链的五项属性，来测量我们的绩效呢？相对于竞争对手，我们企业在这个行业市场上有多强大呢？我们的渠道参与方和我们的整个供应网络到底有多强大？我们在定价、产品以及包装上的优势在哪里？我们有足够的促销优势来把消费者吸引过来吗？或者我们将不得不利用其他的能力，比如定价或者包装❶？

当回顾SWOT分析结果时，我们才能够在现有的市场框架和竞争形势下，评估出我们商业策略的全部优点。这将推动我们形成第3章里更深入的市场分析调查的基线。我们可以列出我们的劣势，应该提高的地方，以及必须克服的绊脚石是什么。到那时，我们就能决定需要做什么来提高自身，克服绊脚石所需耗费的障碍成本是什么，以及我们想把赌注（投资）放在哪里，优选次序又是什么。我们不得不开始怀疑每一个假设，并问自己如果发生这种情况会怎么样，需要多少钱，而风险又是什么？

---

❶ 如此才能把消费者吸引过来？——译者补。

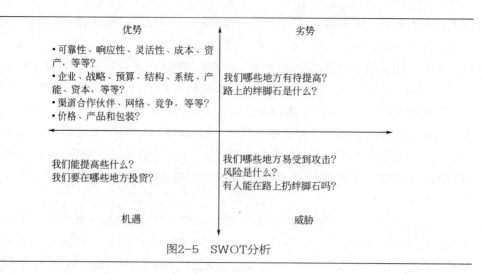

图2-5 SWOT分析

顺便说一下，有很多不同的风险管理处理方法。这已经成为一个主要趋势，并且已经发展出很多解决方法。这就意味着，我愿意从我的个人经历中分享一些快速闪现的想法，来引导您做一些简单的、一般意义上的、对风险的思考。里基·布拉斯根是供应链管理专业协会的首席执行官，我第一次遇见里基时，他是纳贝斯克公司的规划师，而我在IRI公司负责物流风险部的逻辑网络（LogicNet）技术这一块。几年之后当我加入纽迈垂克斯公司❶时，纳贝斯克公司也是使用我们的优化工具来提升供应链绩效的客户之一。当我问及里基使用优化技术的好处时，他说道："非常显著的一个收获是，当他们在供应链中遭遇失败情形时，譬如一个工厂或产品线陷入衰退时，他们能够在不考虑那个工厂或产品线的情况下，重新运营该模型，并且这个模型会以最低成本开发出一个可替代的合理计划，以克服工厂及产品线衰退带来的损失。"

在这个案例中，纳贝斯克公司使用并拓展了供应链优化模型。您可以借助将一些资源剔除出模型或计划的简单方法，迅速地开发出您供应网络的风险评估准则。如果我们没有了A供应商会怎么样？如果我们没有了B工厂会怎么样？如果C客户不再跟我们合作了会怎么样？很多企业花了很多时间，来假设分析可能会出什么错。在我的经验里，如果您少花点时间去分析为什么一些资产或资源会被弄丢，而去看看剔除掉某资源后会有什么影响，您就能更快速地评估您计划的风险。对那些难懂的风险评估和计划流程来说，它不是一个替代品，但是在那些一般性的计划里，我发现该供应链优化模型对挑战一些假设的合理性来说，非常有用。

因此，让我们回到我们假定的SWOT分析里来。在我们解决配送网络的策略呈现出的优势时，有没有任何劣势需要我们考虑？记住，我们需要测量可靠性、响应性、灵活性、成本，以及资产等属性。并且使用配送网络的流程，当然是符合我们成本结构的。同时，要保证使用最低的必需资产，因为在流程中我们将会利用到分销商和零售商的资产。

我们能够提供可靠和有竞争力的响应服务，但是将不得不开发一些流程，使我们暴露出来的需求变动性最小。如果消费者对我们的产品和促销计划不买账怎么办？我们有

---

❶ 一家国际顶尖的数量金融公司——译者注。

足够的灵活性来应对市场的变化吗？如果那个叫谢尔曼❶的家伙来到我们小城镇，用我们的品牌做例子该怎么办？您知道人们都是会干渴的（想喝啤酒）……并且一种啤酒会带出另外一种，很快就会出现一场讨论会，且整场会议的焦点话题都是要求使用我们的品牌。我们有充足的本地供应来应对不可预测的上升需求吗？也许我们应该追踪谢尔曼的演讲行程提前安排了。

我们的竞争对手在市场上在做什么呢？我们有任何供应链上的弱点会被竞争对手利用吗？反过来再想，我们能利用我们的能力创造出一种竞争优势吗？

什么？利用供应链创造竞争优势？我告诉过您的，供应链管理就是市场营销。举例来说，在很多年里，我一直为众多的服务于消费者市场的技术企业工作，而且很幸运地，我在好几个酿酒企业里工作过。基于这些以往的经历，所以我会选择啤酒来作为案例中的代表产品来"瞬间配送给消费者"。我们也实施了很多啤酒游戏（第3章会谈论更多），所以用啤酒作为案例中的代表产品，实际上在我的文章中、演讲中，以及现在这本书里一直如此，啤酒的故事具有一连串的持续性。

所以，如您能想象的那样，我已经听说并分享过围绕啤酒发生过的很多故事。其中最迷人的故事之一是，在啤酒业的黄金年代里，我听说安海斯布希企业（Anheuser-Busch）（下文简称A-B公司）对库尔斯（Coors）酿酒企业入侵本土市场的恐惧。您回想一下这个品牌的啤酒吧，库尔斯啤酒有一个"秘诀"，这家的啤酒外形是非常时尚且有西部风情的，用落基山脉的水酿造出来，装在长长的、时尚的铝制罐里，在库尔斯的自营便利店里有售。但是，在密西西比河东边就买不到这种啤酒。有时候人们会开车去密西西比河西边度假，顺带备上一货车的库尔斯啤酒，当他们返程时，就能以三四倍于成本的价格兜售。

无需多说，当库尔斯啤酒入侵本土市场时，很多被抑制的需求量就会释放出来。因此，随着故事的进展，A-B公司开始了一场使命，即寻找相对于A-B公司，库尔斯公司在优势、劣势、机遇、缺点（SWOT）方面的漏洞有哪些。在那个年代，社会文化的流动性趋向越来越突出，罐装啤酒不容易摔碎的特点使其变得非常流行。同时，尽管有很多瓶装设计的尝试（还记得那些短秃的、狮子鼻风格的啤酒瓶吧），但是罐装啤酒更紧凑、更容易放进冷冻箱的优点，使得市场对罐装啤酒的消费偏好还是很高。

因此，为了打败库尔斯罐装啤酒的本土市场入侵策略，A-B公司发起了一场巨大的广告战，宣称其产品的设计为复古的长脖瓶，这种瓶通常只在转角的酒吧里才有，且需要付保证金才能喝到。随着一次性啤酒瓶的兴起，这种长脖瓶已经消失了。我想，这充满了时光变迁的讽刺意味吧。噢，那些坐在街坊轻晃着，抿一口冰爽的长脖瓶装啤酒的旧时光，跟乡愁似的。与"含锡味"的罐装啤酒相对，我们渴望着重温瓶装啤酒的滋味。

无需多说，长脖瓶装的啤酒创造出了巨量的需求，几乎每一个啤酒厂都随之响应，有自己的长脖瓶装啤酒……当然，除了库尔斯啤酒厂。您看到了吗，库尔斯啤酒厂的一个瓶颈问题暴露了……生产瓶装啤酒的产能非常有限，更不要提及各种各样的长脖瓶装

---

❶ 指作者自己——译者注。

啤酒了。并且,由于自身的垂直整合度很高,他们没有与玻璃包装供应商们签订过战略合作关系,而这是其他啤酒厂家所拥有的优势。随着对"冰冻的长脖瓶装酒"需求增加,零售商们开始把罐装啤酒从冷冻箱里拿出来,腾出空间给长脖瓶装啤酒降温,而像库尔斯牌的罐装啤酒,则被堆放在地上。

因此,A-B公司利用了库尔斯公司供应链能力上的弱点,创造出库尔斯公司无法供应的产品需求。而且,由于库尔斯啤酒杯经常被放置在地上而不是冷冻箱里,就引发了新的问题,即啤酒的新鲜度和口味被破坏掉了。好了,剩下的都是历史了……这些同时发生了,您是这样想的吧?

好吧,如果您不相信A-B公司提出的针对性竞争计划,找出了库尔斯公司的供应链弱点的话,那再让我分享另一个故事吧。我告诉过您在纽迈垂克斯公司,我们卖供应链优化的解决方案,能够建模、模拟,并解决高度复杂的供应链问题。其中的一个客户,是日用化学品制造商,他将该模型推向一个与众不同的层次。他们不仅塑造出了自己的供应链,更塑造出了竞争对手的供应链。

这是日用品行业,因此制造流程和配方没有显著差异,并且它是一个价格敏感型的,供需驱动型的市场。企业的成功来自于生产的规模经济性、产品的可获得能力,以及服务等。通过塑造竞争对手的供应链,纽迈垂克斯公司的客户,能够判断出竞争对手供应链上的弱点。他们能够创造出区域性的产品需求(价格刺激),这样就会让他们的竞争对手碰到本土性问题(上升的运输成本)。他们也能优化区域性需求的运作周期,并经常迫使竞争对手陷入昂贵的生产线转型中,并要面对更高的单位成本。他们整个的市场及收益战略,都是利用供应链能力而达成了一种竞争优势。那就叫市场营销!

当您开发您的愿景和计划时,绊脚石会被发现,或者就挡在道路上,愿景与当下现实间的差距变得更宽,张力就会发生,并带来阻力。通常情况下,产生的张力会使得人们修改甚至放弃他们的计划。并且,通常也是张力阻止了人们在转型改革征程上的继续前进。随着这种张力的发展,您必须变得坚强;您必须随时准备对其做出反应。它通常就是我在变革管理专案中看到的最大障碍。

创造性张力的原则

彼得·圣吉针对转型改革征程的实施,介绍给了我们另一个概念。他教给我们"创造性张力"的原则。在我的记忆中,圣吉根据他自己与罗伯特·弗兰兹❶的关系,及他自己的书《最小阻力之路》❷改编了这个原则。在"现状"情况下,即您生意的当下现实,与未来您想要的生意"理想愿景"之间存在差距。这种差距,就像您在改革征程上

---

❶ 罗伯特·弗兰兹(Robert Fritz)最初是一位音乐家和作曲家。后因对创造过程有过深入的研究,创办了"创造技能"(TFC, Technologies for Creating)课程。彼得·圣吉也曾于1978年参加了"创造技能"的训练,并深受启发。后来,彼得·圣吉与罗伯特·弗兰兹等人一同创建了"创新顾问公司"(IA, Innovation Associates)——译者注。

❷ Senge, Peter, The Path of Least Resistance , Fawcett Columbine/ Ballantine Books, 1989.

前进的途中，每年在达成您的新年决议时经历的那种差距一样。

想象一下，您将要用描述您抓到一条鱼的尺寸的方法来描述那种差距。把橡皮筋的两端分别放在您的两手中，拉伸它们来代表您的当下现实与愿景之间的差距。随着差距变宽，橡皮筋会产生一种张力———一种"创造性张力"，甚至会导致橡皮筋断裂。已经有很多次，我在演讲中将橡皮筋分发给我的观众——对一个演讲者来说，这是武装起观众的一种勇敢的壮举。

这种张力与您开始经历改革征程的时候产生的张力或者说抵制的水平相同。有两种办法可以来解决这种张力：一是调整您的愿景，使其与您的当下现实（最小阻力之路）大大靠近；二是您能积极地开发并交流那些成功因素，即能让转型改革逐步移入您企业愿景里的那些关键成功因素。要管理好介于当下现实与成为行业领袖所应做到的，两者之间的张力，就是阻止多数企业开始这趟改革征程的那些东西。不要让它阻止了您哦！

创造一个愿景，或称之为远见，不必花费巨额的投资。从稀奇古怪的、不大可能的，或者完美的商业目标开始，然后将执行愿景的流程分解，看看征程上是否有绊脚石阻碍前行。虽然我让这个流程看起来似乎比较简单，但实际上真不是这样的。商业经营是非常复杂的。征程路上会有很多绊脚石。

这是一个开始您征程的、简单的路线图或游戏计划。

为什么我们应该变化？

评估当前的运营状况——定义您的供应链。
决定市场基准、环境、挑战——测量。

我们怎么改变？

开创一个面向未来的战略和愿景——分析。
绘制出"现状"和"理想愿景"的商业流程和系统。

变革的价值是什么？

决定关键的成功因素和机会窗口。
计算投资回报。

获得管理层收购和投资

提出给管理层的解决计划。

获得运营层的收购和承诺

引领"概念验证"的实现……迅速的结果——提高。

每个人都跳上乐队花车

部署贯穿企业的改革计划——控制。

当然，征程上会有绊脚石，伴随着前进的步伐，我会提供些炸药给您，或干脆绕道而行。并且，还会有很多竞争对手放置更多的绊脚石在路上的。有些石头很大，您可能不得不绕道前进，找到一个可替代的能源来包抄他们（管理层承诺？不要跳到前面去看哦！）。然而，如果您致力于一项合乎逻辑的流程，跟着路线图向前走，并完成游戏计划，这样就不必很复杂，也不必阻止您去尝试了。记住，这趟征程就是奖赏！

同时，如果您能让同事、合伙人和管理团队都致力于从这个层面进行思考的话，愿景模型将会在你们身上发生作用，并促进你们开始行动。这促使您正确地看待商业愿景。

第 3 章

市场驱动力和变迁动力学

变化是不可避免的，并且我们已经正确地对待商业愿景了。我们已经确立了路线图和游戏计划，而且准备好了，开始踏入通往"先进城邦"、改革征程的黄砖路上。然而，要想成为"先进城邦"的居民，需要对我们经营的市场环境采取改进措施。在我的经验里，很多企业固守追求效率的文化氛围。他们处于转型改革的文化成熟度水平的第三层次上，且他们认为推动企业前进的办法，是尝试每年将成本逐步递增地从企业运营中挤出去。并且，他们假定这个办法永远不会结束。

第三层次存在的问题是舒适自满。人们的确喜欢第二层次的安全感，和来自第三层次的良好感觉。变化可能会打乱这种舒适感。因此他们抵制并尽量控制住企业的文化环境，在能力范围内做一切可能的事情来维持这种舒适的现状。而现实中，市场是无法被控制的，就像超过80%——或者说财富500强中有400家企业，自1955年来就再也无法在让人敬仰的优秀企业群体里看到他们的踪影了。如果您没有审视市场，发现新趋势并评估其可能对您企业产生的影响力的话，您肯定会发现自己处于市场动力学众多的意外伤亡事故之中……变化带来的间接伤害。

如我们曾说过的，领袖企业通常处于改革文化成熟度的第四或第五层次。他们有足够的信心和自尊，能够跳出市场来思考问题，并且更多的是被企业的运营效果驱动，而非简单的效率驱动。当有任何竞争层面的首创计划时，他们会充分地利用供应链能力来实现。他们将供应链看成是其营销及商业战略的一个组成部分。并且在他们挫败竞争对手时，有利润和资金来加速改革进程，并抓住利用市场机会。记住，"先进城邦"的居民，拥有比中游的竞争对手超过50%的成本优势！

但是他们不通过成本或定价行动来打败竞争对手。他们是通过抓住竞争对手忽略或抵制的一些机会来打败对手的，是利润驱动型的企业。他们通过创新、一流的质量，以及关注客户、客户的客户来获得胜利的。他们详细地调查整个市场的边界动态。搅动整个市场的趋势是什么？什么变化能打开机会的窗口？我们从其他企业那里能学到什么？他们用相当的奖励做承诺，来接受能计算出来的风险。他们倾听来自供应商和竞争性厂商的声音。他们用新技术和试点在市场上进行"玩沙箱"的游戏。他们利用其成本优势来进行投资和研究。

构建商业案例，促进文化成熟以使转型改革成为可能，并激励其前进，这些都需要您理解市场动力学的原理。边界在哪里？我们如何调整，并对市场变化做出响应？我们不能对现状感到满意。喝杯胜利的酒，庆祝成功就好了，尊重应该胜过自满。变化不是将要发生，它正在发生。您的竞争对手已经在这个征程上了，且正在利用它。总是含垢忍辱地落在对手后面，难道您不觉得累吗？

在我的经验里，对孕育变化的市场驱动力的准确理解，不应该仅仅是市场营销部门的责任。供应链管理的目标与企业的目标应该是匹配一致的，与组织里的其他职能一样，供应链运营必须积极地响应市场环境的动态变化。

记得当有效客户响应系统（ECR）成为一个主要的行业创始力时，我正从美世管理咨询公司转到IRI公司。我们刚刚为可口可乐零售业研究委员会[1]发表了一篇文章，

---

[1] Mercer Management Consulting, "New Ways to Take Costs out of the Retail Food Pipeline: Marketing Replenishment Logistics Happen: A Study," 1993.

《将成本从零售食品行业里除去的新办法：让补货物流发生——基于案例研究的视角》。作为技术研究的一员，我偶遇了《DRP：分销资源计划》❶ 一书作者安德烈·马丁。结果发现，IRI 公司的联合首席执行官是新任的吉姆·安德斯。当马丁形成分销资源计划的概念并于最近出版这本书时，他是安德斯在加拿大雅培实验室（Abbott Labs）的配送经理。

安德斯意识到了 IRI 公司为进行分销资源计划的市场分析，而采集的销售时点系统（Point of Sale）数据的潜在作用。销售时点系统驱动型的分销资源计划一直是市场上的必杀技。因此 IRI 公司和安德烈成立了一个合资企业，叫逻辑网络公司。很幸运的是，他们需要一个懂得传播/营销/销售的执行官，以补充市场对马丁的理论认识不足的现状。所以，我从美世咨询公司跳槽过来，成为为数不多的拥有最前沿技术的企业创建成员之一。

在 IRI 公司时，我有机会跟安德斯一起近距离工作，我永远不会忘记他给我的一个建议。他是西点军校的毕业生，在我的一次关于"过度思考，过度分析"演讲主题里，他跟我说道："里奇（Rich）❷，记住拿破仑曾经说过一句话，'完美是优秀的敌人.'。"

当您盘算着要迈开第一步的征程时，一定要记住这句话。

所以，这只是先快速地了解一下背景。作为我们同时在逻辑网络和信息资源两家公司的营销战略一部分，我们想搜集到尽可能多的人，这样我们才能潜心于各种各样的有效消费者响应（Efficient Consumer Response）委员会和主动性行动中。我加入了连续补给计划（Continuous Replenishment Planning）委员会，并成为了很多有效消费者响应事件和会议的演讲者。这个故事给我们的启发是，很多市场上的企业刚刚发现连续补给计划和供应商管理库存（Vender Managed Inventory）两类技术，是消费类食品供应链上缩减成本和不确定性的一种手段。

另外，宝洁不仅实施连续补给计划技术了很多年，还开发了一个连续补给计划系统，并跟 IBM 公司进行联合营销。似乎是 5 年前或者更早，当我深入挖掘这个故事时，宝洁公司开始开发与设计连续补给计划的流程，且后来成为与沃尔玛结合在一起的新系统，并已经使其形成制度化。在供应链上他们超前竞争对手很多。竞争对手们任其发展而没有去想过如何利用，他们甚至不能理解这个系统能带来的潜在利益是什么。

权威人士都预示到，供应商管理库存技术，即寄售库存的方法，是实现零售商库存缩减的一种途径。我也是其中之一。直到有一天，我在物流管理协会会议上讲话时，莱奇米尔（新英格兰以前的一家折扣店零售商）配送部的副总，乔·尼尔听到我的讲话后，就邀请我跟他一起用个餐。

"您知道零售商们真的不在乎供应商管理库存的，对吗？"餐桌上他说道。

"不，我认为它的优点很突出，像我在演讲时说的那样。"我回答道。

"好吧，里奇，想一下，在大多数时间里，我们卖库存比我们不得不付款给制造商钱

---

❶ Martin, Andre, DRP: Distribution Resource Planning, Oliver Wight, 1983.

❷ 作者的小名——译者注。

款的速度更快。而且，如果做不到这样的话，我们通常也有个协议能把货返还给制造商。制造商的支付条款一般是负担掉我们的库存费用。"他指出："我们真的不在乎所谓的供应商管理库存技术的。话点到为止。服务员，埋单走人！"

好吧，我没费很大功夫就懂了他的意思。随着我对这个课题的研究越深入，我越来越认识到，制造商从供应商管理库存技术获得的真正好处是，自己的运输成本缩减了。您看，当宝洁公司第一次意识到更频繁、更小批量的零售商订单趋势出现时，要想提升毛利润的投资回报率（Gross Margin Return On Investment），一个关键的零售商资金度量指标，即运输成本就很重要了。

对于巨型的零售商客户，制造商们即此案例中的宝洁公司，通常会在不到20个运输专用道里，运送充足的（产品）体积流量到零售商配送中心。在这种高密度的集并运输模式下，宝洁公司认识到，它应该用更高的库存单位（Stock Keeping Unit）密度，直接从工厂发货到沃尔玛和其他巨型零售商客户的配送中心里，用整车运输的方式来优化产能。它不是最大化产能决策，而是用更高的库存单位密度，用更高的成本和复杂化程度，来配送越来越多的零担运输量。这是跟集并运输相反的方式。

应该如何利用这个机会之窗？他们制订了一个可持续的补货计划，使得宝洁公司能控制运费，同时让沃尔玛尽可能地缩减库存，以使其毛利润的投资回报率最大化，来达到双赢的目的。本质上来说，就是在客户的配送中心里，开设一个宝洁公司的"配送中心"。通过优化运输成本来降低平均费用，提供一个有诱惑力的毛利润投资回报率，使其对零售商客户充满吸引力，而非他们所关注的供应商管理库存。不管怎么说，零售商在付款给上家前已经卖掉了库存。这是宝洁公司在演示连续补给计划时，从来没有给大家共享的内容之一。当然，当行业内其他企业都理解到这一点时，宝洁公司已经在资金层面获得了回报，与客户也有了更牢固的关系，这些又为其带来了持续的市场领导力。这就是为什么关注变化的市场而非仅仅市场营销，对供应链来说很重要的原因了。

供应链是市场营销：一种分析市场环境作用于供应链的工具

我用来审视市场、寻找机会和威胁的一种简单工具是，把市场营销中的4Ps理论放入一个直观的4Cs理论环境里，如图3-1所示。它提供了一个模板，使我能与同事、上级管理层展开头脑风暴式的互动交流。如果可能的话，再将每个人在对多种变量因素作用、市场变化驱动力以及企业商业目标的观点，也一并考虑进模型中来。它能给市场提供一次"心智健全"的检查，来确保我们的供应链首创计划与企业的战略保持一致。基于可能被我或竞争对手利用的、供应链优劣势的市场驱动力，兼顾到企业里其他职能部门同事的观点，它建立并确定了早期SWOT分析的变化因素。

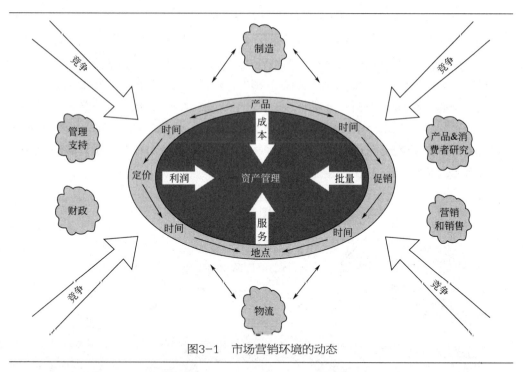

图3-1 市场营销环境的动态

该模型也充当了分析组织结构的构件。是的，有筒仓❶！尽早学会适应它的存在吧。我们已经浪费了太多时间，投入了太多的资金给形形色色的顾问们，来打破那些仅仅是问题症状的筒仓。供应链主管不会向研发部门提交报告，反之亦然。在职场沉浮了30年之后，你猜猜我学到了什么？那就是，您无法打破筒仓。但是我们能创造出桥梁和窗户，使得各职能部门衔接点处的跨职能可视性和沟通成为可能——这种可视性与沟通的缺失，正是出现问题的根本原因。但是我也学习到另一点，即您需要一个组织发展的模板，来决定垂直和水平层面的输入、输出、结构、功能、流程等的正确联合，并有效地实现企业转型，使得人们能更流畅地合作，并对变化的市场动态做出确认及响应。当事情开始发生改变时，很多人仅仅是因为太忙，没有积极地号召其他部门来一起应对变化。您的流程和系统必须处在恰当的位置上，才能使得彼此合作成为可能。

很多组织的目标是，投资进那类能利用来获取投资回报率（Return On Invested Capital）的资产，在一些配送企业里又被称作为商品毛利润的投资回报率（Gross Margin Return On Investment），该回报率能高于其他任何投资所获取的回报。组织职能和市场将各自独立地发挥作用，并一起从不同的视角来影响公司的总资产规模。想象一下这幅美景吧，不管那些执行官们在想什么，但你的商业运作就像一个运营系统，有能力去产生更高投资回报率或毛利润投资回报率。组织里没有任何一个职能部门，能真正控制你的商业运作。

举例来说，很多制造企业里，规划师和调度者们，通常负责制定日常的、百万级别的资金决策。他们决定把什么样的原材料库存（营运资本）转化为完工品库存（营运资

---

❶ 本意是指储存松散固体的立式容器，被广泛用于工农业生产和储运部门。本文侧重比喻组织里各职能部门内外、或上下游企业之间，由于缺乏有效的整合沟通，而引发的各种问题。亦指供应链网络中的节点。下同——译者注。

本）。您认为在决定日常排程时，他们会逐项去查阅商业计划和运营预算吗？他们会去请示董事会今天要生产什么吗？或者请示首席执行官们？不会的。很可能的情形是，他们会利用自身的部落性❶知识和定制好的表格形式，去制定出那些百万量级的资金决策。

理解市场动力学如何对组织产生潜在的影响，对管理企业资产来说是很关键的。一般而言，制造和物流部门有驱动那些大量的、能获得资本回报的成本及服务能力的杠杆功能。研发部门、营销和销售部门有驱动企业销量的杠杆功能。基于预算、定价和战略计划等，执行官及财务经理最可能是利润控制者。不过，年底临近时，运营部门会通过控制成本和收益的杠杆，来管理企业的总利润情况。

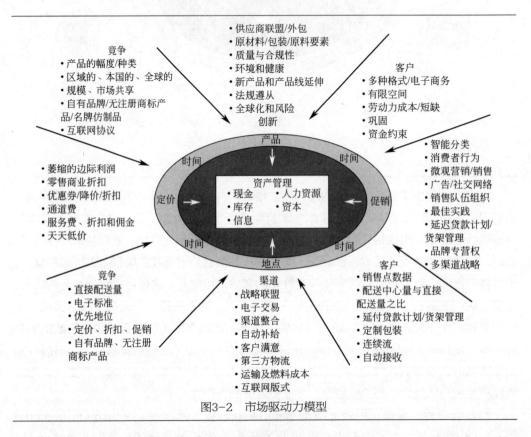

图3-2　市场驱动力模型

如果可能的话，请与组织内所有职能部门的同事、管理者，及上级执行官们一起碰个面吧，一起评估并明确趋势、挑战、最佳实践、标杆等问题，这一点很重要。利用图3-1的模型，您能从各个职能部门的角度捕捉到市场驱动力因素，并绘制出一个像图3-2的"市场驱动力"模型。如果您不能与各职能部门的同事一起开会讨论的话，那就从各个职能部门的角度一起开发出这个图表来吧。穿别人的鞋子走路，是很重要的。把"客户的声音"理念延伸到企业的内部支持者们那里，这也很重要。

对关于转型改革的讨论会而言，有能力展示出企业正在或将要面临的各种挑战和趋势，是跟催化剂的作用一样重要的。这些挑战将如何影响企业的竞争力定位、增长、商业战略等？作为一个组织，我们能做些什么来利用这些机会？对财务又有什么影响？人

---

❶ 部落，意指所在企业或部门等——译者注。

们不必去寻找变化；变化自然会朝他们迎头撞来。如果您现在不唠叨它们去考虑变化的话，它们或早或晚，即这一切最终也会落在您自己的头上，被一个2×4维的变化图给击倒的。

虽然每个行业都有各自独特的挑战和特性，但一些跨行业的共同挑战，是每个供应链管理者都需要面对的。我一直感兴趣的一种现象是，在市场一有变化发生时，权威人士们总喜欢称其为"新常态"。供应链运营上的任何事情，什么时候正常过呢？供应链管理的核心本质，就是对非正常的管理。每一次当我们认为达到了"正常"状态时，一些新问题就会发生。好吧，"正常"的状态，就是把计划扔到窗户外面，在森林即将被烧光之前，找出如何跟火作战的办法。我年轻时总想当一个消防员，当我选择供应链作为我的事业时，我实现了这个梦想。

审视市场环境，寻找变化驱动力

虽然供应链经理的责任是缩减供应链整体成本，提供优秀与可持续的客户服务，但他们还是有运营部门施加来的、测算收益和利润的新压力。结果就是，供应链经理们不得不对在产品研发、营销、销售和计划部门的利益相关者们，了解认识得越来越清楚。在产品、包装、零部件及旧型产品退架等方面的变化，会直接影响到供应链的计划和绩效。理解了前文这些变化的市场驱动力，就会明白成功与失败间的差异有多大。与组织内跨职能部门的同事定期进行碰头交流（第5章中的整体性商业计划，而非仅仅只是销售和运营计划）是很关键的，这能保证您的战略与其他部门的相一致，且使您有时间在运营层面上对这些变化做出有效回应。您不能指望他们会把您顾虑的所有变量因素都考虑进去。

我记得有一个消费品制造商的运营团队，在一场新款防晒油的市场投放活动上，负责其"细化的、深思熟虑的"促销计划这一块。一切事情都围绕着生产及产品的投放来展开，除了需要安排提前期之外，还需要为促销的终端展示通道开发出相关的原材料及图表计划。该展示通道将保有促销产品，用来在数以千计的、将为之配送的零售商店做展示。看来，市场营销人员已经"假设"购买方只会买现成的展示品。准备硬纸箱和印刷需要多久的提前期呢？他没有意识到，终端通道展示在供应商资产有限的约束条件下，必须要做到的是，不仅客户应该定制订单，更应该定制生产。

这里插入个故事，长话短说，一个本土的包装供应商，能很快从一个偶然的商品供应商，变为战略性的合作伙伴。并且，该供应商不仅获得了他有史以来最大的合约（而且是以利润很丰厚的价格签约的），而且现在作为战略性的外部供应商，他也获得了十年期的、能保证未来产品订单量的合约。就像我们将会看到的，职能部门间的合作，对于实现运营绩效的卓越来说很关键；它是供应链改革的基本目标之一。它跟彼得·圣吉书中的"团队学习和愿景共享"意思相同。

另外一个市场影响（现在我还看不到它会很快消失的任何迹象）是，资本间的竞争。确定金融走势及其对资金及首创计划的影响，是很关键的。大概是两三年以前，我在一家一流的汽车供应商处碰到了一位项目工程师。他工作室墙上钉着的，是我看过的最为详细和复杂的流程图。

我问他："有没有一些新的、供应链核心流程上的提高和创新？这也许是一个新产品线的流程图？"

他回答说："不，这是我们资本的拨款和批准流程。"

库存平衡、适型化、生产计划和排程的整合、设计，以释放出运营资本的供应商合作关系等，你对这些工作所采取的行动，对您的转型改革计划有着关键意义。您记得那些规划师和调度员们，他们所做的数以百万美元计的营运资本决策吗？在今天的市场环境下，还沿用老办法处理事情可能就不够明智了。我认为我们不会很快看到资本供给层面上的增长。资本跟石油一样，有两大特征，就像我们立刻可以看到的：受限制的供应，增长的需求。

然后，全球化改变了一切。汤玛斯·弗里曼的《世界是平的》这本书，把该观点清楚地告诉给了每个人。您必须准备应对来自任何时候任何地方的变化。这已经不再是一个外包的游戏了。这也是一场围绕产品消费和新兴市场的游戏。就像在发展中国家一样，一旦有了便宜的劳动力和商品来源，其经济就会逐渐创造出更大的单位资本收入能力。而伴随着可消费收入的增加，更多的消费能力进一步随之而来。谁曾料到，2010年通用汽车公司在中国卖的车比美国卖出的还多？在2011年1月28日发表的一篇报刊报道，通用汽车公司报告到，2010年在中国平均每12秒就卖出一辆汽车或卡车。

作为一名供应链管理者，您必须认识到，拓展一个新兴的全球化市场，会带来什么样的潜在影响。基础设施和本土法律、客户、税收政策等，都可能对您的外包、生产、产品配送等带来直接的影响。今天，相较于传统的物流网络优化策略来说，一个具有高效税收效果的供应链管理策略，即使不是更重要，至少也是同等重要的。在第2章里我说过，杜邦公司的执行官在营销4Ps理论里又增加了两个P因素：权力和政治因素。在地缘政治学观点里，政治的不稳定与变化性，能在任何时候改变市场的游戏规则。此时很关键的一点是，要审视市场环境，并与您的同事一起，在全球化背景下讨论变化的问题。这对外包决策、选址决策，以及配送选择来说，都很关键。它是决定是否外包的核心问题。

拓宽后的巴拿马运河，让您获得好处了吗？新的运输河道和更低运输费率的开创，为自亚洲及南美西海岸，到北美东海岸至加勒比海一带，整个这片区域的产品采购，提供了新的选择。相对应地，在亚洲及南美西海岸区域，则为北美供应商们打开了一片新兴市场，特别是对东部海岸的北美供应商们。这也改变了劳动原有的内涵假设，且对美国基础设施投资的提升上，施加了额外的压力。

查克·泰勒，一位"半退休"状态的供应链领域资深人士，也是供应链管理专业协会"杰出服务奖"的获得者，他在2005年成立了"觉醒咨询"（Awake！Consulting）公司，以唤醒供应链管理者们，使其意识到便宜油价的时代已经是过去时了。我已经好几次听到泰勒谈到这个话题，像大多数供应链管理者们正在经历的一样，从各方面来看，油价都不可能保持稳定了。因为供应有限，而需求在持续变化，就全球范围来说，基本呈上升趋势。想象一下，所有那些在中国卖掉的汽车油耗是多少？在印度的呢？在巴西的呢？在俄罗斯的呢？只需要说出几个国家的名字，就会对全球石油需求产生直接影响的。并且，燃料价格的波动性，并非唯一以石油为基础的、会影响供应链结构和战略的考虑因素。几乎我们生产和包装的一切东西，都有石油原料的成分，这将影响到成本，最终也必将影响到价格。

虽然这些宏观层面上的全球化趋势，在各行业都很普遍，却已经在供应链风险评估中越来越被强调和重视了。更早时候，当我谈论风险管理时——这里我不打算拓展开来——您迫切需要从全球化角度，全方位地评估您的供应链运营风险，以及执行标准的变化需求。伴随着企业的学习能力飞速提升，这些决策将会影响到他们的品牌和企业声誉，与对供应链的影响也差不多。

那些没有定期使用供应链模型和模拟工具来检验不同工作情境的企业，处于行业竞争的不利地位之中。曾经，只有那些更大规模的企业和私人研究机构才能得到这些模型工具，而如今，云计算和先进的分析技术，已经使得任何规模的企业都能同样获得到。

随着零部件价值日益提升了装载货物的价值，相对于安全威胁，供应链也变得更易受到攻击。

约翰·法德特是吉列（Gillette）公司退休的全球物流总监，也是我的一位老朋友，是第一位让我充分认识到，供应链是多么容易地遭受货运偷窃攻击的物流经理。他给我讲了吉列公司运输首批一次性剃刀的故事。他们的配送中心设在马萨诸塞州的安多弗市，离波士顿总部的距离不超过30英里。

那是一场具有里程碑意义的产品投放活动，公司邀请了几百家新闻界代表人物们参加新闻发布会，来宣传推广新款的剃刀产品。在新闻发布会结束后，法德特所在的部门，负责打包满满一卡车的新款剃刀样品，将其配送给各家新闻机构。但是出现了意外情况：卡车在进城的路上被劫持了。想象一下满满一卡车剃刀的市场总价吧。想象一下一卡车能装多少的剃刀和刀片吧……所以，当吉列公司开始生产剃须膏及其他产品，即那些跟剃须刀相比具有更高重量和容积、更低价值的、能降低运输载荷价值的产品时，又有什么奇怪的呢？

与货运遭偷窃类似的故事有很多，你只要想象一下，有多少故事还没有被公开报道过的，就明白了。对很多想要在每日新闻里获得信息的公司来说，在仓库盗窃案中，或者在一场拖车劫持案中丢失7000万美金货物的新闻，并不算什么大事。

就像我们已经看到的，供应链风险管理正被越来越强调重视一样，供应链的弹性和可持续性问题，正变得跟供应链运营一样关键。关于风险管理，这里我不打算花太多时间谈论；然而，您的风险管理计划必须含有转移风险的替代性方案，以当其一旦发生时能做出瞬间响应，风险评估方案应包括对供应链脆弱性的财务及市场双方面的影响等。这里还没有谈及到可持续性及环保因素，尤其是随着"总量控制及排放交易"政策和法律的颁布，且碳信用度变得跟企业的库存一样有价值的时候，可持续性和环保达标的要求，已经超越了早期采纳者们所处的阶段了。该要求已迫切要成为企业未来向前发展的核心运营策略了。然而具有讽刺意味的是，全球化生态的影响，正成为福瑞斯特公司系统实验室在20世纪60年代得到的首批项目之一，而且，该项目成果也是一个完美的向导，能够回答为什么展开致力于运营绩效的改革征程是如此重要了。

我完全可以继续更详尽地谈论各行业里正在发生些什么。但这不是本书的未来走向，而且，各行业都处在不停的变化之中。这是关于如何打好行囊，迈上您的转型改革征程的一本书。如我在第1章所说的，"一般意义上的商业概念已经被消灭了"。构建改革的根基和一个共享的愿景，确立一个组织学习的基础，在商业的市场定位，及如何迎接并对我们面临的挑战做出响应，对这两方面的认识，应该从一般意义层面转到自我实现的层面上去理解了。

您有没有想过，在市场上发生变化的那些事情，可能只是改变了游戏规则而已……您不想成为一个生产"剑"或"打字机"的制造商的。我"谷歌搜索"了财富500强企业的变化，发现了托比·埃尔温的一篇网络日志，"文化的成本：财富500强企业50%的翻转率"❶。虽然已经写了一篇非常有远见的、免费的博客，他还是引用了来自美国有线电视新闻网络（CNN）财富节目的数据，关于财富500强企业，显示在1999年财富500强里的238家，到2009年，已经从500强名单里消失了❷。

而且，您应该要同事和管理层都去体验一下这种恐惧感。记住，不劳无获……比起做无意义的工作，没有疼痛会更糟糕些。如果我们不转型改革，我们就会冒着做无意义工作的危险。

系统思考：变化市场下的管理策略

就此而言，最基本的转型改革概念之一是，供应链管理者和任何的企业家，需要至少具备对系统思考的基本理解能力。在彼得·圣吉的五项训练里，系统思考是一切的根基所在。我在巴黎圣母院研究所时，第一次接触到了系统思考的概念。我的硕士学位是在教育管理专业拿的，其中的一门课是"系统与环境"。作为教育管理专业的学生，从本专业获得的额外好处是，课程设置严重地倾向于心理学和组织发展的方向。所以，更早的参考文献是马斯洛的层次需求理论、弗兰奇和瑞文的五种权力理论、文化问题，以及现在的系统思考概念。

自然而然地，该课程是基于社会/教育系统，而且是在社区环境下讲授课程的。但是它教会了我，如何形象地展示出学校行政区实体"系统"的方方面面。因此，在整个系统视角下，我看到了学校各实体如何一起工作，又如何彼此独立地引起系统变化的。学会整体化思考对我的作用很大，如图3-1和图3-2所示。在很多年里，我一直关注着那些能从系统整体角度看待供应网络的供应链领导者们，他们一直处于其他竞争对手的前面。

事实上，系统思考能很好地服务我们。如果所有的企业领导，如果每个人都能养成一个系统整体观，来看待他们工作和生活的环境的话，供应链就能够拯救世界了。

系统地看待供应网络，是从头到脚全方位地看待它。我在金伯利克拉克公司（Kimberly-Clark）的朋友曾经（也许现在还是）把他们的供应链称之为"从头到脚"。我一直习惯说是"从灰尘到灰尘"（这出自我的神学背景），用来比喻很多供应链是从大地上的原材料开始，产品最终又流回到大地的流程。很多精益管理思想的权威人士和传

---

❶ Elwin. Toby, "The Cost of Culture: A 50% Turnover of the Fortune 500," blog, 2011, www.tobyelwin.com/the-cost-of-culture-a-50-turnover-of-the-fortune-500.

❷ http://money.cnn.com/magazines/fortune/fortune500/2009/full_list.

播者们，会建议您要聆听客户的声音。然而，在我的想法里，您应该从倾听"终端"客户的声音开始……无论是消费者或者客户的客户，是一样的道理，取决于您身处何种行业。如果您是原材料商家，您可能不得不倾听客户的客户的声音。您的产品是如何符合，并为客户及您所运营的供应链创造出整体价值，清楚认识到这一点是很重要的。这是为您的运营或公司，从整体上发展出一套商业运营系统的根基所在。

理解您的产品是如何帮助客户的产品获得成功的，您就能发挥出主动性及服务意识，以帮助客户更好地利用您的产品，并增加其价值。您增加的价值越多，您就变得越有价值。想想在各大卖场展示商品的供应商们吧。从倾听您客户的客户的声音，所学习到的另外一点是，您能观察到客户的市场，并明确出他们市场上所发生的变化。您能将市场视为一个系统，每一个参与方是一个子系统。所有的参与方联结在一起，进而形成一个创造和响应变化的系统网络。想想那可能已经到来的、游戏发生变化的、让人震撼的瞬间吧，就像那些生产剑器的制造商们已经看过的那部《夺宝奇兵》电影里，印第安纳·琼斯扣压下左轮手枪扳机的那一瞬间，剑战就结束了。

十之有九，客户市场上的变化不会显著地影响到您的生意，但是唯一的一次"意外"，通常就会把您"逮个正着"。而且这个"逮个正着"，经常是发生在不同时间的变化协同作用的结果，并从不同程度上影响了网络里的多方游戏参与者。系统行为动力学给出了一些概念，即时间的延迟和放大能影响供应链的行为，其影响的程度取决于您在供应链中所处的位置。

我听过最好的例子是，把淋浴器上的龙头稍稍挪到热水或冷水那边去❶。这暂时没有什么影响的，您让龙头稍远点儿就行了……但是意外吧，客户市场变化的影响，能真的把您"逮个正着"。某种程度上就像那场 A–B 公司率先发起的、改变市场的、长脖啤酒瓶的战役一样，而结果就是库尔斯企业所经历过的，被"逮个正着"了。

因为教育背景的缘故，我一直尽可能地用全方位系统思考的方式去看待和解决问题。事实上早些年前，我在《运输与配送》杂志上发表的一篇文章，标题就是《展望整合渠道的未来》❷。直到与创新顾问公司一起工作，并经历了第一个啤酒游戏模拟模型时，我才开始真正理解到，系统思考能如何地影响供应链和企业的。

我跟宝洁公司第一次打交道，是在跟路·波德鲁先生碰面的时候。当时我正在美国数字设备公司上班，而他是食品部的产品供应经理。

他走进房间，坐下来，然后对我说："您有十五分钟的时间来跟我分享您的愿景。然后决定我们或者继续谈话，或者我离开。"

代替的是，我请他先看看我发表在《运输与配送》杂志里的文章。

读完之后，他说："我们谈谈吧。"

于是，他分享了宝洁公司食品部在整体系统和包装物流（Total Systems & Packaging Logistics）上的愿景。我们从没一起执行过项目——这是改天再讲的另一个故事了——但是随后的几个月，是我们建立共享愿景和团队学习的绝佳经历。这也给了我与科尼尔公司的供应链执行总裁鲍勃·萨巴斯近距离一起工作的机会，后来他

---

❶ 指稍稍调整一下策略，就能避开市场变化对您生意的影响，不被"逮个正着"——译者注。

❷ Sherman, Richard ard,"Look Ahead to Integrated Channels," Transportation and Distribution, Penton, March 1989.

带我到了美世咨询公司，并且自始至终地，在很多年里对我在供应链管理的概念理解上影响很大。

那时在20世纪90年代，像我想要学习的那样，当时宝洁公司在其转型改革道路上做得很好，远远位于时代前端，其需求流™管理网络的愿景也处于时代领先地位。

注意到需求流™上的商标了吗？宝洁公司一直在谈论需求流™管理。当我成立并发起了"供应链战略咨询服务中心"，任职于"先进制造研究中心"（AMR研究中心，现在为高德纳企业供应链部）时，我最早的报告之一就是解释需求流™管理。当然，随后我就收到了一封"禁止令"，来自约翰·科斯坦萨（John Costanza）技术学院［JCIT，现在称之为"需求点"（DemandPoint）］。长话短说，约翰·科斯坦萨是JCIT的创建者，那时他已经给该术语标上商标了。当我质疑宝洁公司对该术语的使用权限时，我发现像"领导力与控制"、"需求流™技术"（Demand Flow™ Technology），是很多宝洁公司经理们被要求去听的另外一些课程。并且，科斯坦萨只允许那些付了许可证费用的人们随意使用这个商标，这也许就是为什么很多具有物流背景的人，第一次听说过它的原因。

所以，还让我们回到啤酒游戏上吧。杰·福瑞斯特的计算机模拟结果，演示出了需求变化对一个多阶供应链的作用和影响。就像我已经在系统思考行动会议上向他指出的那样，这是一个绝佳的工具，可以用来体验并教导供应链管理的全部内涵（请看随后的"供应链动力模拟：'啤酒游戏'"）。然而在那时，它还没有被广泛利用在供应链职业的教育及训练工作上。基于我们合作的物流团队跟麻省理工学院的良好关系，作为美国数字设备公司物流架构全面开发团队的一员，我才被引荐认识它的。这又进一步带领我参加了领导力与控制研讨会。在研讨会上，我很幸运地让彼得·圣吉作为我的首席导师。啤酒游戏是研讨会上验证系统思考理念的、最早的练习之一。

领导力与控制课程，也包括一份关于系统思考的小册子，"系统1：系统思考的介绍"，这是一本围绕该主题的、很棒的初级读本❶。巧合的是，考夫曼博士也是教育专业背景出身，具有马萨诸塞大学的教育学博士学位。更巧合的是，较之于商学院，早期的系统思考理念，可能在教育学和社会科学课程里被采纳地更广泛一些（就像我在巴黎圣母院研究所经历的一样）。宾夕法尼亚大学的约翰·科伊尔先生，是我所遇到过的、最早将系统思考理念纳入其物流课程的、第一批商学院教授之一，包括啤酒游戏也是如此。

考夫曼的书已经成为一种民间传说了，他的28条关于系统思考的"经验法则"，超出我想象地在互联网上广泛传播并被议论着。当我搜索他的书时，我很开心地看到自己保存了两份副本册子；在电子港湾（eBay）网站上有人出价300～500美金来索要一份副本。有一些"经验法则"是很好的例子，可以用来解释为什么系统思考很重要。随后我会在本章引用一些的。

当我在美国数字设备公司工作时，来自创新顾问公司的迈克尔·古德曼和比尔·拉特肖与我一起，帮助全国各地的客户实施了很多啤酒游戏。非常有趣的是，那时创新顾问公司正在用它作为系统思考教学的简化版本，这是作为他们组织发展实践的一部分，而非真地应用在物流系统中。古德曼负责让游戏变得更简单容易一些，并带领游戏总结板块的组织发展部分（拉特肖负责处理游戏执行时的技术性细节），而我则负责在游戏中

---

❶ Draper L. Kauffman, Jr., "Systems One: An Introduction to Systems Thinking" by Future Systems, Inc., 1980.

加入物流和运营方面的含义解读。那时供应链管理还不是一个被广泛使用的术语。两三年之后，我开始自己简化这个游戏，以单独专注于供应链内涵的解读上。

当答应创新顾问公司引入这个游戏，作为美国数字设备公司内部转型改革的一部分时，我们立刻看到了游戏对提升企业员工在物流动力学知识上的作用，并能帮助我们的客户认识到物流管理信息系统的价值。我们经常实施的事情是将制造商、物流服务商，以及信息技术执行官们集合到一起来体验这个游戏。我们也训练了很多合作伙伴来使用啤酒游戏。如今，它是教授供应链知识时广泛被采纳的工具。在证明实业界的首创精神能影响到学术圈方面，它也是很好的例子。反之亦然。

那就是说，从系统角度来看待市场，以及您的产品是如何贯彻系统思考理念的，对如何在变化的市场中开发出一项管理策略来说，是非常关键的。考夫曼的第一条经验法则是，"万事彼此关联"（他把这条归功于人类学家法兰兹·鲍亚士的格言）。记住，供应链是一门关于权衡问题的学问。商业运营是复杂环境里的一项复杂系统。一个子系统的变化，经常会导致其他子系统的变化。通过船运更多的商品，我可以显著地减少运输成本。然而，这也会显著地影响到提前期和服务水平。我可以通过更长的流水线生产来降低制造成本，但在占压很少资金的同时，也会提升我的库存及持有成本。所以说，这是一个整体系统。

最近，美国广播公司（ABC）的神秘城堡节目正在热播，其特点是分成上下两部片段，这是一个很棒的关于系统思考的案例❶。侦探们陷入一个中央情报局的阴谋中。这个阴谋是由一位前任的中央情报局顾问（一名数学教授）引起，他开发了一个被称之为关键理论的系统分析技术。他能辨认出触发一系列事件，并最终导致巨变发生的那些细微事件是什么。在这个案例中，微小事件是一场搞砸了的中央情报局暗杀企图，巨变结果是导致一位有权力的中国外交官的女儿"意外"死亡。教授确定这个事件将触发一系列具有报复性的、彼此关联的事情将要发生，就像散落的多米诺骨牌一样，并最终将引发第三次世界大战，以及美国的没落。教授实验室里事件进展的系统流程图，能轻易转化成供应网络的模拟图。

供应链动力学的模拟："啤酒游戏"

在1958年，杰·福瑞斯特作为麻省理工学院的教授兼工程师，以及数据处理行业的先锋人物，写了一篇题为《工业动力学：对决策制定者的一项重大突破》的文章，他相信文章将会发动起一场围绕商业决策制定的革命。

管理正处于一项理解力上重大突破的临界点处。在数据处理行业里，新的管理理念将会出现在最近的新发展趋势名单上。就重要性而言，这种管理理念的大跨步，将远远超越最近的、使用计算机完成行政工作的进步……这种理解力将引发出对信息的更好利用，并带来对广告有效性的认识提升，引领消费者市场的动态性行为，促成与技术变革并驾齐驱的企业政策。

---

❶ http://beta.abc.go.com/shows/castle/episode-guide.

经哈佛商业评论许可，转载并摘录于其1958年第36卷第4期，杰·福瑞斯特的《工业动力学——对决策制定者的一项重大突破》。

通过一个开发出来的、用来模拟多阶供应链产品流的计算机模型，福瑞斯特的展示具备了划时代的革命意义。该多阶供应链包括零售商、批发商、分销商和制造商，产品从供应端移至消费端，以响应消费者需求，以及供应链各层产生的补货订单需求。计算机模型的模拟结果，引发出了如今众所周知的福瑞斯特效应，或曰加速原理。该原理阐明，终端消费端的需求变化10%，将会导致制造端的需求变化40%。

然而在那时，福瑞斯特的讲授并没有引发管理思考上的革命。在过去六十年里，数以千计的商学院学生和教授，通过一个叫"啤酒游戏"的制造及配送的模拟桌面游戏，在时间延迟及放大对供应链行为的影响上有了准确理解。回溯到20世纪60年代，那时只有大型计算机，因此，在原始的计算机模拟结果基础上，麻省理工学院斯隆管理学院的系统动力实验室团队，构建起了一个桌面游戏。询问学生他们喜欢生产什么产品？当然，您们知道答案是"啤酒"。啤酒游戏模拟了一系列由于信息及沟通延迟带来的效应。麻省理工学院斯隆管理学院的约翰·斯特曼教授，通常也是我的联络人，致力于寻求桌面游戏的材料，并使得啤酒游戏在教育界日益流行起来[1]。

四个人分别代表零售商、批发商、分销商及制造商，他们组成了供应链，或曰团队。一般情况下，有好几个团队彼此竞争，使"啤酒"沿渠道下移，以响应消费者的需求。每周的消费者销售额，用仅向零售商透露的一副卡片代表。随着产品被消费，每周供应链各层都接到补货的订单。随着产品从工厂配送到渠道各层，就出现了运输延迟的情形。在每一个模拟活动周结束时，游戏参与者记录他们的订单或延交订单以及库存的情况。每个团队都会为库存支付1美金/件，为缺货支付2美金/件。在52周末时，参与方计算各自的供应链总成本，并用图表画出全年的订单量和库存。总成本最低的团队获胜。

在指导此模拟游戏上千次后，我发现通常来说，订单和库存的结果模式在每个团队一直都是一样的（类似于福瑞斯特的原始研究发现），即库存和订单数量曲线都是猛烈地摇摆，现在普遍称这种现象为"牛鞭效应"。

时间延迟和产生的放大作用，从实质上来说，创造出的订单与库存模式，每一次模拟完成时的结果都相同。在游戏一开始时，设定初始的库存水平，随着周数增加，当库存即将用尽时，会对需求量做出响应及预测，以进行补货，订单量也随之上升和下降。进一步地，供应链每一层的订单触发点都被滞后和放大。最终回馈到工厂时，生产线就开始满负荷运行几周，然后再闲置一段时间。令人惊奇的是，模拟情形与现实是多么相似啊。

当游戏参与者解释模式中的差异时，在游戏"事后检视"期间发现的另一个共同行为，是推卸责任的趋势。首先，每个人都指责消费者需求的变化性。在事后检视时，零售商披露出，在整个游戏期间，消费者需求并没有本质上的变化。这让每个人都很

---

[1] Sterman, John D., "Teaching Takes Off: Flight Simulators for Management Education." OR//MS Today, 1992, pp.40-44.

> 意外。自然地，随着真相的暴露，团队成员立刻相互指责起来。实际上，它的发生是阶段性的信息延迟所致的，是采用了被动的方式来尽力预测需求量的多少，正是这样才导致了供应链的变化行为，而非游戏参与者自己单独引起的。
>
> 补货量的多少，不是取决于对消费者的实际需求量的认知。整个需求吞吐量周期和补货订单的周期都"不同步"。模拟结果清晰地演示出了，实际消费者需求的细小变化，是如何能对上游需求产生放大的、像牛鞭一样的效应的。这种牛鞭效应导致了库存膨胀、配送无法实现等。无论是在模拟实验中还是在真实的供应链世界里，都是如此。

当处在一个始终变化的市场环境下，您看待企业时，就必须持续地关注相关的趋势和事件，包括直觉上的和有缘由的，两方面都会影响您的运营趋势和安排。就像宝洁公司的例子一样，他们很早就认识到，客户的订单正变得更频繁、批量更小，而这会对订单和运输成本带来负面影响。于是他们开发了一个组织对其作出响应，这样不仅阻止了利润被显著腐蚀掉，更证明了其在市场上处于优势的竞争地位。

在优利系统公司时，我被安排去做一个位于肯塔基州的批发零售配送项目（私营企业）。他们想要有人来帮助设计一个退货处理系统。他们有实时发布、跟踪破损产品的人工回收处理流程。好吧，我正是那种会干这活的人，如您能想象的那样。我好奇的是，他们为什么会被退回这么多残次品呢？

作为整个项目方案的一步程序，我们安排了一场工厂旅行（全部都是三班倒制），并跟每一个从订单入口到付现窗（订单的现金分析）都有关的人士展开了单独访谈。我们发现，企业里没有一位执行官，曾经在下午下班时，会留在公司里进行晚班轮换。我们也发现，正如宝洁公司经历的那样，他们零售客户的订货频率更高而订货量更小了。实际上，订单的数量已经翻了四倍，客户从原来的一个月下一次订单来满足三十天的供应，到如今一个星期下一次订单只满足七天的供应。由于订单数量没有影响到月度的收益报告，故高层经理们一般也注意不到这种变化。

当我们到仓库去参观中晚班的轮换情形时，那真是乱作一团。晚上六点时，大量的散装订单（那时的订单还是人工处理）开始拥堆在地上，便于晚班轮换时的分拣和分段运输。当然，仓库给增配了人员，以处理四分之一的新订单。拣货的人沿着通道跑上跑下，把产品扔进托盘上的手提袋和箱子里。

晚班同样存在人手不足的问题。当晚上十一点左右，货物还被拥堆在地上时，他们就开始抓狂地安排卡车路线并进行装货。当然，实际上这要复杂得多，因为在过去，每辆卡车经过的站点很少。因为那毕竟是一个供应三十天货物的订单。随着订单频率的变化，现在的运输工具需要停靠的站点更多，并要按照停靠站点的顺序来装载商品上车。好吧，如您能想象的那样，随着早上六点"必须装车"的截止时间临近，员工们逐次把商品扔上卡车运送出去时，一切都显得又狼狈又慌张。

结果就是，有许多破损商品在仓库出站时没有被发现，因此消费者们要么拒绝购买，要么在下次配送时给退回来。管理者们从来没有意识到，是什么在冲击着他们，因为他们想象不到，市场的变化也会影响到他们的商业运营。管理者们没有在晚班轮换时去仓库看看，而且企业文化也是默许这样的，以至于仓库总管和员工们只是尽力干好他们的工作而已。他们需要一个新的配送系统，而非退货处理系统。

  当宝洁和沃尔玛企业的运营团队第一次碰头交流时，他们并没有真正地重新修正彼此的想法。他们只是"偶然相遇的对手"。直到他们开始一起绘制接收和交货的流程图，并确认彼此驱动绩效量值的动力是什么时，他们才开始意识到，自己没有尽力去发现彼此的问题。一直到支持提升毛利润投资回报率的订货实践流程间的冲突，被用图表的形式给明确绘制出来，并与交货流程图合并在一起来优化运输成本并提升投资回报率时，这几张图被合并在一起进行观察，他们才发现，游戏的参与者们成了无辜的旁观者。

  啤酒游戏中，上下游企业订单量的带有肆虐破坏性的变化波动规律，不是任何人的战略性预谋。它是决定战略及结局的游戏结构导致的。这种结构在缺乏沟通的背景下，引发了上下游企业的那种行为。这就是一个管理需求的问题，在我的经验里，在其他组织存在"筒仓"约束的环境下，很多人都不会超越自身的"筒仓"局限，拓宽他们在需求认知上的视野，而通常只是任市场自然发展。所有游戏参与者的"筒仓"彼此独立，各自运营，却创造出了会影响其他企业的变化及响应效果。在经历了25年甚至更长的时间之后，企业家们才刚刚"发现"销售和运营计划吗？甚至，很多企业到现在还没有弄懂这点。

  20世纪90年代，当我在高露洁美国公司（高露洁棕榄集团的一个分公司）致力于一项企业系统架构支持的咨询项目时，我的很多关于供应链的想法开始真正地具体化了。作为我在美国数字设备公司行业营销工作的一部分，我参与了高露洁公司大量的不同项目。埃德·托本先生，后来成为一名首席信息官，最近已经退休了，他推荐我去一个管理团队，帮助促进跨职能首创精神的形成，以最终明确出公司的新企业系统的商业需求是什么。团队里的好几个人，对我为他们的一个供应商工作比较介怀；不过，当我一接受了美世管理咨询公司的工作职位后，我就参与了这个项目。

  跟过去很多年里我参与过的其他项目不同的是，这个项目中我被分配任务去了解，并开发出企业内那些跨越各职能部门的需求。我被邀请进入到每一个"筒仓"里。我们不得不考虑企业每个层面的需求，从研发、营销到销售，从采购、生产、物流，到财务等部门的各个方面。

  并且，项目中还必须与各个执行经理展开各种沟通交流。企业向新系统转型改革的意义很大，我正站在高露洁公司转型改革征程的起点处。为了把我的发现形成文件，并展开交流，我开发了一种方法。这种方法在很多年里，引领了我的研究及很多其他转型项目的进展。很多年里，关于该方法及从项目中收获的经验，我写了很多研究报告和文章，这些在参考文献里都被引用过。

  我在宝洁公司怀疑过的，也在高露洁公司项目中确认过的，且在啤酒游戏中得到证明的是，企业可以被三种主要的组织结构刻画出来，这三种组织结构的战略决定了组织的响应能力、管理能力，以及需求提升的能力。如果那些需求管理策略，被改革成适应或与变化的市场相一致的话，企业将会在文化及跨职能合作能力方面变得成

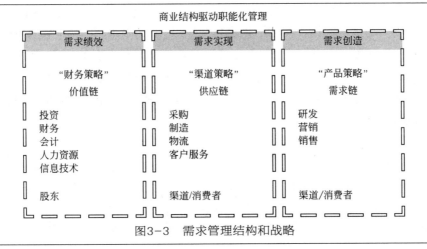

图3-3 需求管理结构和战略

熟起来，就像宝洁所拥有的需求导向型文化，及高露洁公司已经实施了很多年的转型改革一样。

如图3-3所示，在一个变化的市场下，需求管理结构和战略是非常容易被理解的，因为它们是基于营销学的4Ps和4Cs理论的基本原理。

促销是它特有的结构，这被我称之为"需求创造"结构。这种结构决定并驱动了企业的产品战略和需求链。依赖于产品、服务及行业特点，它将决定该结构的职能组织。一般来说，这些职能部门将开创出新的概念，审视市场并寻找新的产品或需求，研究并发展这些概念转化为商业供给，以及营销和销售给客户（渠道上的）或消费者。

产品和地点紧密地匹配在我称之为"需求实现"结构里。这种结构决定并驱动了企业的渠道策略及供应链。当我待在"需求创造"结构的技术型企业里时，很明显地，"需求实现"是我大多数时间操作使用的结构。但是想要获得转型改革成功的关键，是跟其他结构结成联盟关系。毕竟，我们在采购、制造，并配送给由"需求创造"结构创造出的需求等方面的能力，带来了卓越的企业财务绩效。

价格也是它特有的结构，被我称之为"需求绩效"结构。该结构驱动了企业的财务策略和价值链。基于与目标和绩效度量有关的企业战略开发，此结构的确是"需求创造"及"需求实现"两种结构的驱动力因素，通过投资和支持企业的资本支出来获得丰厚的利润增长，衡量并引导"需求创造"和"需求实现"两种结构的运营绩效，提供全局化管理，确保依从法制环境，辨识（希望如此）出利润所在，并管理好企业股东价值的回报。

如第2章所讨论的，不仅在商业环境里交流转型改革的好处，而且交流您的供应网络是如何影响，同时被企业垂直结构策略和变化的市场条件所影响等，这些对获得任何转型改革的首创计划来说，都是很关键的。福瑞斯特的研究及系统思考方法，是关于支持管理决策和跨组织的战略，以确保组织内五项关键的水平流程系统能形成联盟：资本、原材料、现金、信息以及人力资源等。

从系统思考方法，以及工作过的数家大小规模不一、行业市场各异的企业里，我学到的是，您不能控制市场，甚至不见得能控制自己的企业组织。您当然也不能控制竞争。像您将在第4章学到的那样，系统思考教会我们，垂直的商业结构和水平的流程，是组织变革的真正杠杆因素。如果您能安置好您的企业，使其在改革征程上一次走一步，一次改变一个职能部门，您的企业文化将会成熟上升到自尊和自我实现的水平。在此水平上，您能从审视、创造和捕捉市场机会，以及获得增长的组织响应机制中学习很多……是盈利角度上的收获哦！

第 4 章

商业结构是变化的杠杆

啤酒游戏让我们明白，商业结构是变化的主要杠杆，但是商业结构有很多变量不易被察觉出来。或者用我喜欢的一种表达方式来说，杠杆的支点……界限和规则等，实体上的与信息层面的，财务上的与原材料上的，文化成熟度、权重、职能部门的责任，及其他结构上的综合性变量等。当我们在改革征程上继续前行时，如何使这些变量或说支点转化成商业结构，将决定这些杠杆有多大的能力来挪开那些拦路石。很多年来我已经发现的一个奥秘是，很多商业结构的维数很容易被改变，但是就结构的界限本身而言，它们实际上是很难、甚至是不可能被改变的。

举例来说，在啤酒游戏中，已经被建造起来的实体边界是不可能被改变的。但是，假使我们忽略掉批发商、分销商，而一步直达到零售商的话，会发生什么变化呢？假使我们在供应链各参与方之间"开放"沟通交流，会怎么样呢？假使我们打破了游戏规则，又会怎么样呢？明白了这一点的话，您就成功了！当然，您能改变商业结构，但是当您这么做时，您也改变了游戏规则本身。商业结构上的改变具有强大的杠杆功能，甚至能成为游戏的改变者。宝洁公司的改革策略就是游戏改变者。沃尔玛的大卖场，天天低价策略就是游戏改变者。苹果公司的Iphone和Ipad是游戏改变者。回头看看过去的10年、15年、25年、50年里一些有趣的游戏改变策略吧——像我们早些时候谈过的那样，这些策略已经使得1955年财富五百强里80%的企业消失无踪。

您从互联网、社交网络、基于位置的服务，或者移动通信系统上经历过变化没有？您为敏捷供应做准备计划了没有？云计算集合、软件服务、基于位置的服务（全球定位系统）、渗透式无线网络、智能手机、智能远程通信、实时分析技术、人工智能、运输远程信息处理、带传感和监测的智能自动识别技术，以及其他新出现的技术等，也许它们刚刚已掀起了下一波变化的浪潮，一场变革的海啸……这些就是那种不提前警告就偷偷靠近，然后把您包抄起来的那类变革。

变革不仅仅是谈论"如果"的话题，它更是关于"何时发生"的一切内容。变革中的"如果"仅仅是迫使您思考，能否会存活下来。请记住一点，您"何时"加入征程，您是得到了（变革的）奖赏，或者说是支付了变革征程的通行费用；仅仅决定了您是栖息在"先进城邦"还是"落后城邦"，而那处于征程前端的领先企业与落伍企业间的转型差距，是不会弥合上的。看看您组织里主要的需求管理结构是如何被构造起来的吧（譬如，需求创造、需求实现、需求绩效的结构形态），关注一下哪些商业结构的维数正推动您前行，哪些正在阻止您前行，这对推动您的征程前进是必要的。

如您下面将会看到的，同等重要的是，在通往"先进城邦"征程上，不同结构间的相互作用，是会促进或抑制您的转型步伐的。我的永远的导师，鲍勃·萨巴斯，喜欢在每天日出时都指出这一点。记住，商业结构不仅仅是系统的一个组成部分，这个系统更是由子系统或彼此相联系的商业结构组成的。您还记得自己有多少次听"职能性筒仓"演讲里说过的，我们必须要瓦解掉这些筒仓吗？这些职能性筒仓是企业获得进步和增长的障碍因素。所以，我们必须要合作起来！我曾经疑虑，还要经过多少年，可视性问题才能超越经理们面前那一堆大事或挑战，而成为最被关注的大事。如今，我怀疑还要继续听人们讲多少年关于"合作是多么重要"的此类话题。

您不能瓦解掉筒仓：合作是关键

像我早些时谈到的，物流部门任何时候都不会反应很快地向研发部门汇报，反之亦然。但是有些组织是您从来不曾真正了解过的。当离开优利系统公司加入到美国数字设备公司时，我被我的第一位导师麦克·普吕萨招募去了，补充一下，之前普吕萨已经招募我进宝来公司过，那是我在离开教学岗位后第一份真正的商业工作。在宝来公司，他的教诲如影随形，对我的指导贯穿了我十几年的职业生涯。后来，当我们公司与斯佩里公司合并后，我们又一起转到了美国数字设备公司。

他被招募到美国数字设备公司的理由之一是，他有执行过相关行业解决方案的工作经历和管理经验。像我提及过的，美国数字设备公司当时正处在重要转型的剧痛之中。在加入美国数字设备公司之后，他需要一个物流专家加入他的消费品领域团队里。由于在公司内部找不到人，我就成为了他的首选。那时对我而言，这似乎是一个不错的职位调动机会。

现在继续前面的话题吧，我们应该要做些什么，才能处理好物流部门及时向研发部门汇报信息的问题呢？在加入美国数字设备公司后，很快地，普吕萨就带我到马萨诸塞州的万宝路香烟企业（我们公司驻扎于芝加哥）去与其他经理人碰面。美国数字设备公司是一个矩阵型组织结构。因此在我向身为中心区域办公室主任、并接受美国销售组织部分资助的普吕萨做汇报时，我还为消费者行业的营销主任工作，并接受全球行业营销组织的部分资助；并且，我还与消费品应用中心（Application Center Technology）的主任一起工作，并接受美国服务组织的部分资助。当然，这三家组织在度量标准、目标，以及团队应该做些什么的想法上，是完全不同的。

这些只是下面故事的大概背景而已。到达万宝路香烟企业后，我们与行业营销团队开始碰面。像参与美国数字设备公司任何的内部会议一样，我们必须做的第一件事是，参会的是哪些人，为什么会是这些人来参会。因为总有几个人是凭借电子邮件的分配表获得邀请的，而他们起初并没有在被邀请之列。在自我介绍环节，我注意到所有的营销人员都有在产品工程领域，或是设计，或是研发等方面的工程师背景，总之是除了营销的一切领域。当轮到会议的发起者，即普吕萨进行自我介绍时，他谈到了他在本科和研究生期间的营销学成绩，以及他十五年的营销与销售经历。

然后他宣布说，他正担任一份领导研发团队的职位。好了，你可以想象得到，当时大家都非常吃惊。于是麦克问大家为什么会有这种反应。房间里的人们说，他没有任何能领导研发团队的资格证明。我永远不会忘记麦克的答案。他非常平静地指出，房间里的每个人，除了我和他之外，刚刚都讲过说他们是营销人员，但是没有一个人有任何营销学方面的教育、训练或者经历等背景。那么，为什么他们在营销领域的资质，就一定会强过我或他在研发领域的资质呢？就是在那一刻，我明白了，职能性筒仓就是筒仓，因为需要这些筒仓去完成实际的工作。您可以让人们辞职，您可以改变汇报结构，您可以进行上百万次的组织再造，但是您未必能改变将要做的工作的本质。

筒仓形成于人们负责执行完成的各处工作中。需要完成的工作是被其所处的流程限定的。如图4-1所示，每一个需要完成的工作都是在流程中完成的。后面我们会讲更多流程方面的内容。

在那天即将结束时，筒仓问题出现了；然而，如果能将您的想法从职能性筒仓转移到组织的控制和信息汇报上面，并开始将组织视为一个系统来进行思考的话，您就能意识到这些职能不是筒仓，它们是节点！是的，它们是企业运营系统网络里的节点。

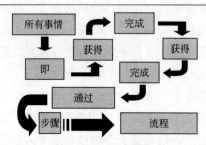

图4-1　101流程图

注释：在这里，我采用"系统"一词来表述，是基于组织环境而非技术环境的背景。在系统思考（以及在精益化世界）模式下，方法论、文化、流程、人员、技术，以及其他的组织构成部分，组成了企业的商业运营系统。举例来说，丰田汽车企业生产系统或曰丹纳赫业务系统，不是一项技术，它们是企业的运营愿景。我们把这种转变称之为运营系统；是的，它们不仅仅是一门技术。

在流程中，当工作从一个节点转向下一个节点时，组织的节点是有边界的。但是，它们是执行企业使命及战略的必要节点，您也不能打破企业网络，及企业所在供应网络里的任何其他节点。这是一个由系统及子系统构成的网络，它们是相互独立运作的。但是迟早它们的行为及输出结果会对其他节点产生影响，而且这种影响结果可能很小，或被放大，这取决于产生影响的节点在网络中所处的位置，及产生影响的流程是什么。

当我在IRI公司时，我们做过一场巡回演出，用来宣传销售时点系统数据与供应链计划的促销性分析（那时还称之为分销资源计划）的整合优势。在IRI公司工作，你能感受到很棒的一件事情是，他们的合作伙伴，包括了所有的市场研究及市场营销人员，及从市场营销行业出来的首席执行官们，大家是一个团队。团队成员间拥有很好的伙伴关系，尤其是每个人与首席执行官们的关系特别棒。那是我平生第一次真正能做到"拜访高层"即首席执行官们，尤其在那时，高层们一般没有太多时间来倾听物流部门的声音。随着供应链发展到今天，这点正在发生着变化；一般情况下，首席执行官们也没有太多可用的时间来倾听销售部门的声音。然而，我在IRI公司期间与首席执行官们及运营委员会碰面交流的时间，超过了我职业生涯其他工作此类交流时间的总和。记住一个诀窍……不要浪费他们的时间。

有一次在纽约一家主要的化妆品公司，我们对首席执行官及全体上级领导，即企业运营委员会委员们进行一次演讲展示。展示主题是促销是如何被明显提升的（一般是季前促销）。我们提供了促销提升因素的市场分析数据，基于数量众多的随机因素的联合［临时价格降低（Temporary Price Reduction）、优惠券、终端通道展示、买一送一

（Buy One，Get One）、两件五折（Two Fer）等］，这些因素将导致大量的、能产生促销效果的案例出现。

基于此类预测因素，我们能够给出大量的案例，那些为了迎合促销可能产生的巨量需求，而不得不进行生产和计划的案例（第5章里我将更详细地讨论这点）。随着我们演讲的展开，我看到物流部副总变得越来越不舒服，最后终于他再也无法忍受了。

"打住！"他打断说，"我能问一个问题吗？"

"当然！"我回答道，"我很高兴在任何时候回答任何问题。"

"不是您！"他强调说，"你！"，随后他用手指向营销部副总。

意料之中的，营销部副总显得有些意外，"什么？"他说道。

"你们［营销部］拥有这些数据，并进行促销分析，有多少时间了？"物流部副总问道。

"大约两年吧，也许是三年。"营销部副总一脸无辜地回答。

顿时，物流部副总大声嚷道："您这个坏蛋……"并从会议桌那头翻过来，抓住营销部副总（记住，那时是20世纪90年代早期，不像今天到处都有计算机）质问道："您知道由于不共享这些信息，［我们的运营部门］付出了多大的代价吗？"

"我认为这没影响到你们什么。"营销部副总说道："因为你们不负责促销工作，是我们在做。"

随着事情缓和下来，营销部副总开始认识到，在缺乏促销计划数据信息的情况下，对仓库经理来说，某些天里走进办公室，发现一些来自任何地方的计划外订单，数量从一万到十万不等的情况，是很平常的事。您能简单地说一句"救火、催货、额外运费、生产线变化等"就完事了吗？难怪物流部副总要发那么大火气了。

这个故事是不是听起来很耳熟？无须多说什么，让我们开始合作吧！

就像在啤酒游戏中一样，在流程的接合处，您的改革征程将会被其他组织的商业结构所影响。您无法打破这种筒仓。但是，也像在任何网络中一样，您可以开始"连点成线"，找出一些方法来与节点企业沟通，发现那些跨职能的交互影响，或者说是跨节点的？

这就是关于商业流程和结构的全部。在征程上前行时，您必须要看看组织的需求管理结构，使其实施的流程能够转化成文件，从而识别出那些您不得不创造或改革，并产生出那些关键的杠杆因素。您也将能够定义出支点，并评估出为您工作和阻止您的杠杆力量是哪些。

理解支配组织行为的商业结构和流程

如前所说，我最早形成需求管理的概念并运用其方法，是来自我在宝洁公司观察并与人共事的那段经历，以及在高露洁公司和"啤酒"公司等从事企业系统架构项目的经历。实际上，高露洁公司的经历已经验证出了，作为关键的基石，啤酒游戏和系统思考真正使实现卓越绩效并通往"先进城邦"的征程成为了可能。当然，我对系统思考理念思考的真正成熟，是通过宝洁公司的"领导与控制"课程建立起来的。我想它们是可以被称之为学习型组织的，也是处在转型文化成熟度的自我实现层次上。

无论是系统思考，还是仅仅将供应链视为一个整体，全局观视野的缺失，可能是企业在大步跨越、踏上改革征程的最大障碍之一。我想，这就是为什么这么多人会陷入现状的泥沼里，拔不出来的原因所在了。他们认为能控制好自己的环境。他们认为能轻易地在企业运营绩效上获得巨大的进步。他们没有真正地审视客户或供应商的运营状况。他们没有系统的概念，并且他们总是在认为，事情只是凑巧发生了而已。他们认为永远不会变化，或者说变化永远不能压垮他们。当您的脖子已经在短吻鳄嘴里时，您会很难想起来本来的目的，只是想要来吸干沼泽里的水。

记得在宝来公司时，有一次我正在培训新来的销售人员。我们去拜访了一家经营供暖、管道、空调的、批发配送生意的私营企业董事长及所有权人（家族企业的第二代管理者）。

按照约好的时间，我们准时到达他的办公室。秘书通知说他正在通电话，要稍微晚点到，他会尽量在几分钟内挂断电话来与我们会面的。好了，几分钟延长到一个小时。在等待时，我告诉销售人员们，他可能在跟艾伦·西尔弗通电话，后者跟戈登·格拉哈姆一起，是开发"经销商库存管理法则"的行业专家。西尔弗只是热爱讲话，并且无论多么努力，您永远没法让他挂断电话。我很了解西尔弗和戈登·格拉哈姆，而且戈登·格拉哈姆跟我一起参加过好几次的研讨会。

当我们走进董事长的办公室时，我问："是艾伦·西尔弗在跟您通电话吗？"

"是的，您怎么知道的？"他回答道。

"艾伦是我认识的唯一一个花一小时才能挂断电话的人！"我答道。随之我们彼此哈哈大笑，僵局跟着化解掉了。

在访谈期间，我解释了一个新的配送管理系统的各项优点，以及市场正在发生些什么变化。我们谈论了快速的投资回报率，以及电子数据交换正在如何改变企业处理订单的方式，以及"周转率决定利润率"（如戈登·格拉哈姆称之为的基于毛利润投资回报率）的库存管理方式。那是一次很棒的谈话，当我们结束时，董事长从办公桌那边斜过身来问了我一个问题。

"您打算让我买你们的系统吗？"他问道。

"哦，我很想，但不知道是否可能。"我回答道。

"唉！"他叹息道。

"为什么叹息呢？"我问。

"因为我开心！"他回复到，"我真的认为——不，我知道您们的系统很棒，而且我们真的能用一个新系统。但是看上去也要做很多的工作来实施它，而且事情会起变化。但是我非常，非常开心！"

就这样访谈嘭地一声结束了。两年以后，我得知他的公司被一家竞争对手收购了。他很幸运，我确信他的这笔交易很划算。而且，跟很多批发配送企业的第二代所有人一样，他能提前退休了。那不会是我最后一次在现实面前丢掉生意。让人们去改变与管理变革，将会是您改革征程上最大的绊脚石。

垂直与水平的商业结构及驱动力

那时需求管理的概念还是非常新颖，不太实际的。像福瑞斯特所说，我们可能不得不等到这代人死了的那一天。我猜测，您正在与现实作斗争，您或您的组织还没有彻底放开顾虑，去拥抱需求管理的理念，更不必说，开始在系统思考和商业流程管理体系下来定义您的组织。

对我们来说，好消息是，宝洁公司的需求导向模式被我在"先进制造研究中心"的后继者们拾起来，并把它发展演化成口头禅"需求驱动型供应网络（Demand Driven Supply Network）"。今天，至少"需求驱动型"的概念被广泛接受了。每个人都是"需求驱动型"。如您将会看到的那样，在"先进制造研究中心"里，人们错过了一些更重要的市场行为原则。而且我的观点稍微不同，我认为在理解需求管理用任何方法论或过程研究法来工作方面，这只是一个开始。如果您回顾第2章结束处绘出的路线图，它包括了定义、测量、分析、提升和控制——一项六西格玛法的主要原则。我也谈到把浪费的现象从流程和客户的反馈中给消灭掉，这些是精益管理思想的主要原则。单单一个尺寸，无法满足所有的人；我不在乎您穿什么尺寸或风格的鞋子，让我们把他们带到改革征程上吧。

让我再给你们看几张，我与那些开始征程的人们交流概念时，所做的图表吧。如我在第3章说明的那样，基于4Ps理论和4Cs理论组织构建起来的表格非常简单，如图4-2所示。最终，所有的组织创造并实现了市场需求，并且保证了组织持续的资金流。我不在乎您身处什么行业，您是非盈利性的还是盈利性的，抑或您是卖产品的还是卖服务的；您必须管理好所供给的市场需求，才能继续竞争并留在行业内。

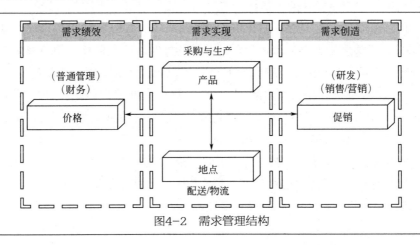

图4-2 需求管理结构

非常简单，不是吗？下一步，您需要确认企业商业运营系统网络里的节点（您的职能性筒仓，记住了）。这里就是我们开始转型改革的地方，从以组织战略、报表，以及控制等为主导更多地转变为以流程为导向。迄今为止，我已经用垂直层面的术语定义了组织。我们围绕那些需要通过管理才能实现目标的活动（需要完成的工作）来进行组织。当在考虑企业战略发展和使命、组织目标设定、控制范围、执行面向愿景的商业战略时，我们通常是做垂直化思考的（参考第2章和第3章）。

图4-3显示出了被加进需求管理结构的那些交易节点，这个需求管理结构对实施并完成企业目标的活动负责。我利用自己在消费品制造业的经历，对需求管理结构展开分析。基于您所处行业或企业的特性，您也许有不同的部门和/或功能，但是关于这些活动是否跟创造需求、实现需求，或组织内的需求财务管理有关，不应该有太多疑虑。渠道和客户的应对程序也应该非常简单。

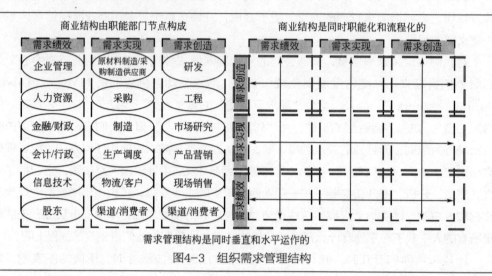

图4-3 组织需求管理结构

那么现在到了棘手的部分了。当很多人审视供应链时，他们是水平化审视的，即从供应点到消费点，以及现在称之的废弃点，对不对？流程思考是水平化的。但是请记住，我想让您成为一位系统化思考的专家。组织是被垂直管理的。网络中的节点，是从管理角度进行垂直设计的；从流程角度看，它们又是水平发生行为的。作为一个系统，即如图4-3所示，在模拟对渠道/消费者客户的服务及响应的时候，组织也将不得不同时进行垂直和水平化的运营，才能成功地实现商业目标。想想很多年里发生的所有那些组织再造和再造工程吧，它们极力地想从要么垂直化、要么水平化的角度，而没有从一个水平化流程与垂直化管理的综合运营系统角度来审视，达成商业目标。

记得那个三封信的故事吗？一名管理者接受了项新任命并接过三封信，每碰到一个难关打开一封信。第一个难关来了，第一封信打开了，上面写着："怪罪您的前任！"

第二个难关来了，第二封信打开了，上面写着："进行组织再造！"

第三个难关来了，第三封信打开了，上面写着："准备三封信！"

不要等到第三封信被打开。现在开始您的征程吧！

每件被完成的事情是通过流程来完成的……商业流程管理

记得图4-1吗？在20世纪90年代早期，出现了大量的组织再造、工程再造、规模优化、通用业务中断等概念。企业刚刚开始认识商业流程管理的新概念。商业类书籍的作家们都大显身手。咨询企业也获得了前所未有的利用水平。记得IRI公司在做巡回演讲时，我们曾拜访过佛罗里达州的一家橙汁生产厂家。

我们正要去会见一个从事流程再造项目的高级供应链团队。他们已经在本地银行租了两层楼，称其为"地堡"。在接触到各类不同的团队成员后，我意识到有来自两家"八大会计师事务所"的咨询团队，一家主要的系统整合商，以及三家领导战略企业，他们联合致力于不同商业流程的特性研究，并利用其独有的实践能力和经验展开。有些专攻技术，有些专攻商业战略，有些专攻物流战略，有些专攻生产战略，有些负责绘制运营流程图。并且，记住，我说过这是一个联合团队。您能想象出那个项目的资金消耗率吗？

那个时代，能在3M公司里持有股份是很开心的一件事情。行业正被成千上万的便利贴搅得天翻地覆，便利贴上绘出了每个主要的企业、每天执行的所有活动图示。他们甚至使用不同颜色的便利贴，这样我们能用不同的颜色，去代表不同流程和活动的水平及类型。流程图能采取很多不同的形式和方法；然而，流程图的本质，就像图4-1中所说的，流程总有一个开始和终结，期间有各种各样的步骤或活动，来带领您从头走到尾。

这就像小学里用图表示一个句子。句子（流程）里的每个单词（步骤）代表并做什么呢？所有的单词是主语、动词、对象、形容词、副词、介词、连词等。用一个可视化的手段譬如便利贴、索引卡，或者技术工具如矢量绘图软件、商业绘图软件，或者价值流程图等，您就简单地绘制出了用来执行整个流程的所有活动。

记得在美国数字设备公司时，我们使用过一项叫"顶端映射"的技术，用小岛、沼泽、河流和大海等，创造出拓扑式的流程图。那是一次非常有趣的练习。

不要做任何评价。按照现状来绘制流程和活动图。我们就此定义出流程。关于测量、分析、提高以及控制等，稍后再做分析。像您能想象地那样，在缺乏任何导向或标准的情况下，在流程绘图的练习中，您需要填满很多的便利贴。

所以，让我们回到1996年吧。我正在"先进制造研究中心"研究所工作，刚刚为AMR企业创办了供应链咨询服务研究实践中心。

那时企业和顾问们面临的问题是，对供应链这个新事物没有标准的定义。并且当从事一个再造工程项目时，没有一个确定的定义来做参考……有点像供应链改革到一个敏捷供应网络，以及现在的迈向"先进城邦"的征程。

因此一个位于波士顿的主要咨询公司，即皮提里欧、拉宾、托德、麦格拉斯公司（Pittiglio, Rabin, Todd, &McGrath公司，下文简称PRTM公司，现在隶属于普华永道公司），想要创造出一个参考模型，能够在定义供应链时让大量的步骤实现标准化。他们虽然在商业流程和绩效管理的领域里很优秀，但是在技术方面，尤其是供应链技术解决范围内则不够擅长。为了补足其竞争力，他们与"先进制造研究中心"研究所接触，想以合作者身份来加入开发此模型，我们同意了。

当我们第一次在一起合作时，PRTM公司的人透露给我们说，他们已经从概念上定义了供应链有三个主要的流程：采购、制造和配送。当然，我毫无疑问地同意了这个观点，但这不意味着不需要大量的后期讨论，即我们还需要增加第四个组成元素：

计划。我的辩论围绕着一个事实,即在每一次单一的采购、制造和配送环节里,很多种计划类型被同时使用,它们不得不被整合进一个首尾相连的供应链计划流程里。因此,在费劲地与之争辩讨论之后(永远不要建议让一个咨询师去拓展项目的范围,除非您能承受这样做的后果),计划被加进来作为第四个流程要素。在那时,还没有人真正关心产品的返还问题;直到几年之后,返还也被加进来作为模型的一个主要组成元素。

PRTM公司非常精通,是被普遍接受的行业标杆。他们想要利用自身能力来成为模型整体度量指标的一个组成部分。如此做的结果就是,一个称之为E化的供应链运营参照模型(SCORE)概念诞生了。事实证明,想方设法提出的一个"E"是难以被接受的;并且我们不能为其标上商标来保护它。因此,我们同意称其为供应链运营参照模型(SCOR,现在是供应链协会的一个注册商标)。图4-4从需求管理商业结构角度详细阐明了该模型(今天有很多人想要将它作为参照标杆)。图4-4也将返还原料和返还配送两个环节给包括进来了。

初始的方案框架单独聚焦于供应链(需求实现流程),并不包括需求创造流程和需求绩效流程。实际上,在初始的方案框架下,供应链运营参照模型至今为止,都没有包括太多的成本或财务上的度量指标。有一个工作委员会探究过财务的度量指标;然而,这些指标在流程里使用,仍然显得早了些。我们关注的度量指标,大都集中在流程绩效度量方面,并且大都是围绕PRTM公司基准测试组织的度量指标展开的。绩效管理群体(Performance Management Group)正用此作为他们基准测试服务的一部分。

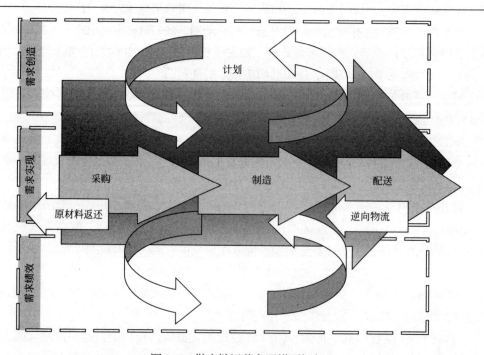

图4-4 供应链运营参照模型框架

注释:来自供应链协会的供应链运营参照

为了开发这个模型，我们同意邀请彼此共同的客户，加入进被PRTM公司称之为供应链委员会的团队中。行业联盟在那时是非常常见的，因为企业正共同面临一些被称之为供应链的新事物的真正挑战。我们从大约60家企业那里获得委任（该委任在企业数达到69家时结束），派三两个人到波士顿参加好几个工作小组会议，以开发出跨行业的定义供应链流程的标准。来自PRTM公司的学生伯尼和我，负责这个团队的工作。

因此，在1996年的4月11日，我们要召开第一次供应链委员会会议。我永远忘不了那一天。我们计划早上八点在波士顿的港湾凯悦酒店开始会议，因为所有的客户参与方都是从全国各地坐飞机过来。我们没有计划到的是，波士顿在4月10日深夜迎来了一场超大规模的降雪，暴雪带来了严重的交通延迟，暴雪停止后的数小时内，路面出行完全是不可能的。当然，降雪是在我们的客人已经入住酒店，夜晚休息之后才开始的。当他们在11日早晨到达会议室时，所有的与会者都出席并统计人数了，但是主人一个都没有现身。我们全都陷在暴雪里。所以，关于供应链管理，供应链委员会的首场开球，就经历了一个始料不及的、计划外的干扰，以及被延迟的开始，这直接导致了日程的重要变动。

今天，供应链委员会是一个独立的、非盈利的行业贸易协会，它以开发并维系供应链流程管理、绩效提升与测量等行业标准为己任。作为一位创始者，前任的董事会及北美领导力团队的成员，以及北美的导师，我承认自己对供应链运营参照模型有一点私心。它已经被开发出来了，被实践者们大范围地支持着，并且其工作委员会对任何有兴趣的团体都是开放的，无论是不是委员会的成员。它是一个简单的开放性行业标准，能使您非常快速地通过，包括度量及标杆的详细流程分析在内的前三段水平，以不到三至五天，甚至是最低的咨询服务时间成本来完成。没有迹象显示，有哪个企业不能使用供应链运营参照模型来实现跨越式跳跃，以开始改革征程，并为供应链流程提供文件证明和评价的。3M公司可能不会感激便利贴的市场需求量缩减了，但是会有一些开心树❶出现的。

先把供应链运营参照模型抛开一会儿不提，图4-4解释了供应链运营参照模型是如何拟合进需求管理结构框架里的。不过，您能使用任何觉得舒服的流程绘图技术或工具来完成它。如我曾说过的那样，我已经看到过很多企业用价值流绘图技术，来为供应链提供官方的文件证明。美国生产力与质量中心的流程分类框架™（Process Classification Framework™）可以用到它上面。并且，他们的企业版本很好地将其拓展进了需求创造和需求绩效结构里。供应链管理专业协会的流程标准，是首先围绕计划、采购、制造、配送和返还环节开始的。同时，虽然在第一版和第二版里，它承认了供应链协会的模型，但供应链管理专业协会的流程标准，更多的是与美国生产力与质量中心的流程分类框架相匹配。供应链管理专业协会和供应链协会两家，都使用美国生产力与质量中心作为它们的标杆服务提供商，所以恕我直言，它们是完全可以互换的。

供应链协会已经提出了两个新框架，设计链运营参考（Design Chain Operations

---

❶ 出自美国的一个动画片——译者注。

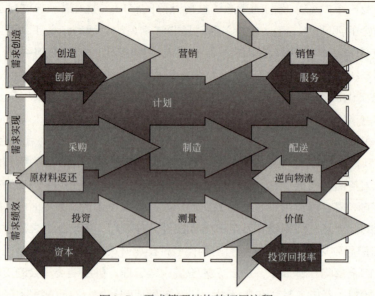

图4-5 需求管理结构的拓展流程

注释：供应链运营参照模型图由供应链协会提供

Reference，DCOR）框架和客户链运营参考（Customer Chain Operations Reference，CCOR）框架，但它们是被一家会员企业开发出来的，所以不够成熟，也缺乏行业标准的检验。因为它们的版本很早，故没很好地嵌入进需求管理结构的框架里，这里我提出了自己的"需求创造"和"需求绩效"拓展版本。如图4-5所示，我已经提出，与供应链运营参照模型类似，从一个较高层次的流程出发点来说，需求创造的主要流程模块应该是计划、创造、市场和销售，且包含"创新""服务"两项的拓展流程模块。需求绩效的高层次主要流程模块是投资、测量和价值，包含"资本"和"投资回报率"两项的拓展流程模块。

在需求创造架构里，创造指的是一个企业执行去开发新产品、服务或市场供给品的流程。我将"创新"包含进来作为一个拓展的流程，是因为很多企业在拓展其市场供给品的新概念开发方面，已经超越了自身的研发或产品开发资源，甚至延伸到了利用学术研究和私营设计公司去完成的程度。"创造"和"创新"所处的层次够高，故从流程定义角度来说，是可以跨越不同行业的。

市场是指一个企业执行去将"创造"出的供给品商业化的流程，以及一个企业执行去促销其供给品给潜在的客户、渠道，以及/或者消费者的流程。市场流程是作为首要的拉动企业商品交易量的流程去执行的，也决定了企业将要促销的地区及消费群体两类市场。

销售是指一个企业执行去将所供商品转化成特定的客户、渠道，以及/或者消费者订单的流程。我认为服务应该是一个拓展的流程，因为企业也许会，也许不会安排一个足够显著的服务流程，来保证拓展流程概念的顺利执行。举例来说，在最初的供应链运营参照模型的配送流程里，我们加入了一些服务因素。然而，它并没有真正被很多企业视为供应链的一个流程模块。较之于"服务"流程，在支持、维护或安装/实施的概念框架下,"返还"流程被开发地更好,能够有效地处理实体产品的返还问题。一直到客户链运营参考框架被开发出来,供应链协会才开始真正将服务流程加入进来。

有一句格言说的是:"什么也没发生,除非我们拿到了订单!"现实情况是,如果您在拿到订单前没有注意到所有"发生",即在创造/创新、市场,以及销售/服务等流程里的情况,您将需要比能料想到的,去灭掉更多的森林大火。同理,在需求绩效框架下也可以这样说。

在需求绩效框架下,我已经确定了主要的流程模块是投资、测量,以及价值,包含了"资本"和"投资回报率"两项拓展流程。投资代表的是那类流程,传统意义上是金融和国库券,是一家企业执行去吸收并占用资本来运营生意的。我已经确定"资本"属于一项拓展流程,因为很多企业是上市的,需要有拓展流程来管理进入企业的不同资金来源,也有一些企业会以联合经营、兼并与收购、基金管理等形式进行外部投资的。

测量流程通常是那类财务流程,即传统的会计流程,管理一般账务、应付账款和应收账款,以及其他与测量和控制财务活动有关的流程,以支持需求创造和需求实现里的运营流程。人力资源和信息技术是否归于投资或测量流程,还没成定论;不过,我想很多人会同意,人力资源和信息技术是需求绩效流程应该执行的、最好的、跨结构的资产或流程因素。

价值流程是指那类被执行的流程,用来辨认出跟测量流程模块的输出有关联的成本与收益,以决定企业是否盈利,并能提供给股东可接受的投资回报率,无论是私营企业还是上市公司。我将投资回报率作为一个拓展流程,因为它受企业执行的所有流程的影响,并且可以证明,它是企业绩效的最重要的度量指标,虽然有些企业也许会说,息税前利润或净现金流才是最重要的财务度量指标。我把这些留给财务专业人士去定夺;但是,在您开发转型改革路线图时,很关键的一点是,您要很清晰明确地与上级管理层和董事会沟通,告诉他们就改革的征程而言,投资回报率是实现财务收益和结果的重要的杠杆因素。

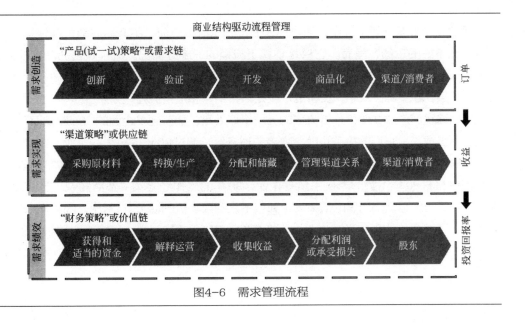

图4-6 需求管理流程

图4-6诠释了一个需求管理结构的非供应链运营参照模型的流程透视图，以吸引供应链运营参照模型的"强烈反对者"们的注意力。您知道自己是谁！我将需求管理结构创造出来，达到一种能应用于供应链改革的、能采用各种各样方法的、完全不可知的状态。每周拣点时间朝前走吧。需求管理是一个简单的沟通工具，以这样一种方式将商业整体视为一个运营系统，及更大的市场生态系统的一部分，来勾画出转型改革的辉煌征程。

从需求管理结构透视图的角度来看待商业流程，能使您简洁迅速地形成文件，并定义企业里所有的主要功能（节点），以及它们在商业系统网络里的逻辑位置，不论采用什么方法、模型、框架，或您想使用的任何形式。关键在于，您能在可视化的视野下，从一个垂直管理的角度，与节点中的交叉点展开对话，以实现企业的战略和目标。

同时，您能想象出，在一个服务于客户、渠道合作伙伴，及其他游戏参与者的市场里，节点企业是如何采取水平化的流程，来确立起外在的展示形象，以及能够创造价值的目标的。与此同时，也能产生足够的投资回报率来满足企业股东的需求，不管是私营企业还是上市公司。

在定义需求管理的企业流程时，至少在一定的高度水平上，您要能够说明不同结构商业流程的主要输入与输出结果。因为作为一个商业运营系统，要能影响到、或被其他需求管理结构里正在展开的流程所影响。这在创造合作和团队学习的精神时，是特别重要的。

就像那位化妆品公司的营销副总不知道，不共享促销管理信息，将会如何戏剧性地影响到运营成本一样，物流部副总不知道这些信息存在，也就无法索要它们。并且，很清晰的是，高层管理者和财务部门都没有意识到，缺乏信息共享将会如何影响到投资回报率。团队学习是改革文化成熟度水平变得更高的一项特征；但是，我们经常面对的问题是，我们不知道自己哪些方面是不知道的。如我们将要看到的那样，合作对推进您的改革征程是关键的。领导是团队概念的一部分。我不认为一个个体，能"领导"他或她自己。

通过关注流程管理和合作，您也把人们带到了流程外面。不共享促销管理信息，并没有什么不好的意图在里面。它只是不属于流程的一部分而已。流程是由活动组成的，而不是人。通过把人们带到流程外，您能把流程整合起来而无需责备人。记住"意外的对手"结果，在啤酒游戏中，责备的产生是来自结构和运营流程。

绘制路线图形成文件和分析流程的另一个好处是，捕获到了企业的"部落知识"。随着企业逐步成长，它们的员工也随之变老。很多经营超过30年或更久的企业，在每年退休雇员占较高百分比（百分之十或更多）的情况下，现在正面临着"银发海啸"的危机。随着那些有着30年工龄的老员工离开企业，30年的工作经验和"部落知识"也随之离去。并且，当您运营部门里的很多人（如果不是绝大多数的话），是基于"部落知识"及已经演化了很多年的自定义表格来进行运营的，那么流程知识的标准化，对您未来的成功就很关键了。是时候来开始征程并把流程标准化了。每件要做的事都是在流程下做的。

第5章 如果您被需求驱动着走,您可能会被逼疯

在很多年里，作为密切关注宝洁公司动向的观察家，我得出的结论是，他们不是需求驱动型，而是消费驱动型企业。而且，对于贯穿组织及运营渠道的需求流方面的愿景规划问题，他们是进行过全盘缜密考虑的。他们的关注焦点是侧重于需求响应而非需求驱动。如我在IRI公司了解的一样，消费品行业里的需求变化特点是如此宽泛，如此不可预测，且如此容易被规模化、消费者的反复无常等因素所影响，所以说，如果您被需求驱动着走，您将会被逼疯的。

记得我来自纳贝斯克公司的好朋友里基·布拉斯根，如今任供应链管理专业协会首席执行官的那位吗？当我任职于IRI公司时，我跟在纳贝斯克公司上班的布拉斯根一起工作过，那是我们关于销售时点系统数据分析和分销资源计划项目的首次合作，有天晚上，他给我打来了电话。

"里奇，我总算找到了我们要做什么，才能提高我们的预测精度。"他告诉我说。

"哇喔，里基，那太棒了！"我欢呼，"您发现了一种新的预测方法吗？您将要推行基于销售时点系统的补给系统吗？"

"不，我们要投资一个呼叫中心。"他坚定地说道。

"什么？"我错愕了。

"是的，我们要投资一个呼叫中心，每天晚上给两亿的消费者打电话，问他们明天想要买什么。"他一脸认真地解释说。

然后，在彼此默契地开怀大笑之后，我们开始讨论关于每天消费者会买什么的不可预知性问题。当我们住在芝加哥时，我的孩子们，过去经常爱制作由RO*TEL酱原料，及切成方块状的番茄，配上辣椒酱和Velveeta牌奶酪做成的干酪。当我们搬到波士顿后，当地超市没有RO*TEL酱，这让孩子们非常失望。故当又一次到芝加哥出差时，我在一家朱厄尔（Jewel）超市停下来，把货架上的RO*TEL酱一扫而光，全部买了下来。返程时，我的随身包里估计有二十多罐的RO*TEL酱。

当孩子们在那欢呼时，您认为朱厄尔超市正在干什么呢？您认为他们已经事先预测到了，那周484号店被一扫而光的RO*TEL会"清空"吗？他们对RO*TEL的预测，及重新计算货架分配量的警报立刻拉响了吗？他们看到了芝加哥市场上，RO*TEL的主流需求趋势了吗？我怀疑。也许可能会有几个消费者，在那周剩下的几天里，发现了484号店里RO*TEL的空空货架，但是如果他们真的需要它，他们只要穿过马路，到对面的多明尼克（Dominick）超市就可以买到。退一步说，RO*TEL的短暂缺货，真的会让朱厄尔超市的收益受损吗？如果没有这次销售率的异常增加，朱厄尔超市的RO*TEL就一定不会比预期更早卖完吗？我的这次偶发性扫货行为，不值得让多明尼克超市注意到，进而及时补货，来多卖几罐RO*TEL吗（假设消费者不能等到下次来朱厄尔超市才买的话）？当然，您可以说，预测系统只会把它考虑成一个异常值。但是至少在消费品行业里，现实情况是，异常值比您想象的更常见，而且消费需求是高度不可预测的。

请记住一个术语，即"销售率（Rate of sale）对销售时点（Point of sale）"比值。我在第6章和第7章将会不时地提起它。它是导致人们制定出"大错特错的假设"的小小的感知偏差之一。举例来说，如果您正在做缺货（Out-of-stocks）导致的货架销售损失分析表的话，您是否计算过缺货，是因为某一单项商品销售率的提升导致的呢？如果真的是出乎意料卖得快，那么在缺货到货物补充这段期间，您可能会有暂时性的机会损失。但这真的代表了销售量"损失"了吗？进一步地，您考虑过缺货是否只是暂时的，还是真的销量增加了？如果只是暂时缺货，此时若您重新计算货架量，就可能会因为库存过量而冒成本增加的风险。要记住，魔鬼总是在细节中出现。这是一个原因、效果与成本收益互相联系的系统。系统思考对商业运营的分析，是非常关键的。

在波士顿召开的第一届"实践中的系统思考会议"上，有一个展区专门提供给客户，做系统思考应用的演示。我遇到一位年轻的绅士迈克尔·绥勒先生，当时他正在用一个移动设备接口努力演示他的应用软件。似乎没有人对他的演示表现出过多的关注。我们交谈了一会，他解释说，他是麻省理工学院的毕业生（认识彼得·圣吉和迈克·古德曼），当他在杜邦公司上班时，已经用他称之为关联式在线分析流程（Relational On-Line Analytic Processing）的这个软件，开发出了系统动力学的模型，并为默克与杜邦两公司合资成立的企业模拟出了潜在的产品生命周期。

当然，我对在线分析流程（OLAP）很熟悉，也明白关联式在线分析流程真的很有创意和市场价值，它把商业分析带向一个新的模拟水平上。他对杜邦公司建议说，该软件可以被用进一个好的商业实践中，它自己本身就是一个很有前途的好产品。但是，我愿意向杜邦公司学习的处理方式是，懂得取舍，他们做出决定说，技术不是杜邦公司的核心业务。所以，杜邦公司祝福他，并让他成为一名顾问，来支持他的新尝试，而且在威明顿市为他专门提供了一间办公室，由此，这家商业智能（Business Intelligence）和微策略分析的企业诞生了。不过，在当时的会议上似乎没有人关注这些。但是迈克尔的成果，很可能是与会者中提供的最成功的系统动力应用模型。事实证明了这一点。数年之后，当我告诉迈克·古德曼说"小迈克尔"已经是一家主要的商业智能公司的领导者时，他显得非常吃惊。今天，迈克尔已经成为了商业技术领域里的一个传奇，一个系统思考能影响商业实战分析的实例典范。

您是基于需求创造结构或需求实现结构来进行生产运营，这点并不重要。一家企业的流程行为，会在流程交互点处对另一家企业产生影响，这是必然的，就像第4章里化妆品公司的例子一样。

像我已经暗示的那样，我不能忍受的事情之一是，有那么多的行业权威人士做出过大错特错的假设，在没有认真考虑过细节层面的、现实层面的实践可行性时，就将其称之为新的"行业趋势或战略"不负责任地到处传播。举例来说，像我早些时候指出的那样，投资者们真的应该去刻苦钻研、学习运营和供应链管理的知识了，包括相关的销售和营销的知识。想想过去十几年里，有多少个鲜活的案例，把"百万"级规模的资金投进"大肆宣传"里烧钱的故事吧。我建议每次投资者在进行合法查账时，采用我的需求管理结构模型去一步步厘清，如此他们就会引导员工去真正理解，如何以及为什么一个企业的商业流程会产生财务效果。而实际情形是，更多时候他们只是选出几篇流行的热门文章，又或者在谷歌上进行些搜索，一夜之间每个人似乎都成了专家。他们可能会说，这能有多难呢？事实上，这真的很难，如果您不用系统动力学来思考的话。在供应链体系里，全局化思考非常关键。

就在另外一天，我还参与一个"社区"讨论基于销售时点系统的补给模式问题。有一家企业的首席执行官说："如果零售商们拥有很棒的企业资源计划系统的话，那么数据捕获和共享就不应该是个问题。它就只是个简单的需求计划而已。"听吧，您们所有的预测专家们都听见了吗？它应该只是一个简单的需求计划，对吗？

再去看看我早些时候提及过的，那段基于互联网的送货上门服务的狂热时期，一个充满了炒作、投机、泡沫化的大爆炸时代吧。难道我是唯一一个会算数学题的人吗？我是唯一的那个人，即认为你们应该在财务模型里，将许多机动运输车辆的引擎和发动机的变化成本，加入进设备折旧细则里的人吗？当它们必须得有不同的温度区，来保证产品不被损坏时，您会怎样使用这些已经被"用了很久"的机动车辆呢？实际上，如果送货上门服务的利润会如此丰厚的话，施旺（Schwan）食品超市将会是如今最大的食品零售商，而非沃尔玛。

店铺直送（Direct Store Delivery）模式的确是一种很热门的物流策略，一直到有些人，比如说像我这样的，对其做了些数学上的计算，才发现了它的问题。在我们的愿景模型中，一家具有代表性的零售商店，能承载成千上百家供应商的商品。如果这些供应商都将商品直送到零售商店里，那么对消费者来说，停车场将会被占满，没有一点空余车位，更不必说店里会是什么闹哄哄的情景了。去体验一下那种感受吧，不信你可以选一个在一家杂货店集中补给库存的时段，去购物体验一下吧。

下面这个故事，是我最感兴趣的、人们会犯的错误假设之一。当时是在20世纪90年代早期，我还在美国数字设备公司里任职的时候，我们正在向各行业推广啤酒游戏，但是重点还是针对消费品行业的客户推广（毕竟，那是分派给我的行业）。很快地，我们停止了销售数字物流架构工具软件，转而用啤酒游戏作为主要的促销工具。那时我已经写了几篇文章，彼得·圣吉也变成了商界的摇滚明星，一大堆先进排程（Advanced Planning Scheduling）技术的销售市场在飞速增长，我们公司的销售人员们很自然地，也学会了啤酒游戏。但是实际上，他们从来不会花很多时间，去看看销售时点系统里的销售数据。他们并不理解，啤酒游戏的设计是要证明什么内在的规律。他们只会想到的是，普通客户们没有能力玩这个游戏来控制自己的牛鞭效应，这一点对于他们销售为其开发的系统是有利的。

啤酒游戏的主要原则是，在游戏早期阶段，消费者需求只有一点微小的波动。最重要的部分是，在游戏模拟过程中，贯穿全年的需求量，始终是常量或扁平的曲线。而这一点是不符合现实情形的。福瑞斯特只加了一个小小的变化，就显示了需求的波动性，正是牛鞭效应出现瑕疵的原因。虽然，福瑞斯特可能不知道真实的、引起零售需求波动的原因是什么，但他开创出了证实系统动力学行为作用的原则，而非真实的零售供应链中到底发生了什么。这正是他的贡献所在。

然而在那时，先进排程技术的销售商们，正在大力推销统计预测和计划工具，他们的首要目标客户就是消费品行业的制造商们。毕竟啤酒游戏描绘了一个多阶的消费品供应链，它是麻省理工学院的成果，所以它肯定是真实的，对不对？所以销售商们做了什么呢？他们走出去宣传说，真实的需求实际上是扁平化的曲线，而且这些消费品制造商们，至少是那些居住在"落后城邦"里的居民们，也相信他们的这个说法。大多数的供应链计划软件公司，并没有注意到偶发因素和基于事件的计划等所带来的真实影响。然而,他们的确仅靠卖软件就赚了数百万美元。

所以您可能无法想象,这与将合作和运营提升作为首创精神的理念相差有多远。我认为这就是为什么销售和运营计划(Sale & Operation Planning)花了25年,也许是35年才再次变得有意义的原因所在了。它也可能是为什么这么多人,譬如我的首席执行官朋友们,在一次团体讨论会上认为它只是"简单的需求计划"的原因。这也可能是为什么这么多人想要成为"需求驱动型(Demand-driven)"企业,而非"需求响应型(Demand-responsive)"企业的原因。我买RO*TEL的这种行为,应该立即触发零售店的补货警报,要么在零售店下次补货时补订RO*TEL,要么自动地把它加入零售店的补货订单里。关于"需求驱动型"和"需求响应型"的内在区别,也许从语义上应该这样讲:如此,零售店将从利润上对需求的变动性做出响应,而非被需求所驱动。但是其中的微妙差别在于,"需求驱动型"可能会导致企业浪费数百万元的成本,去寻找一些对公司利润率影响并不高的支点和杠杆因素,从而耗费大量的人力物力,成本效率低下,无法迈入"先进城邦"之列。

既然如此,为什么不提供必要的软件工具,给那些日复一日重复做这些工作的计划员和排程员们,求支持其日常制定的、那些数额达百万美元的运营资本决策,从而避免那些耗资亿万元购买的企业资源计划系统所产生的预测、计划和排程上的错误呢?

所以,现在让我来驱走那些销售时点系统神话里的扁平化需求假设吧。图5-1是一幅零售店里的预测销售率(Rate of Sale)与实际销售率的比较,这些图中的数据,是基于销售时点系统,从可得性、货架满载的补给数量,以及一个大约有140家零售店的区域零售链里、零售店集群(具有相似销售量的零售店铺)的某类有日期代码的产品(橙汁,不是牛肉)等诸多考虑因素的公平份额分配数据得到的。在我的经验里,图5-1揭示的行为,比绝大多数非卖品更具有普遍意义。早些时候在高露洁公司,我们通过店铺的需求数据,做零售商信息共享的分析时,这种类似于图5-1的分析,是一定会用到的方法。它是我们在IRI公司赖以谋生的东西。它是在需求创造结构里,很多人赖以谋生的东西;只不过很多人仅仅只是经常做这些事情,却从没有考虑过,图5-1的这种分析对需求实现结构的影响。但是,领袖企业都在做这些东西。落伍企业呢?他们可能甚至都不知道这些东西。

回想一下吧,从这家店到那家店之间,您看到了很多需求波动性的现象了吗?"地堡"公司的橙汁供应链团队就是这样认为的。真正让人感兴趣的一点是,图5-1是为"优质"品牌产品所做的需求分析。与"零售店铺扎堆、比比皆是"的情形相比,"合格"品牌产品的需求却几乎是完全相反的。不过重要的一点认知是,在高层或者低层需求的零售店集群里,需求波动分析规律当然是相反的。为什么这么说呢?

我们能够计算出,对店铺内高需求的优质品牌产品,进行消费者群体统计数据分析,显示的是高收入人群占据主流;对优质品牌产品需求低的人口统计,显示的是低收入人群占据主流;而一般品牌产品的相关规律则正好相反(很意外吧?),像您能看到的那样,需求的最大集群是合理地靠近公平份额数值,但是全部商品的方差高达61%之多。因此店铺对高需求和低需求产品会有的相同行为必然是,一些需求的产品会缺货,而其他一些产品(有日期代码的)可能被倾倒到下水道里,或者留给再利用中心去回收回去。

顺便说一下，所有这些会带来额外的劳动力和库存空间成本。

具体的解决办法是，在大型连锁零售店里，把货架都装满，让无论是高需求还是低需求的连锁零售店经理们，人工调整货架上的商品，以保证其消费者人口统计数据和零售店实际需求相一致的特点。这就是销售经理、品类经理和品牌经理们为了谋生天天在做的事情。在公司组织内需求创造和需求实现结构之间缺乏合作和信息共享的情形下，"落后城邦"里总是乱成一团。

所以说，在缺乏商业整合计划的情形下，运营部门每月或每周进行统计学意义上的、基于过去装载量的预测——至少在消费品领域里，基于历史数据的预测产生了歇斯底里的效应——那就是，对计划员和排程员们来说，程序完全颠覆了过来，他们应用自身多年实践经验和自制的表格，来应对实际情况和计划数据间的变化。在美国数字设备公司，我们称之为实际的三角洲计划（Actual Delta Plan，与单纯的计划概念不同），即A△P。记住，公司内需求创造结构的主要推动力，是致力于通过创造新的需求来改变历史的。领袖企业正在拓展这种需求创造结构，以期超过销售和运营计划，甚至有些已经超出了商业整合计划的范畴。而落伍企业，则认为这不过是持续不了一年的狂热而已。

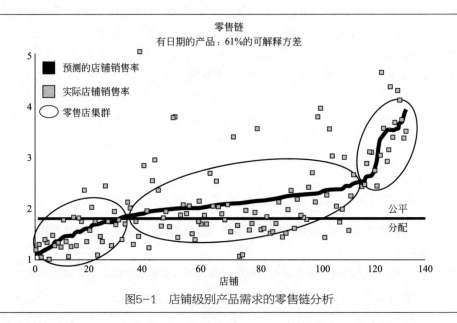

图5-1 店铺级别产品需求的零售链分析

需求创造结构的流程模块是什么？

虽然很多年里，我的"全职工作"大多是在技术含量较高的企业里，担任销售和营销领域的相关职位，但是我一直非常看重"咨询性销售"，所以实际上我担任顾问性销售的时间，与做专业营销人员的时间一样长。当然了，我也是一名行业分析师。在批发及零售配送行业里，我做过很多项目，包括工业、机电、汽车、电子设备、食品、医药，以及任何跨越两个行业的几乎一切领域。

我与汽车、食品及饮料、百货、各类消费品、化学用品、高科技和电子产品、医药……各行各业的制造商都一起共事过，有加工车间、装配线、流程、组合元件、高产量和低产量的，以及任何跨越两类工作之间的几乎一切工作形式。不要忘了，供应链是相对新兴的事物。当我刚开始接触供应链时，物流还是个新鲜玩意儿……那时还没有很多专注于供应链的商业或工程项目。所以说早些年间，如果您懂得原材料是如何及为什么移动时，那么几乎每个行业都会需要用到您的技能。就算是在今天，这一点也没有太大变化，只是多了很多跟我们一样的供应链专业人才罢了。并且，还有一点也没有什么变化，那就是还有很多受过教育的人，没有接受供应链的新思维，这一点让我很懊恼。有时候在工作实践中您还是不得不去学习些老式的方法……在缺乏足够经验智慧的情况下，对组织管理来说，仅仅拥有才华是会出问题的。反过来也一样。

所以，当我们在审视组织内的需求创造结构时，我已经具备了与需求创造流程内员工一起工作的经验，且是以一个高技术含量的专家身份参与其中的。当然，我也将更多利用自身在消费品领域的经历，也许还会分享一两个别的啤酒游戏故事，来参与到需求创造流程的团队工作中去。很多年来，我发现了两个真相：（1）各行各业的人们都能有类似的消费者体验；（2）从消费者行业学来的技术、问题和流程等，能应用到大多数其他行业里。我在消费者需求创造流程里积累的工作经验，也给非消费者行业的客户带来了一些极具创新价值的建议。

不过，这并不意味着，我不会再时不时地拿出我在消费者行业之外的经验来谈论一些话题，因为这些经验能提供一些非常有趣的方法来应对消费者的质疑。我已经意识到，最佳的实践是从各行业从业者经历的独一无二的问题所演化来的。比如说，您能从为一位鱼代理商工作中收获良多，就像我在芝加哥做过的那样。本·克兹洛夫（Ben Kozloff）食品公司是一位海产品分销商，我被邀请去指导他们公司财务的分类查账工作。

本·克兹洛夫在买鱼的路上会及时抓住时机，立即展开行动。通常他在亚洲出差时，会在路边瞬间跳起脚来，火急火燎地打电话回公司，告知要买卖鱼的数量。无论是谁接住电话，都会马上跳起来朝手下吼道："要么卖了它，要么闻它（坏掉）的臭味。"于是，办公室人员立马转入进一种狂乱的工作状态，一磅一磅地卖捉回来的鱼。他们的销售网络很广，从卖给大型连锁餐饮店，扩展至住宅区附近的各种商店。那是一个典型的敏捷供应网络，它教会了我关于提前期和利润响应的知识。如果一家芝加哥的小企业，能够为全美各大零售点配送来自亚洲的时间敏感性产品，而且是在只具有20世纪80年代技术水平的条件下做到的，那么今天的您为什么不能做到呢？是时候踏上转型改革的征程了。

所以啊，您应该能想起我在需求创造结构里提出的很多技术和方法，它们是如此重要，以至于能影响到需求实现结构内供应链管理层的决策行为。对您的供应链转型改革来说，需求创造结构的核心要素，是属于那类能带来决定性影响的重要支点和杠杆。这也是我的真实经历，即需求的不确定性，不仅仅局限在消费者行业，我能将自己的消费者行业经验，应用到很多其他的细分行业里，无论是应用到行业整个流程里，还是某个独立运作环节中，都行得通。反之亦然。在供应链中，对不确定性的管理，已经成为了一种生活方式，无论您身处什么行业里，这点都是一样的。

如第4章所论及的，需求创造结构里有6个主要的流程类型，如图5-2所示。计划对所有的需求管理结构来说，是共有的流程模块。您必须计划需求链，且必须计划每一个子流程的类型，包括创造、营销和销售，以及创新和服务等。需求创造结构的整体目标是，在创造企业竞争优势的同时，提升市场占有率和市场销量。

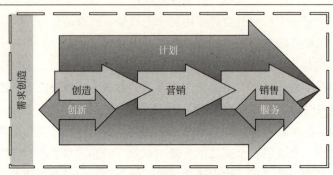

图5-2　需求创造结构

创造流程模块是由这些流程模块及元素构成的，即用来开发新产品、新服务，或提供给市场那类能为企业带来收益的商品的流程模块和元素。我赞同创新是创造的一项子流程模块的说法，因为我相信，只要有创新型企业出现，就会有追随型企业的如影随形。有些企业花费巨额投资进入研究创造领域，以期成为行业市场第一；其他一些企业则花费巨额投资，去创新出类似前者的产品，参与到分享行业市场的大蛋糕之列中，无须承担太多风险。在2012年5月，我参加了一个医疗保健配送管理协会的会议。道格·隆是来自于医药类市场调研公司艾美仕（IMS Health）行业关系部的副总，他认为很多医药公司正在从研发创造型演化成"搜寻及开发"的创新型。它们搜寻一些由外部资源已经发现的新产品，然后买下来产品或专利，投入研发力量到商业用途上。如此产生的结果就是，创新流程与创造流程间出现了微妙的差异，因为创新流程经常通过学术性研究或者公开投标等方式，来拓展到组织的外部，来设计企业包括其供应商在内的外部资源的创新。我的一位网球球友迈克·达雷特先生住在奥斯汀，他是在一家独立研发公司上班的物理学家，该公司名叫Nanohmics，是一家合约型的专业化创新及工程公司。

不管投资策略是什么，企业都要进行研究来确定产品、服务，及它们能提供给市场的东西。虽然一般而言，经销商和零售商们不制造产品，但他们却需要参与实施创新流程，以研究各类品牌、产品线，并将提供给市场各类商品明细单，这些通常是以促销或营销部门的形式来完成的。而且，很多零售商本身也是制造商，他们或者自营，或者进行资产外包，以生产在自己商店销售的自有品牌产品。崇越电联营有限公司（TOPCO Associates LLC）就是一个零售商协作的成功例子，为具有资格的会员开发出自有品牌产品，并承揽了包括生产及贯穿整个零售商会员网络的产品配送（有自有品牌产品，也有再分配的品牌产品）管理工作。会员制企业通常是区域化的竞争者，它们从这种合作中获益巨大，或者我们应该称其为"合作竞争"。合作是通往"先进城邦"的钥匙。

市场流程开始于对来自创造流程的产品、服务，及各类供给品的验证分析。市场研究将明确出对企业所供给商品的最有吸引力的细分市场、规模及竞争蓝图，如此才能赢得此类供给商品销售的商业成功。如果该供给商品能在市场竞争中被证明有效，且能实施商业化生产，市场流程就会开发出一个"试一试"（GTM，go-to-market）策略，并推荐给该商品一个具有竞争力的价格。"试一试"策略的另一个组成部分是产品的发布与促销计划，该计划致力于创造出足够的产量和收益，来获得市场份额和产品的利润目标。

一旦"试一试"策略完成，该供给商品被投放到市场后，销售流程就接管过来了。根据企业身处的行业及供给产品的性质，销售流程可能是直接或间接的……直接卖给购买者或间接通过贸易伙伴的渠道进行销售，譬如经销商、经纪人、零售商、制造商代表等。销售流程的类别和元素，将由企业的销售模型所定义。

有一些销售流程模块可能使得市场流程的"试一试"策略变得有效，并能开发出销售模型，与客户或渠道保持联系，并维持长期的合作关系。当然，销售流程里所有的流程元素是被"订单发起"（Ask For The Order）和"订单关闭"（Close The Order）程序所驱动的。此外，我也将服务作为一项流程子模块，因为很多行业必须要负责所供产品的安装或实施，包括给客户提供支持、维护和修补服务等。还有一个担保因素需要被考虑进来，它可以是一项服务流程模块。

虽然我写这本节的目的，不是要开发出一个完整的需求创造运营参考模型（我愿意让供应链协会继续徒劳地研究下去）。我真正想要强调的是，需求创造结构里被执行的流程是完全与需求实现结构一样复杂和专业的。这就是为什么它们被认为是独立的结构，及为什么在任何时候，研发部门不会向物流部门汇报的根本原因所在。反之亦然。

像我们在第4章学到的那样，确认需求创造结构里的节点及游戏参与者是很关键的。那些节点及游戏参与者，与介于需求实现和需求创造结构间的一体化商业结构流程（或者称它为销售和运营计划，如果您想的话）的实施，三者间确立的合作关系，将很大程度上成为您供应链转型改革的根基及驱动力。需求创造结构也必须将产品生命周期管理（Product Lifecycle Management）流程给整合进来，就像销售和运营计划流程一样，它们最终又变得相互有关系了。通常正是这些整合，形成了"先进城邦"与"落后城邦"间的差异，就像需求创造结构成功实施得到的那些行为和结果，正好是驱动需求实现结构的关键因素一样。在转型改革的更高层次的文化成熟度水平下，彼此合作已经成为制度性条件。"先进城邦"里的企业，甚至使其变为系统化的制度性条件。合作是"先进城邦"的致胜关键。

需求创造流程动态地作用于需求实现行为

您知道我几乎在每场演讲上，都要使用"给我来罐百威啤酒"的故事吗？对我来说，很多年里，这个故事为演讲带来了充满知识的乐趣，希望对我的听众来说也是如此。有一年我在物流管理协会会议上有场演讲，在准备开始讲课时，我看到坐在第一排来自安海斯布希（Anheuser-Busch）公司❶的一位老客户，于是我们聊了一会儿。很自然地，当我演讲到啤酒故事时，我说道："给我来罐百威啤酒吧。"这样就不至于惹恼他。

---

❶ 百威啤酒的生产厂家——译者注。

演讲结束后，却发现来自巴斯啤酒厂（Bass Brewery）的、我的另一个客户霍华德·斯通先生，有点激动地朝我走过来。

"您为什么不来罐巴斯啤酒呢，里奇？"霍华德操着他的英国腔说。

我能理解霍华德为什么这么激动，因为我们曾经一起在伦敦搜遍大街小巷，想找一家卖巴斯啤酒的酒吧（巴斯啤酒通常是他们企业的出口啤酒品牌），而且，斯通也知道巴斯是我人生里喝的第一种啤酒。并且，当他在听众席上时，我也曾经把巴斯啤酒品牌用到我的故事里。但是这次，我并不知道他在听众席上。

"霍华德，对不起，"我真诚地回答到，"我不知道您在这里，好了，您知道我还有其他客户，其中来自安海斯布希公司的一位绅士正好坐在第一排。所以出于礼貌，我就用了他们的啤酒品牌做例子。不过，明天我还会做一场演讲；我保证到时会说'给我来罐巴斯啤酒！'好吗？"

好了，看得出来他真的谅解了，但是还是有点生气。

第二天，我又做了一次这个演讲，当我讲道啤酒故事时，我大声道："给我来罐巴斯牌麦芽啤酒，史考特！"果然，斯通从听众席后方跑了过来，放了一罐漂亮的巴斯牌麦芽啤酒到我手上（对我而言不完美的一点是，啤酒没有被打开）。听众席上顿时一阵喧嚣。所以您听明白了吗，重点是什么呢？让我给灯泡发上电吧，就像我那天为听众们所做的那样。结果证明那是一次完美的转变。

在第一场会议上，斯通在没有咨询我的情况下，预测我会用巴斯牌麦芽啤酒做案例。他估计错了，所以那天他不得不承受携带多余存货的成本。第二天，为了支持他的预测实现，他不仅咨询我，而且我们还达成了合作，结果就是一个百分百准确地预测了。

再回头想想第3章的防晒油发布案例吧。营销部门在没有与运营部门合作的情况下，开发出了"试一试"策略，导致市场终端的大卖场订单被延迟。运营部门没有与营销部门合作，又进一步导致了更高的展示品定价、更多的成本，并被迫与一家过去很少接触的供应商签订了一个长达10年的供应合约。在这两个案例中，如果这两个结构/节点的游戏参与者们，能事先达成合作的话，结果就会是高度同步的计划和更低的成本，这是一个双赢的结果。所以啊，如果您想弥合掉跟领先企业间的差距，并居住在"先进城邦"里，那么合作就是通往这座城市的关键钥匙。

合作的理念拓宽了传统的流程内涵，包括我已经见过的大多数销售和运营计划，或者称之为销售库存和运营计划流程。当我的好朋友纳里·维斯瓦纳坦还在阿伯丁集团（Aberdeen Group）任供应链研究部的副总时，我们就一直在谈论这类话题。那时我是一家小企业的董事，企业位于特拉华州的威明顿市，主营提前期技术（Lead Time Technology）。该企业是由几位杜邦公司的工程师（跟迈克尔·绥勒不一样）合伙成立的，他们在内部咨询集团里担任流程提升项目的工作。长话短说，他们开发了一系列的软件工具，来支持我曾说过的、那些每天制定上百万运营资本决策的、计划员和排程员们的日常决策。他们开发出的那些流程及工具，已经超越了传统的销售和运营计划及先进计划与排程系统的内涵，所以才有我与纳里进行的那些头脑风暴式的讨论，致力于探讨如何定义这个软件工具。

当清楚了我们正在尝试定义的这个术语，本身拥有自己的独特规律之后，我们决定不追随称为销售和运营计划的流行风气，代替的是，我们称之为一体化商业计划（Integrated Business Planning）。这样做的理由是，需求创造和需求实现结构间的合作，必须要超出传统的销售和运营计划的相关理念，而包含进产品生命周期的元素，这是单纯的销售和运营计划流程不一定会考虑进去的。

如我第一次在宝洁公司碰到路·波德鲁时所学到的那样，从产品开发角度来讲，创造流程模块应该要承担一些包装的功能。至少，需求实现流程应该参与进包装决策里。事实上在一些企业里，包装工程就是含在需求实现结构里的。从供应链视角来看，包装将会影响到运输工具，甚至能够将变化带到产品线及/或设备中，可能包括外部和内部包装、托盘化运输、仓储，以及运输等，以指出几类受到影响的元件和成本。

在开发产品时，开发人员需要意识到工厂布局、生产方法以及设备的设计问题。这几乎可以应用到所有的以销售产品为业的行业中去。并且，合作必须拓展到四面墙壁之外❶。我记得曾有一家谷物食品制造商，精心策划想要把自己的产品放在高层货架上（那是最佳的安置点）。他们做的包装盒，只比绝大多数零售商的上下货架间距高几个英寸，想想看，零售商唯一能放置其产品的地方，就是迎面的最高层货架了。零售商的品类经理立刻看穿了这项计谋。结果就是，其他产品被代替放置到高层货架上，该谷物品牌产品被分配到了最底层货架，朝一侧堆栈着（实际上没有面对消费者放置）。无需多说，在接下来的好几个月里，制造商的销售人员都被零售商采购员严厉地惩罚了一下。

任何一个卖过产品给零售商采购员的人都知道，他们是多么严苛的谈判者。他们都明白我所说的惩罚意味着什么。

邀请一些顾客来检验您的新产品和包装，以评估是否包装设计会引起零售市场终端的任何运营或销售问题，是一个很不错的主意。像先前的例子里，零售业的利润非常有限，所以任何您带给他们的不适或者成本增加，都会遭遇到惩罚，甚至更糟的是，直接把您的产品从采购清单中除去。通过与供应链部门间的合作，包装设计的开发人员能够在该设计是否会带来任何的运营成本或销售行为问题上，得到一些快速有效的反馈。

这就像跟供应商合作进行新产品的设计一样重要。我是一位非常自豪的、能拥有1998年版的克莱斯勒铂锐汽车（有限版）的主人，并且我希望在它的设计理念上，关于更换电池时的尺寸问题会有些合作的内容进来。因为第一次更换电池时，我才发现汽车工程师们设计的电池更换方式是必须要取掉汽车左前方的挡泥板才能更换。这花费的劳动力成本，高过了购买一块新电池的成本！

想想那有多么糟吧？19世纪60年代的雷诺公司的工程师们的设计更糟糕。我有一辆带电子自动转换按钮的雷诺R4型汽车（我的电子工程师出身的父亲一贯坚持，我们买的任何东西都必须使用尽可能多的电力能源或组件）。以至于无论任何时候，当我拖着100英尺长的电线紧束在腰部去剪草坪时，我都不得不忍受周遭朋友们的嘲笑。R4型汽车的转换按钮很棒……一直到电刷没有任何预警地坏掉，我不得不把它拖到经销商那里去（我自己花钱付的拖车费）时，问题出现了。事情演变得更坏了吧？当然是的！他们不得不把发动机拉出来才能更换电刷。就是如此，您猜中了！电刷的成本大约是10美金，而拖车和更换电刷费用则高达150美金。而且我很难向与我约会的女孩父亲解释清

---

❶ 意指合作不仅仅局限在企业内部，还应该拓展到企业间、供应链间等——译者注。

楚,为什么我这么晚才带她回家。

毫不怀疑地,在支持合作性设计或基于实用进行设计理念方面,我是一个忠实的拥护者,而非仅仅为了产品设计而设计。与供应链成员以及供应商们一起共事,能提供给您大量的产品设计创新理念。这里,我并不想要写一本关于创造流程的论文出来;但是,确实有很多原材料和运营成本降低的机会,以及从需求创造和需求实现结构的双边合作,获得客户满意与收益的机会。领袖企业深谙此道。这就是为什么他们会走在转型改革的道路上,以及为什么他们能享受到50%的成本优势的原因所在。所以现在,您准备出发了吗?记住,合作是通往"先进城邦"的钥匙!

在商业运营系统里,创造流程能影响很多节点的行为,无论是内部的还是外部的。与很多人设想的不一样,这一点在我的经验里是很平常的。这也是为什么我喜欢谈论一体化商业计划的缘故。如果您将要在转型改革方面投入更多精力(您最终肯定会这样做的),来展开销售和运营计划的最佳实践的话,那么尽力把产品生命周期纳入流程中是非常值得的。它会让这趟征程变得更容易、更富有生产力。

猜猜什么?预测是错的,解决掉它

早些时候,我破除了零售业的扁平化销售率的神话,现在让我再来给你们破除"单一神话"吧。很多人认为,销售和运营计划流程及其软件会带来单一的预测结果。我无法告诉您,我已经在多少次的会议上听到过这种说法了……但是没人能告诉我什么是"单一"。它是单元、美元、欧元、比索、日元、里拉、箱子、装载量、流水线生产、原材料、市场份额、英镑、公吨、桶、英担,或者是其他任何形式的、需要我做出分析计划的预测量吗?这种单一预测是针对什么区域、哪个国家,或大洲呢?它的产品线是什么?什么颜色、尺寸,或者风格呢?它是对销售点的预测,还是客户配送中心、我的仓库、我的制造地点,或者哪个地点的预测呢?组织中的每个人都在预测他们要对什么负责,而且每个人都使用不同的数据去预测……并且他们的时间需求也不同……预测的是日常销售的商品,还是配送的,或者运输的,或者生产的,或者包装的商品?我们在预测什么,什么时候进行预测呢?

如图5-3所示,让我分享一些我在很多工作过或做过顾问的企业里观察到的,所谓的"单一神话"吧。新年伊始,关于全年的财务规划愿景问题,首席执行官和董事会董事们达成了一个协议,并且首席执行官预测,今年企业每季度需要有10%的盈利增长率,才能实现董事会的预期目标。

于是首席执行官去询问财务小组,让其预测一下企业要实现该盈利目标的话,销售水平要达到多少才行。然后,财务小组要来做出下一步决策,即决定企业在销售中需要些什么才能达到董事会的目标,并将该目标分为12期(客户们总是按月采购数量的,对吗?)以设置出能达到预期销售目标的月度指标。在这个案例中,每季度销售60亿才能达到季度的盈利预测,从而实现董事会的整体财务目标。然后财务部门再依次将60亿的销售额指标传达给营销部门,告知企业需要每季度有60亿销售额,才能实现每季度的预期盈利目标。

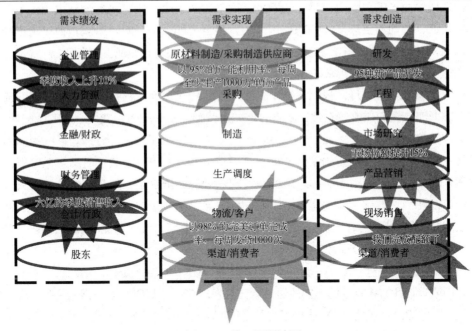

图5-3　单一预测神话

营销部门拿到60亿的销售指标后，开始预测自己必须制定出一个什么样的营销方案，才能产生15%的市场占有率增速，以实现每季度的60亿销售指标。而这一个目标要想顺利实现，又必须要获得研发部门的支持。所以，研发部门继续预测到，为提升市场份额，实现60亿的季度销售指标，他们将不得不向市场投放至少95种的新产品和/或产品线延伸品。

与此同时，在整个需求实现结构里，制造部门也在为实现这10%盈利增长率的60亿销售指标展开预测，他们得出的结论是，自己将不得不以至少95%的产能利用率，每周生产至少1000万的单位产品才能满足指标。这就意味着，除非有人愿意在资本预算分配上增加投资，来建立一条新的柔性产品线，更新装备，升级打包机，并对各项设备都进行性能的整体提升，否则就实现不了。真的如此吗？我们不这样认为。

继续地，物流部门开始审查60亿的销售指标对自己意味着什么……是的，那些销售数字对物流部门领导来说，刚刚已经变成了一项收益指标，即他们必须每季度配送60亿销售额的货物才行。再提醒一下，如果不能发货，您就不能开账单，也就收不回资金了，这就是物流部门的重要价值所在。为了做到这些，物流部门预测自己至少每周要发货1000次，还要保证做到至少98%的完美订单完成率。这就意味着，除非有人愿意在资本预算分配上增加投资，来建立一套新的配送订单管理系统，从而增加一些配送中心、阀门，以及运输工具；并且，还需要一个新的库存优化软件程序包，否则就做不到了？真的如此吗？我们不这样认为。

最后，针对这60亿销售预测值问题，我们专门跟销售部门沟通，他们的回答是："我们会按照财务部门给的标准，每季度完成60亿的销售定额。"听明白了吧，销售部门从来不会把销售指标定的比销售定额预测值更多一些，因为那意味着他们将要承担比销售定额预测值更多的风险。当然，他们也永远不会做得比销售定额预测值更低一些，因为那样的话，公司将会怀疑他们的销售能力，甚至可能会被开除。所以，销售定额预测值可以说就是他们实际的销售定额……哈，也许真的有单一预测的神话存在，就是这个被称作定额的东西。这听起来是不是很耳熟呢？

当然，差不多每个月，我们各个职能部门都要一起碰面，召开一次销售与运营计划会议，来弄清楚我们应该怎么做，出错时该如何调解，并一起讨论我们必须要做些什么，才能达到销售定额标准。然后，我们再回到各自的所在部门，在运营计划系统里输入最新的协定目标。计划被更新和重新分配了，通常是以周为单位，截止时间多在每周日晚上或周一早上。一到周一中午时，您就会发现计划已经全错了，于是开始匆忙救火。不过，您可能想当然地认为，销售点驱动型的预测会解决掉所有问题……真的这样吗？在大多数的商业案例里，我能断定会百分百出现的唯一事情，关于预测准确性的唯一事情，是它一定会出错，趁早处理掉它吧。

在很多年前，我曾开发出一套关于精准预测问题的谢尔曼❶定律：预测的准确性，总是朝与预测有效性直接相关的方向改进。我已经发现了一个规律，即通常情况下，聚合性预测的精准度更高。那些与我一起工作过的很多啤酒厂家，知道市场的整体消费情形是相当扁平化的。他们知道，自己的市场份额是多少，也知道采取什么主动性措施能提升它。他们能相当准确地预测出将要生产的桶装啤酒数量，以及每年的销售额是多少。

然而，问题在于，除了我自己及少数几个我曾遇到过的人之外，很多人从来不买桶装啤酒！他们习惯买六听装的、十二听装的、十八听装的、四十听装的、罐装的、瓶装的，买像瓶子一样的罐装酒，玻璃的、塑料的、铝制的、钢制的、夸脱桶装的、夸脱的。总之，各种款式、材质和容量的啤酒，在市场上都有一席之地。消费者们买上千种不同类型和标签的啤酒。面对如此多样化的啤酒消费需求，您能想象出，那些小型啤酒厂在啤酒需求预测上经历过的浩劫吗？

消费者们打棒球时比看戏剧时更喜欢买啤酒。他们热天时比下雪时更喜欢买啤酒。他们有地域性的啤酒品牌消费偏好。他们假期时喜欢买绿色瓶装的，工作日时买棕色瓶装的，并且，对了，我能想象出什么因素会驱动蓝瓶装啤酒的消费量。而且这只是发生在美国境内的消费者需求……想象一下全球化的需求预测会是什么景象吧。各行各业都是一样的……我们很擅长做聚合性的总量预测，但是我们并不是在总量预测下去发货或收货的。最有用的预测应该是在工作所在地进行，在基于所在地的库存持有单位（Stock-Keeping Unit by Location）处进行；而且，就算是这种预测，还是非常不准确……有些时候，这种预测最多只有50%～60%的准确度。

当我在宝来公司时，我第一次遇到了在密歇根州立大学任职的唐·鲍尔索克斯博士，他被外界公认为"整合物流之父"。唐后来成为了我的一位好朋友，而那时我在美国数字设备公司工作，与唐及其团队紧密地合作，一起完成了两三个受赞助的研究项目，而且这些项目直接为唐带来了至少两本物流专著的出版。我也碰到了帕特里夏·多尔蒂博士及戴尔·罗杰斯博士，当时他们还在唐手下攻读博士学业。帕特里夏现在又回到密歇根州立大学了，而戴尔现在在罗格斯大学任教职。两人都是我很多年里一直的好友，我们

---

❶ 指作者自己——译者注。

分享过很多关于物流和供应链的头脑风暴式探讨。在供应链物流领域里发生过的最伟大的事情，是研究学术界、实践界及消费者需求间的紧密联系与互动。

唐对我的"精准预测的谢尔曼定律"给出了"鲍尔索克斯式的推论"。他经常问我和他的观众们："为什么人们要浪费这么多的钱和时间，去极力预测一些别人已经知道的东西？"正如我已经说过的，合作是通往"先进城邦"的钥匙。您不需要费尽心机去揣测别人已知的东西，合作吧，让彼此优势互补吧。领先企业间进行内外部合作，以搜集尽可能多的信息来支持它们的计划流程。在我看来，像高露洁公司这样的领先企业，此类合作真地已经开始全部聚集到一起了。不过，具有讽刺意味的是，这个结论是从观察它们的销售时点系统相关数据才得到的。

预测的科学性和艺术性一样多

高露洁公司，是沃尔玛超市通过互联网端口共享其店铺销售数据的首批企业之一。当我还在美国数字设备公司上班时，作为当时与其有账目往来关系的企业之一，高露洁公司要求我与一位名叫莫里斯·莫拉的分析师一起工作，去审查他们的销售数据，以尽力发现能从中学到些什么。

所有这些都发生在我去IRI公司工作之前；它是我跟销售时点系统打交道的第一次经验。我的第一个发现就是零售商扁平化销售假设该终结了。每一项产品清单的数据，都标注在地图上。要想预测这些大量的波峰和波谷是不可能的事。对我们来说，这些图第一眼看上去并没有明显的模式可寻。虽然我不能拿真实的数据给你们看，但我能画一个极其简化的模拟图来分享一下，如图5-4所示的零售店销售数据图。

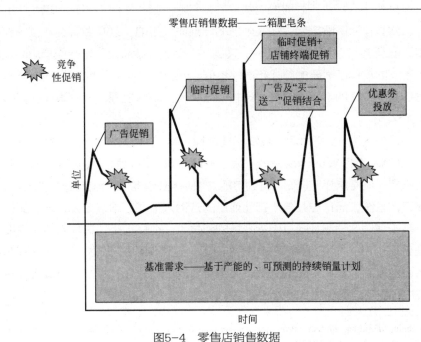

图5-4　零售店销售数据

在盯着图上的数据看过很多次之后,我的灵感突然出现了。我在图表上紧邻最低的波谷下方画了一条线。这条线表示了高露洁公司的产品在沃尔玛超市的持续性销售额。由于沃尔玛主张大规模运输,故我们应该确保生产及产能配送计划,至少满足这条线所代表的"基准"需求。它是可持续与可预测的。我记得曾说过,该基准量代表了高露洁的忠实用户,而剩余的那些需求可能是价格导向型购物者带来的。结果证明,这很接近事实真相。我们从尝试解释基准线上方那里渐增的波峰波谷变化入手,开始展开深入研究。

经过几次研究之后,我们发现销售量的波峰通常与促销行为有关;在波峰之后,需求开始缩小。我们也辨识出,有些波谷会发生,并被一些竞争对手的促销策略影响,波谷于是加速扩大。故此我建议道,应该去关心所有基于计划性促销的预测了,并建议营销部门与运营部门一起工作,对产生自Manugistics公司(现在是JDA公司的一部分)供应链计划工具的统计预测进行重新定义。那时候,尼克·拉郝奇克是高露洁公司的物流部主管,对该项研究表现得非常兴奋[尼克变成了我的一个好朋友,后来到贝克顿·迪金森(Becton-Dickinson)公司获得了更好的职业发展,然后在利米特公司领导整个配送渠道。他是我遇到过的、最具有物流战略眼光的思想家之一]。

作为预测的一部分,我们不仅能够开始思考来自营销部门的促销计划,更可以通过比较零售店的进货量及销售量,使得沃尔玛配送中心成为高露洁公司旗下的Manugistics公司分销资源计划的"基于位置的库存单位"(SKUL)计划能力的组成部分,进而提高了高露洁公司的物流、生产和采购计划的准确程度。我们就能够合理迅速地预测物流要配送到的地理位置。记住,我这里用的词是"合理";预测本身仍然是会出错的。

不管您身处什么行业,去捕捉消费者的习惯吧,留心任何能引起需求变化的促销行为或事件,将其作为影响因素,加入到您的计划流程里吧,这样做将会产生一些令人惊喜的结果。但是这不是一个IT系统——只是一个解决方案而已。像我们稍后会发现的那样,由于不同的流程所需要的公式和时序不同,使得将其整合进像Manugistics公司那样单一的、基于统计的系统,会变得比较困难。到此您会发现,预测事件变得跟协同事件一样复杂了。

当然,在加入进IRI公司后,我发现马吉德·M. 亚伯拉罕(来自IRI公司)跟伦纳德·M. 罗迪西(来自Wharton公司)写了一篇文章,标题为《促进剂:一个自动的促销评估系统》[1]。该文章分析了促销行为下的需求基准量及增加销量问题。不仅IRI公司开始使用该评估系统,而且走在各个行业前沿的营销人员们,均开始公正地、例行公事地使用这种基于事件的预测及随机因素分析的新技术。遗憾地是,这项新技术主要在营销部门内被普遍使用,并没有渗入到运营部门里。这就像我提及过的化妆品公司的故事,以及随后将披露的,我在"先进制造研究中心"的经历一样,相关先进概念并没有、且仍然没被广泛应用到供应链及运营计划中来。

---

[1] Abraham, Magid M., Lodish, "Promoter: An Automated Promotion Evaluation System," Maketing Science, Srpring 1987, vol. 6, no.2, pp.101-123.

在IRI公司，我们与Think Systems公司（后来被i2 Technologies公司兼并的，且现在也是JDA公司的一部分）成为合作伙伴，当时曾尝试合作创造一个由销售时点系统数据来驱动的分销资源计划，但是在数据规模大小的问题上存在分歧。众所周知，销售时点系统的数据是兆兆位量级的。我曾经争辩过，认为应该高度关注，如何将促销分析结果准确及时地传递给运营部门，而不仅只是全力去开发软件，但是我没有辩赢。那是另外一个故事了。所以很快地，IRI公司物流部随后就被Manugistics公司收购了（因为IRI公司懂得如何开发软件）。

在需求创造结构里，当您开始跟同事合作时，您将会明白创造流程、市场流程，以及销售流程类型等，都是由很多元素构成的，这些元素彼此交互产生的作用，证明了它们都处于影响需求实现结构的大多数关键变量范围内。这就是那双残忍之手，掀起牛鞭效应的狂潮，造成了运营部门的极度痛苦。而事实上，市场流程和销售流程是被设置在完全不同的两个时间段及分析周期内的，所以，流程间元素的互动规律比较难以捕捉，预测难度大。但是，如果您认真思考过它们，您就能显著地提高预测的准确程度等。这也意味着，当您在进行森林灭火的比赛❶时，能够灭掉更多的火。要清楚一点的是，森林仍然会出错，会失火，但不是同样的错误。而且它出错的时间不会很长，也不会频繁地出错。

事件驱动型预测是最佳的实践原则

如图5-5所示，事件驱动型预测在运营领域里并没有如在营销领域一样，获得广泛的应用。并且，就像我们在化妆品公司案例中学到的那样，营销部门主要是用它来评估促销计划的效果的，他们也没有真的用它来预测运营部门的需求。事件驱动型预测技术的价值被低估和误解了，它应该是一项必须被共享的最佳实践。它是需求创造结构里采取行动、进行整合及合作的关键钥匙，如此才能系统地作用于需求实现结构的绩效。

营销部门的任务是进行产品及项目的开发，以提升市场份额和销量，驱动销售额的增长。然而各种促销形式如优惠券、广告、店铺展示等，在消费品领域里很容易被辨认出来，各行各业的营销部门，都在采用相似的技术及促销策略来驱动市场份额和销量的增长。您只要去了解一下汽车行业的定价策略就知道了。通过采取各种促销技术来打造出自己的"需求曲线"，这种做法在高科技领域里正变得普遍。比如，数量折扣策略已经是很多行业惯用的一项长期实践策略了。蒙蒂·霍尔在几乎所有行业里都能当上销售副总。如果这些促销事件没有被紧紧地整合进您的运营预测及计划中的话，您能想象得到结果的……好吧，您已经知道我的观点了，基于单一的历史数据而形成的预测，是会带来极其可笑的效果的。

一体化商业计划将营销的促销计划考虑了进来，合并起来形成了基于事件的预测技术。如果您将需求分解为基准需求和增量需求的话，您的预测效果会失真的慢一些。在

---

❶ 比喻解决各种运营问题——译者注。

我的经验里，不管您身处什么行业，基于载货历史数据的统计分析，都将提供给运营部门一个公正迅速的、非促销的、可预测的基础销量预测值。

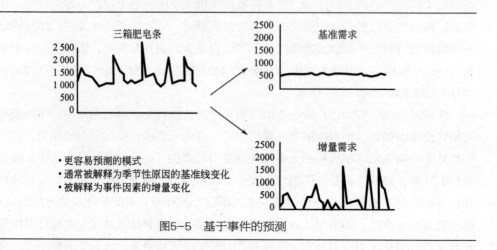

- 更容易预测的模式
- 通常被解释为季节性原因的基准线变化
- 被解释为事件因素的增量变化

图5-5 基于事件的预测

如我在高露洁公司所做的那样，在统计预测图上，在紧邻最低波谷的下方画一条基准线。如果您的产品或供给品存在任何季节性影响的话，您能从基准线图形的变化上找出原因。有很多统计预测工具都很擅长处理季节性因素带来的各种问题。这里最关键的一点，是确认出产品全年持续的、能够预测需求的基准水平。这就是您编制全年最低产能计划的基础。您必须能够整年持续、迅速地迎合这种需求。对那些需求不会被价格和促销因素剧烈影响的行业来说，这种预测出来的基准需求水平，能占据相当大规模的年度销量比例。不过遗憾的是，没有几个行业是不具备这种无规律且频繁变化的需求特点的。

一旦确立了非促销性需求的基准线后，在那些以增量历史数据为基础的需求预测案例中，您就能够解释需求的波峰和波谷问题。首先根据发货的历史数据展开分析，因为这是两个计划流程间（通常是IT应用类）的时间及数量事件，变得显著的关键位置所在。举例来说，如果营销部门是使用合并起来的、零售商提供的销售时点系统数据的话，那么在对产品销售进行详细调查的时候，引起销售增量提升的关键因素就是显著易辨识的。在促销事件引发的需求发生，或将发生（还记得防晒霜的案例吧）之前，产品必须要被采购，生产并顺利地配送出去。这正是由于使用销售时点系统数据引起混乱的原因之一。

对各行各业来说，产品被促销、销售、配送、生产，以及采购的时间都不一样。所以说，预测那些需要对这些活动负责的流程的来处与流向，也都不会一样。这些"时间延迟"规律，正如我们在啤酒游戏中发现的那样，能够对贯穿整个供应网络的计划及商品流产生巨大的影响。它就是供应链网络里被很多彼此相连、又各自独立的节点们，同时是交互所显现出来的牛鞭效应根源。我们不能打破这个筒仓。因为他们各司其职，同时又相互联系，并且必须相互合作，以提升节点及整体的绩效。整体是各个部分的总和。这就是在每个节点处，都要关注销售率的很重要的原因所在了。销售率分析是协同的根基所在，这些我将在第6章讲到更多。

一般来说，历史数据能为您的分析提供开阔的视野，来探寻那些时间的延迟及需求放大情形是如何发生的，这些情形与运营计划有关，与实际促销行为带来的影响也有关；但是这些全都已经在过去发生了。根据第3章里评估的经济条件、市场动力及驱动力因素分析，能发现机会就在于那些营销和销售部门的计划经常在改变。如果营销和销售部门的计划对您的市场销量没有影响的话，那就太棒了。但是，机会是个好东西，并且那些处于需求创造结构下的多项流程正在忙碌地运营着，想要努力改变历史和历史数据分析的结果。改变历史数据的需求规律，提升市场份额和销量，正是它们为了生存所要努力的方向。

作为供应链转型改革最佳实践的一部分，实施一体化的商业计划，能为组织间合作提供积极意义，并最终提高公司的财务效果。您能够发现那些会引发您预测出错的、正在计划中的事件。营销及/或销售是在计划面向未来的定价策略吗？任何一种价格上临时或永久性降低，并不是唯一的消费者需求曲线策略。价格降低可能引发需求上的变化，通常是需求上升。他们在计划任何商业展示促销活动来提高需求吗？是广告吗？他们意识到，一些即将到来的竞争行为将影响到需求了吗？他们计划了一些新产品或产品线的扩张了吗？一些产品的创新或特色出现了吗？是否有能改变产品配置或需求的选择权，或配件吗？

有很多公司利用产品配件配置的不同档次，从定价角度去驱动需求曲线的规律走向。举例来说，如果戴尔公司的某个特定配件有太多库存，它将会对配件启动一项"特别处理"的促销策略，以驱动需求增加，并降低库存水平。相反地，如果一个特定商品的供应受限的话，生产商则可能借机采取提价策略，来增加产品的利润率水平。

对客户（以及供应商）拓展合作流程

因此，希望您会开始在"象牙塔"里与同事讨论并展开合作。但是，在做这些之前，让我先跟你们分享一点关于深度合作的想法吧……是跟您的客户深度合作（更不必说是供应商了）！记住鲍尔索克斯·克若勒瑞的话："为什么人们要浪费这么多的时间和金钱，去极力预测一些别人已经知道的事情呢？"我们已经认识到，有一些营销及销售流程执行上的战略和策略，能引起需求的波动。您认为客户会在自身的需求结构里，做一些可能引起需求波动的事情吗？毕竟，一般情况下，客户们是正如我们预料的那样去做的，不是吗？花点时间开怀大笑一会儿吧，因为随后就是来自现实的痛苦眼泪了。

我一直向客户提出一个富有挑战性的问题："如果您想知道您的客户将要买什么，您为什么不直接去问他们呢？"也许，我们只是意外相遇的对手而已。也许我们就像弹簧一样："我们已经遇到了对手，那就是我们自己。"彭尼公司的罗恩·约翰逊确信地说道。

那位在离开"先进制造研究中心"研究所之后，成立了标杆合作者公司的特德·瑞贝克，是我在行业内碰到过的、最具有愿景规划能力的分析家之一。当我离开纽迈垂克斯公司时，瑞贝克极力邀请我到标杆合作者公司做供应链研究领域的部门主管。不巧的是，我跟"先进制造研究中心"研究所有一条强制执行的竞业禁止协议，当时还有6个月左右的时间才到期。凑巧的是，瑞贝克当时正在与约西·谢菲尔德一起工作，此人是供应链领域最有影响力的学者之一，也是麻省理工学院的一名教授，他们正在使标杆合作者公司开发出的一些商业技术，能够增强他们的协同预测和补货（Collaborative Forecasting and Replenishment，下文简称CFAR）技术的主动权，而不是像我们在"先进制造研究中心"/PRTM公司所做的，以及供应链协会的"供应链运营参照模型"一样。

这里不再详细叙述了。但是像在供应链协会一样，协同预测和补货技术（CFAR）的参与企业决定保有该技术以成为行业首创技术，进而形成了协同计划、预测，以及补货（Collaborative Planning, Forecasting, and Replenishment，本文简称CPFR）委员会，并在自愿性跨产业商务标准协会（VICS，Voluntary Inter-Industry Commerce Solutions）拥有了一间办公室。CPFR是VICS的一个注册商标。VICS现在的领导人是乔·安翟斯克，他是纳贝斯克公司的前任供应链领袖人物，在行业内曾指导过很多目前的供应链业界领导者。比如供应链管理专业协会的里基·布拉斯根，利米特公司的里克·杰克逊，以及尼克·拉浩齐克就是其中几个代表。安翟斯克拓展了CPFR模型，并获得了供应链管理专业协会的杰出服务奖。在很多年里，他的思想深刻地影响到了我对各行业供应链的想法及思考。

既然不能加入标杆合作者公司，我便将兴趣转向特德和约西所在的纽克公司（Newco），那时他们刚开始与克里斯·塞勒斯公司合作，这两人都曾在IRI公司（这挺具有讽刺意味的）和埃森哲咨询公司（Accenture）工作过，还有那位著名人士麦特·约翰逊，领导着标杆合作者公司的技术团队，研发出软件以支持华纳兰伯特制药公司与沃尔玛间的CFAR试点，你们还记得他吗？当然，作为麦特·约翰逊一位忠实的拥护者，我接受并完全加入进了CPFR模型及委员会。在分享彼此合作的相关知识之前，我们先停止了使用Syncra软件公司的商标，以及Syncra系统的商标，这样做很大程度上是顾虑到，我在协同供应链商业圈方面曾有过的那些密切关系。

虽然CPFR委员会主要由消费品企业构成，包括零售商和制造商等，不过仍有来自高科技和电子行业的符合规则的代表性企业加入。至少在早期，伴随着美国汽车行业行动集团（Automotive Industry Action Group）的成长，我们就有过数次的合作关系。自那以后很多年里，在我工作过的各种不同行业里，我始终到处传播CPFR模型的原则。这并不意味着本书是CPFR模型的入门读本，但是注意到供应链的转型改革，正逐步演化成以关注贸易伙伴为首的这一点是很重要的，就像宝洁公司这么多年一直做得如此有效一样。

如果您读过任何我写的关于CPFR模型的文章的话，您将会发现较之于CPFR模型，我更是CFAR模型的忠实粉丝。在我的经验里，货源采购有很多不同的供应商要打交道。正如现在您知道我喜欢做数学题一样，当您在做那些题时，数量变成了一项带有很多首创精神的事件，而且引发了很多人尤其是纯粹主义者们的推崇和拥护。作为一名现实主义者，我更习惯做数学题。对于采购人员来说，他们只是度过一段难熬的日子，花费出时间去跟那些数目众多的供应商们，制订大量的他们必须要制订的合作计划。那么，如果您是一名战略性的货源采购者的话，您就应该把精力放在CPFR模型的"P"因素上了。如果您不是，那么我推荐您去拥抱CPFR模型吧，并跟那些您的战略合作客户和供应商们一起实施它；但是，剩下的注意力，就应该是高度关注CFAR模型了。您只需要确信一点，就是要合作；不要让任何障碍物阻止您去合作……合作已经不再是您改革路途上的一条可选择的路径了，它是一条必经之路。

在我的职业生涯中，那些与CPFR模型打交道的日子里，我曾经卷入过零售商与制造商之间十几次甚或更多的、项目试点和计分会议的各类讨论中。在我遇到马蒂·汉拿卡时，他正在史泰博公司负责运营工作。后来作为运动用品店纽巴伦公司的首席执行官，他领导公司成为CPFR模型的先驱性试点是他的高明之处，现在他们公司已经能够尝到模型带来的益处了。随着我的职业生涯的不断成长，我也在其他行业里，与不同的供应商和客户一起共事过，这些经历得到的宝贵收获是，就像在需求创造结构里一样，您客户的需求管理结构，也是一个完整的商业运营系统。在市场的纷繁动态变化下，需求管理结构里发生的事件及活动，为您客户提供了唯一的、且将创造出一些您肯定无法预测其行为的视角和战略。但是，这些必将影响到您的预测活动，进而影响到您的组织行为和绩效。这些客户们的唯一的视角和战略，正是那些点燃起您每天都努力想要熄灭之火的火柴。

那么，将客户的计划吸收进您的商业结构里吧，这将是利润响应的基础，这种响应，是由于不知道客户们计划做什么，而导致的结果所引发的不确定性的那种响应。合作就像转型改革一样，是一趟征程。并且，他们是通往"先进城邦"的不可回避的征程。在很多行业里，客户不会，也经常不能够合法地跟您分享一些信息，譬如为什么他们计划从您那里买一定数量的产品等，但是他们能分享购买的数量是多少，以及他们何时计划下订单。至于原因，可能是存在竞争或经济行为因素，导致他们无法与你共享。但是，我打赌他们会按照自己的计划去行动，而不是您的。所以，您为什么不直接去问他们呢？

在我参与过的几乎所有的讨论里，关于共同计划的程度，与客户强加给供应商的战略重要性程度是相称的。在很多的产品品种或类别里，在客户与之做生意的很多货源供给企业里，战略性的货源采购事件非常少。我也发现，几乎自己参与过的所有企业，都对他们打算买什么，有一个明确的预测或计划。它可能产生自一个建议性的采购订单、推销、物料需求计划（MRP）应用程序，或一个电子Excel表格。但是无论来源是什么，他们都有一个采购计划。

并且，每一次在我与采购方、品类经理或采购代理，或其他的货源采购专业人员的讨论中，他们都愿意与供应商分享自己的计划，只要无需费力就能做到，而且不需要过多的时间投入就行。当然，供应商不能问他们为什么制订这个计划，除非采购方自愿提供相关信息。就像营销和销售部门的合作，给出了提高运营预测及贯彻执行等主要启示一样。与客户的合作也得到了类似的结果。结论就是，客户真地没有在想方设法地干扰我们的运营。他们只是在尽力执行自己的计划而已。我猜测，供应商的感觉跟您有点一样。跟他们合作吧。合作是通往"先进城邦"的钥匙。

所以说，有很多的战略策略就在那里，无论是营销和销售流程，还是我们的客户及供应商正在从事的，所有这些战略策略都将引起需求的变动。如果您没有在很短时间内及时意识到这些，并对变动做出利润上响应的话，好吧，欢迎您来到"落后城邦"居住了。领袖企业倡导合作。他们已经拿到了合作的钥匙。他们不是需求驱动型的，他们是需求响应型的。而且，他们不会被需求给逼疯的。

第6章 供应链管理：机会的传递途径

无论何时，作为"高管导师"项目的一员，抑或是接受了很多学术圈内同事的邀请时，我在大学演讲时总喜欢谈论一点，为什么从事供应链相关职业能获得丰厚的报酬，而且这份工作是十分安全的❶。实际上，格伦·克伦和亚历克斯·埃林，两人都曾是帕特·多尔蒂的博士生，现在都为阿拉巴马大学的教授，他们会定期邀请我去跟商学院的本科生及研究生交流互动，探讨他们应该主修什么课等问题。他们说我能为学生们择课带来显著的改善功效，因为很多学生在听过我的演讲后，都声称要选供应链作为他们的主修专业。关于这一点，任何其他的"高管导师"都没有我演讲带来的效果好。

当然，无论何时我在演讲时，都会讲到"给我来罐百威啤酒，史考特"的故事。我跟他们讲了这样一个事实，即很多年来我能确认的是，只有几位教授真的获得了终身教授的保障。我曾用了剑客和打字小组的故事，来作为被变革消除掉的职业的例子。也就是在那时，我讲了下面这个故事，即在那段早期职业生涯里，我在宝来公司是如何及何时开始工作的。我当时有点看破红尘。我盲目地申请了芝加哥的一家营销主管的职位。对我来说，那是一次具有改变意义的面试经历。

那是一家什么企业呢？是一家卖墓地的公司。玫瑰山公墓公司当时正在寻找一位新的营销主管，并且已经雇佣了一位来自奥地利的精神病学医学博士，让他负责去招聘一些人。当我走进位于德雷克酒店的套房里跟他会面时，我注意到桌上有一些小册子和文章，作者都是这位负责主持面试的医学博士，文章内容大都是关于公墓的营销和销售问题。我提出的第一个问题是，为什么他们会有兴趣找一个计算机行业的专业销售人员来应聘这个职位呢？他解释说，公墓营销其实并不像很多人想象的那样。他们不想在您去世时才卖给您一小块地和相关服务。他们想在您还年轻时就卖给您。他们之所以这样做，并不是要对公墓营销进行论证研究，而是认为人们在不悲伤的时候，更能做出经济合理、更好的决策，而且有朝一日他们也能负担起相关的成本。他们甚至建立了一个能够共享的公墓网络，这样的话，假如您搬走了，您仍然能够选择将来被埋在哪里。并且，他们想要一个拥有B2B背景的销售及营销人员来负责这块工作。他们想要专业人士来卖给专业人士，就像他解释的那样。

他进一步解释说，这是非常保险的一份职业。每个人都会死，而且，葬礼/火化服务的市场需求永远都会有。但是他提醒我说，死亡没有假期或时间表。您一直是随叫随到的。而且，它也不需要成为鸡尾酒会上讨论的那些所谓最流行的职业。所以，你明白为什么说，这次面谈对我而言是一次巨大的转折点了吧！

虽然当时我对这份职位不感兴趣，但我好奇的是，这样一位知识渊博的精神病学专家怎么会选择公墓营销这样一份工作的。他对我说，在维也纳进行博士学习期间，他问过导师，自己应该专攻精神病学的哪个领域。他导师的答案是"专攻一些独一无二的领域"，因为这将带来更多的职业机会和更少的竞争。所以他就决定专攻死亡。

他也能专攻卫生保健，因为人们总是会生病；但是他选择了专攻生命的终点……处理疼痛会更少点。不是吗？他是位让人非常愉快的人。

就像我乐意告诉学生们的那样，死亡实际上不是我感兴趣的职业。并且于我而言，从事卫生保健领域的职业教育和训练已经太迟了。所以，我开始思考，我们不能把啤酒

---

❶ 指不会轻易丢掉工作——译者注。

硬卖给消费者，我们不能把任何东西硬卖给任何人。但是每个人，无论是消费者还是商业团体，都需要采购各种原材料和商品。所以，必须得有些人去采购、制造，并配送原材料给需要的人或企业……配送就是做这些事情的！在配送领域内进行专攻，也就是现在所谓的供应链，将会对您的终生职业提供一个"机会的传递途径"，至少在有人开发出一种比太阳高很多倍的新能源之前❶。

如我所说，这次面谈对我来说是一次大的转折点。并且，如果我的学者同事们说的是事实的话，对很多进入该领域的年轻人来说，供应链管理专业也是他们一次大的转折点。所以让我们更深入地来看看供应链管理的流程，以及究竟是什么驱动了世界的商业引擎吧。

理解需求实现结构

需求实现结构，如图6-1所示，由计划、采购、制造及配送等流程构成。也有些学者喜欢用采购、制造及运输等流程来表示。就个人而言，我认为用采购、转换及合作执行来代替计划更合适一些。之前有观点提过的，为什么要白费力气去做一些重复的工作呢？自从供应链运营参照模型被开发出来至今，已经过去很多年了。该模型获得了行业实践者和模型维护者们的支持，它事实上已经成为了行业标准，虽然我真地认为，自己的流程表达方式对更多行业来说，应用性更强一些。

美国生产力与质量中心开发出了一个流程分类框架结构（Process Classification Framework），设计该结构不仅仅局限于供应链运营本身，更是为了实现企业整体流程的目的。随之而来的结果是，与供应链运营参照模型不一样的是，该结构中的采购、制造，以及物流，不能够实现无缝链接。故此供应链管理专业协会按照其制造的流程标准，将供应链运营参照模型及美国生产力与质量中心的流程分类框架模型，分别调整成不同的版本。并且，美国生产力与质量中心也将自己公开的标准化研究，连接到供应链运营参照模型及供应链管理专业协会的流程标准中，使得这三方之间都更具有一些可互换性。此外，也有一些别的学术及咨询公司开发出了相关的模型。然而，作为供应链协会的团队创始成员之一，又是配送团队的合作性领导者，且一向持有的观点是不希望白费力气地重复工作，我会将供应链运营参照模型作为我的首要模型选择。而且由于该模型使用的是超文本标记语言（HTML），所以它也是最易适应您企业、并为之工作的模型框架结构。

虽然已经在公共领域被广泛发表过，供应链运营参照模型实际上是能够轻易获得的。具体而言，可以从供应链协会在 www.supply-chain.org 的网站上获得。它被每一个感兴趣的、想要参与进技术开发团队的团体所维护着，其中包括很多实践者、技术和服务提供商、学术团体，以及来自各行业及地区的咨询公司们。正因为如此，我认为它是供应链流程概念中一个开放的全球化行业标准，因为在其自身发展中，不存在所有权上的利益纠纷问题。您不必是参与者之一。就这点来说，它的确是开放的标准。而且，任何

---

❶ 指第2章提及的太阳能倍增器的故事——译者注。

人都能买到一份该模型的副本。不过真正让我吃惊的一点是，有些人一直在持续地批判它的相关性和有效度问题。所以它是流程概念、绩效矩阵、人力资源需求、环境及风险流程等方面，被行业人士不断评论并更新的一个最佳实践来源。

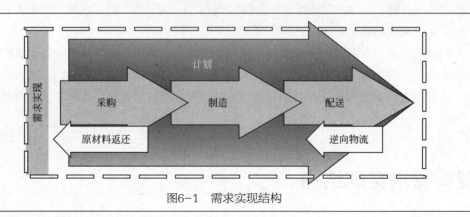

图6-1 需求实现结构

该图的流程模型由供应链协会提供

使用该模型来作为定义您的需求实现流程的基准分析工具，能为你节约出大量的时间和便利贴纸条。在您的转型改革旅途上，它将作为导航仪为您提供持续的服务。当然，您将不得不填写，您所在特定行业及运营需求的各类细节性内容，但是它会让您有所进步，能让您远比一个工作日程更快地速度与别人展开合作，开始实施需求实现的流程。当然，如果有任何数量上的有效的计算机辅助图形工具，也将能为您节约不少的森林❶和时间。需求实现结构的主要目标是，在减少影响到企业战略目标的运营成本的基础上，实现客户的需求。记住，如果您不能发货的话，您就不能开账单！

要想找到需求实现结构中的运营的折中平衡点的话，保持与企业战略目标的一致，就是很关键的了。企业是想成为成本最低的供应商，还是服务水平最高的供应商呢？我不是说它不可能，但是兼顾两者是非常难的。那些一流的企业、领袖企业，此方面的折中平衡点接近于最优化位置。不过，您必须得与高层经理碰面，来寻求一致的支持。打开您与管理层的沟通渠道吧，去获得高层对您转型改革努力的支持吧。无论您的生意是以成本或是服务来作为驱动您竞争性优势的区分标准，无论您关注的重点是什么，在转型改革的征程上，对持续提升、自我实现文化的缺失，都将带来糟糕的财务绩效。

需求实现结构的主要运营职能：采购、生产以及物流

一旦您对企业的战略目标表示理解并认可之后（见第2章和第3章），您就可以开始思考您的需求实现流程（采购、制造和配送）及对应的职能：采购、生产和物流。这就是供应链管理的传统概念。

❶ 来源于前文中，森林救火的比喻——译者注。

采购流程类型是由这些流程类别及元素组成的，即在需求实现结构里，基于计划或实际的客户订单的驱动，需要采购/购买的必需原材料，来生产您将提供给市场的供给品（产品或服务）。

让我一直感兴趣的是，供应链运营参照模型并没有真的彻底地处理好战略性采购与谈判的这个流程。我不打算就此展开详细地论述；然而，供应商关系管理对企业的有效运营来说，是很关键的。原材料成本通常占据了所售卖商品成本的相当大部分比例。在批发商和零售商的配送活动中，这意味了一切。如果只有一件事情是每家企业都应该理解自己消费者的话，那就是，相对于客户购买产品的销售价格来说，企业的销售价格代表了客户投资资本的利润及其回报。这就是为什么零售买家能让销售人员为每百分之一的价格提升都感到开心的原因所在了。

实际上，对经销商、批发商和零售商来说，总利润投资回报率对采购流程很关键。总利润投资回报率是用总利润除以平均库存得到的。所以举例来说，如果我有一个产品，能创造50万美元的总利润，而平均库存是40万美元，我的总利润投资回报率就是1.25，或者对每一单位的库存投资成本来说，我创造了1.25美元的毛利润。有些经销商也使用"周转率和利润率"（Turn & Earn）指数来分析，即将毛利润百分数（Gross Margin）乘以库存周转率得出的。举例来说，如果我有一个产品编号，其毛利润百分数是10%，周转率是10，我的"周转率和利润率"指数就是100，不赔不赚。很多经销商希望其"周转率和利润率"指数能达到130~140，甚至更多。

总利润投资回报率驱动着经销商的采购及其行为。"周转率和利润率"指数引发的最不能被理解的经销商采购行为之一，是投资采购问题。制造商不喜欢这样，因为这会引发需求的非正常波动，并且也会引发可怕的产品转移现象。不过这是另外一个供应链里的"弹簧式"故事了。制造商创造了投资采购的投机机会，以及他们不乐意见到基于销量的折扣（分级定价）策略，和驱动销量的促销性定价策略也将会出现。不过，价格刺激行为也会产生意料之外的结果。

举一个最简单的例子，如果您用一支牙膏的价格买了两只，您会刷两次牙吗？这种情况应该不会发生。更有可能发生的是，您会以延长到以往两倍长的时间间隔，才再次去购买牙膏，您的这种延迟再采购的行为，就扰乱了零售商补货计划的可预测性。又或许，当您到家时，也许您的邻居愿意以七五折的价格，买走您那支多余的牙膏，您还能从中获得一点利润呢。现在好了，不仅您的邻居不会去商店买促销的牙膏，而且需求还被传递到两个消费者手里了。所以啊，明白了为什么需求驱动型结构会把您逼疯了吧？

从盈利角度来说，如果我定期从一家制造商处买一款产品，该制造商的毛利润百分数是10%，而平均周转率是24（供应15天）的话，我的"周转率和利润率"指数就是240。而如果制造商提供给我一个"买一送一"优惠，再加上九五折的促销券的话，我的毛利润百分数跳到25%，而"周转率和利润率"指数就变为600了。即使我的产品平均供应是15天，如果我再多买15天的供应量，我的周转率可能降到12，但是这时我的"周转率和利润率"指数是300，还高出原来60个点。所以，在这种促销优惠刺激下，我会选择承担库存压力，来提高毛利润百分数的绩效。当然，我知道这些是非常简单的例子，实际情况中还会有其他的一些因素需要考虑进去。

相对于购买补货是为了满足需求的惯常策略，单纯地进行投资采购，是采购者提高总利润投资回报率的一种策略。如果我能够将毛利润提高到足以覆盖持有产品带来的库存成本的话，我就能够承受住库存周转的压力，这是在我有充足的现金流应付库存"投资"的前提下来做的；所以也就有了这个术语"投资采购"。投资采购行为弄糟了制造商系统里的每一项预测算法。这种行为导致产品被转移，即经销商会将这些来自于投资采购的过量库存，销售给一些或许是没有足够的现金、而没有抓住机会进行投资购买的其他经销商们。

记得我在CPFR委员会工作时，曾经碰到过一个案例，我相信这个案例至少说明了，是制造商的分级定价策略使得产品在价格上具有吸引力，从而创造了转移机会的（我也认为分级定价策略，是有效顾客响应策略的承诺无法被实现的根源所在；但这是改天谈的另一个话题了）。

当时我正在一家经营仓储性消费类产品（CPG，Consumer Packaged Goods）的企业工作，在尝试为当地一家零售链建立起CPFR模型。我们的销售和运营会计团队正在跟零售商的品类经理一起开会。在设定目标时，运营经理想给那些试点的产品设定一个满足15天供应量的库存水平。但是销售经理说做不到，这顿时把运营经理给激怒了。

销售经理于是解释说，以公司供应链目前的销售率水平来说，15天的供货天数，将使得该商品的定价策略低于一级分类标准，而进入二级分类的定价策略区间，这会置"总利润投资回报率"于死地的。而且较低的总利润投资回报率，可能进一步导致该产品被清理出市场。所以，公司的供应链必须要保证满足30天的供货天数，才能维持分级定价策略带来的利润。

随后，在一起用晚餐时我对运营经理建议说，有一种可能性比较大，即如果能够从公司供应链部门那里购买多出15天供货天数的商品，并享受到一级和二级定价策略之间的中间价的话，当地的一些小型独立商店会非常开心的。如此的话，公司的供应链能维持运转，既能享受到一级定价策略带来的利润，又能获得那些过剩的库存销售带来的部分利润。这对双方的经销商来说，也是双赢的局面。

好吧，直到此时，运营经理仍然是心烦意乱的，一直到销售经理主动提出来说，这么做对他们也有利。因为能让他们的销售数字，摆脱掉将被清除出市场的威胁。运营经理这才转忧为安。当那天结束时，对品类经理和销售经理而言，这种带点转移倾向的总利润投资回报率，已经变得极其能够接受了。在转移缺席的情况下，销售经理坦言销量将面临极高的风险……并且这种转移带来的销量利润胜过了运营本身。这让每个人都成为了赢家，包括制造商、供应链成员、独立商店业主等。

唯一的失败者，是那些工厂里的计划制订者们。不过，在拥有如CPFR模型一样的行业最佳实践队伍里，零售商会与制造商一起共享自己的预测采购计划。计划制订者们就能预见到，未来零售商给制造商计划下订单的需求量是多少，进而相应地调整他们的计划。对零售商来说，共享采购计划是一个风险很小的赌博计划，因为他们能按照自己而非您的计划去实施执行。他们也不必跟您分享一些机密信息，比如为什么需求量是那么多等，但是他们能分享一些比如"需求量是多少"之类的信息。

那么"为什么需求量是那么多"这个信息，为什么不能一起分享呢？好吧，他们可能是因为存在商品品类的竞争性商业行为，而暗自计划会多买或少买点。他们不能跟别的供应商共享自己的商业战略。同样的理由，他们也不愿意与您共享投资采购、销售，或转移性的产品采购等信息。所以不要在那里一直纠结于什么这为什么那了！记住鲍尔索克斯·克若勒瑞的话："不要浪费时间和金钱去设法弄明白别人早已经知道的东西。"

说起共赢的话题，我又记起自己与一家大型轮胎供应商一起工作过的另一个项目了。当时我们正在进行库存管理的审计，即其中一部分的审计分析内容，是追踪从生产地到终端消费者的发货情况。我们追踪到其中一个集装箱，是从法国的制造商工厂发货到美国的东海岸港口的。这一集装箱的轮胎被卸下货，经过火车运输，转到卡车上，最终被送到客户手中，那是一家位于加利福尼亚的轮胎经销商。并且由于制造商提供了促销优惠策略，该经销商一次性下订单，（投资）采购了好几个集装箱的产品。

具有讽刺意味的是，之后，这名经销商以比能从制造商欧洲代表处获得的更好价格，将一整个集装箱的轮胎转手卖给了一家欧洲的经销商。于是，他们又将一集装箱的轮胎从加利福尼亚的港口发货，途经苏伊士运河，进入地中海，最后在法国马赛市卸下货物。接着这一整集装箱的轮胎又被装上卡车运到经销商处，那是位于该轮胎制造商生产轮胎的厂址50公里远的地方。所以，这一集装箱轮胎简直绕地球转了一圈，并把每个参与方都卷了进来，制造商、经销商，以及所有的赚了钱或者认为他们赚了钱的运输服务商们。

我们还一起运作过另一个项目，这次是为一家批发零售经销商的一个仓库运营系统进行评估。作为评估的一部分，我们审查了货物的接收流程。当一托盘的商品从卡车上拉过来时，您觉得我们发现了什么？如果您猜是被投资采购转移回来的商品，那就对了，上面还留着批发商作为发货人的标签呢。您可能猜不到的是，批发商先是投资采购了这些商品，然后通过转移渠道将其卖掉，获得一些利润，再然后又将其买回来，因为价格又回到了正常水平。这就像那位颇具传奇色彩的新闻评论员，保罗·哈维曾说过的："现在您知道故事的剩余部分了。"您认为系统里不会有超额的成本吗？如图6-2所示，供应链的转型改革能解开隐藏的财富，而钥匙就是合作。

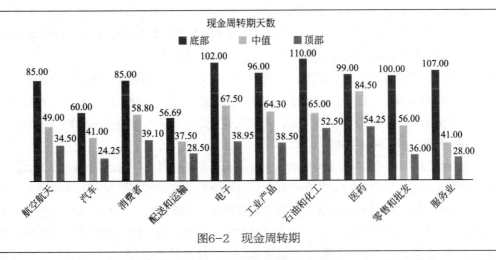

图6-2 现金周转期

来源：在美国生产力质量中心允许下再印，选录自美国生产力质量中心公开标准研究（www.APQC.org）。版权为2013年美国生产力质量中心，保留所有权利。

这张图又一次地证明了，数据并不重要。与"先进城邦"和"落后城邦"之间的差距相比，数据只会一年一年地发生轻微变化，但差距会持续很多年下去。在需求实现结构里，用来测量供应链资产管理绩效指标的，是现金周转期。如果您正在从供应链转型改革中寻找机会的话，您不需要花费很多力气就能发现。从整体成本上来说，领先企业相对于其中游的竞争对手，有着显著的竞争优势，而相对于"落后城邦"的居民们，更具有压倒性的优势。

采购流程模块比人们通常以为地更为复杂。我想从我的物流背景角度解释一下，作为供应链管理专业协会的资深会员，即从采购的专业性角度来讲，对采购问题有深入研究的协会是供应管理协会（Institute for Supply Management, www.ism.ws）。采购的复杂性，可能正是供应链委员会要求限定流程的概念范围的原因所在。在第一次开始实施这个模型时，我就知道我们面临的最大挑战，是限制范围的问题。

采购模块是连接起需求创造结构两端的关键节点。在供应末端，采购与供应商的销售流程模块相连。在需求末端，其销售流程模块又与客户的采购流程模块相连。让转型改革的游戏开始起来吧。您同时面对两个流程模块，其驱动力、指标、行为等通常是完全不同的，一个是在组织结构末端，另一个是在组织结构开端。

十分有趣的一点是，如我们在第5章看到的那样，采购流程的元素能影响到创造流程模块，反之亦然。它就是活生生地打了兴奋剂的啤酒游戏！而且在流程交互中，充满意外的对抗关系。像CPFR模型所证实的那样，它也暗藏着一个巨大的合作机会。即将采购流程的要素与指标，与供应商销售和配送流程的要素及指标结盟在一起，您就能够真正打开通往"先进城邦"的大门，正如宝洁公司和沃尔玛在很多年里已经证实的那样。在销售端，理解您客户的采购流程要素（或曰生意）的经济实惠性是很关键的。后面我们将更详细地探讨，将配送流程与客户的采购流程相结盟，您也将打开更多的机会。

从采购的角度来看，全球化、经济增长、竞争格局变化，以及原材料采购的登岸成本变化等，均驱动了复杂性的增加。登岸成本即是采购者在家门口收到商品时的总成本。对制造性企业来说，如今它正演变得非常复杂，且变化速度非常快。它包括了与商品的采购和收货有关的各项成本，有采购价格、运输和处理、定制化、税收、关税、佣金、保险、汇率转换等。在第5章里，我们曾讨论过采购与创造的合作性需求。对采购来说，把需求拓展到与制造和配送环节的合作层面，是同等重要的。

几年前当我在美世咨询公司时，我曾为一个主要的消费品制造商做过一个运输部门配送的工程再造项目。难以置信的是，在我们第一次绘制出流程图时，发现运输部门的人员对内部运输既不负责，又不关心。采购企业只是与供应商签订简单的协议，为与采购相关的服务支付"配送"费。

而当我们开始计算登岸成本时，发现内部运输的花费几乎与外部运输一样庞大。因为采购企业没有运输管理方面的专业训练，供应商们将配送费当成几乎与所卖商品一样巨大的利润中心。通过分解其成本，我们能够确定与内部运输有关的成本，并将其与外部成本相比较。然后我们发现了一些迂回的拼凑起来的机会。比如相同路线上的集中运输、产能优化，以及无数个其他的运输成本节约机会等。于是，财宝箱被打开了。而合作就是打开它的钥匙。

在采购流程模块的生产端，制造极其依赖于采购来决定原材料及零部件的最佳采购策略，包括了原材料清单、食谱（或者称之为企业用来生产销售的产品配方）。我记起了美国登上太空的第一人，宇航员艾伦·谢巴德的那句名言："身处太空时，您会有一种非常清醒的感觉，那就是清楚认识到，一个人的安全与否，取决于一项政府合约的最低价投标人。"在原材料质量开发上，必须有一种紧密的合作关系。举例来说，如果您的生意是销售钻孔的话，那么较之于卖给一个专业工匠，卖给那些居家巧手人士来使用的话，您的采购策略就会是一个完全不同的组成结构。

六西格玛不是一项选择——它是一种需求

制造流程模块是由这些流程类别及要素组成的，即需要它们来生产您所供给市场的产品或服务。就像供应链管理专业协会与物流联合，美国供应管理协会（ISM）与采购联合一样，最懂得服务于产品专业化需求的专业组织是APICS，即运营管理协会（www.apics.org）。在过去，制造流程模块通常不适用于零售商和经销商们；然而，如今越来越多的零售商和经销商正在参与制造或包装加工环节，向消费者提供自有品牌的产品。随着自有品牌逐渐成为受信任的商品，客户会经常去购买零售店铺的自有品牌产品，其需求量甚至超过了一些著名品牌的产品。举例来说，在欧洲，零售商在多年经营中，打造起了强大的品牌特权，以至于原来分配给制造商品牌商品的货架空间，现在大都被零售商自有品牌商品给占据了。我认为，对经销商而言，无论在任何情况下，制造商所处的角色都很重要，就像我同样也认为，对制造商来说，理解经销商的角色及规模经济性很重要，是一样的道理。

很显然地，就像有很多行业和品类丰富的商品一样，也有很多不同的生产方式，基于存在对开发出专业产品方法，甚至是产品设备的永恒需求，企业经常致力于寻求此类竞争优势。我记得有次在宝洁公司的制造工厂里，安保人员在观众中举起双目望远镜，记下了一架盘旋在工厂上空的小飞机的注册标识。结果发现那是一家竞争对手公司的包机，正在拍摄工厂的存储罐、筒仓以及管道设施等，以分析出宝洁公司的生产方式，甚至包括分析出该工厂使用的处方。这非常令人惊讶，不是吗？

我一直喜欢开玩笑说，我选择专攻分销渠道的理由之一，是当我在宝来公司时，我们必须要决定卖哪一条商业线的解决方案，那次经历决定了我的专攻方向。当时我已经被分派过来，我需要在制造或分销之间二选一，决定卖哪一条商业线。当我问到两者有什么不同时，他们告诉我说，制造的商业线程序需要APICS的生产和库存管理认证。而认证流程需要大量的课堂学习时间、阅读，并参加考试等，才能拿到资格证书。

我说道："如果进入分销的商业线程序，我们必须要做些什么呢？"

我得到的回答是"露面就行"。虽然在上大学期间我已经在美国联合碳化物公司的薄膜和包装部门（化工产品），以及内陆钢铁公司的焦化（从煤炭深加工中提取的焦炭残渣）厂工作过好几年，但是对我这个只具有英语和教育专业背景的人来说，分销看起来就更具有吸引力了。

当我四处涉猎，观察很多制造业应用中需要的、支持配送功能的制造业领域时，一直没有收获，直到我加入了珀利翁山系统，一家小型的、致力于精益制造应用的初创企业时，我才真正理解了"陷于四面围墙之内"的制造流程及其面对的挑战是什么。当然，作为提前期技术公司的董事，围绕制造流程模块、类别、要素和制造业的内部挑战等问题，我已经在公众场合持续地露面许多次，到处宣传这些核心理念了。

在制造业里，也许比物流业更突出的一点是，很多事情必须要做到特别的正确成功，只要有一件事情做错，就会导致非常高的成本代价。由于产品、行业及技术的差异，制造业也面临很多不同的挑战。典型的做法是，不相关联的行业用行业边界做借口，来堵上彼此间的缝隙。一个原材料清单，包含了所有将用来生产产品的组成部分。而工艺路线，实际上就是生产产品的说明书，通常需要产品流过（希望如此）许多工作站，或流经生产步骤或阶段的相关区域。而一些制造胶状物或液体物的工业流程中，他们多使用配方或秘籍来完成。

制造业是非常专业、高度负责任的，我的意图并不是写一本该主题的书；美国运营管理协会（APICS）对此已经做得非常好了，如果你们去使用其产品的话，他们会很感谢你们的。不过，制造业成本的高度可变性是十分突出的，且易受到影响，如此就导致流程变得低效。在制造业摸爬滚打了几年之后，我得出了一个结论，即供应链的转型改革需要实现端到端的可见性和合作，六西格玛的最佳实践不仅仅是一项选择，更是一种需求。在互不关联的制造业行业里，它可能有其根源，但是对所有的需求管理结构来说，它是适用的，也是可修改的。

精益六西格玛是精益制造和六西格玛流程原理的联合体。它与另外一个概念的差异也不大，即我在布雷顿森林听查理·埃伯利演讲时，谈及的关于高绩效工作系统的概念。我承认我不是一个专攻制造工艺或精益六西格玛的黑带级人物，或随便什么颜色的腰带或任何一类专家。而且，我也不打算写一篇关于该主题的论文。不过，就我的经验而言，对一个组织来说，正式或非正式地，通向精益六西格玛原理的转型改革，是供应链转型改革非常关键的组成部分。我说它是非正式的，是指它就像是系统思考的理念一样，您不必攻读高深的专业知识，或采取教条主义的方式去实施它。您只需要用精益化理念来思考——去消除浪费和无效率的现象。并且，将六西格玛改进DMAIC（Define, Measure, Analyze, Improve, Control）模型应用到您供应链的每个流程里……定义、测量、分析、提高以及控制；及/或计划、执行、检查和行动（Plan, Do, Check, Action）。正是这些简单的原则，将带您展开转型改革的征程，并将可视性融入进您组织内的绩效和成本提升上。

我的第一个关于精益六西格玛转型改革的经历，是跟一个汽车行业里的大型轮轴制造商和一流供应商在一起时发生的。就像在2005年左右，多数汽车行业的供应商所经历的一样，他们被原始设备制造商（OEM, Original Equipment Manufacturers）所排挤，尤其是在底特律，在提供优越服务的同时，还要提供显著的价格折扣才能吸引到客户。我们被引荐的那家特别的工厂，有着85%～88%的准时发货率，听上去还不算糟了，您是这样想的吗？再仔细想想吧……供应商能错过所有他们想要错过的准时发货率的；然而，在准时制（Just In Time）生产环境下的最新配送要求，能让一家装配工厂彻底关门。相信我，您不会想成为被迫关掉一家工厂的供应商的。并且，结果还有，延迟配送导致的合规惩罚非常巨大，尤其是在导致工厂倒闭的情况下，这项处罚就更大了。因此，在预约窗口内的订单，您必须保证要100%的准时配送率才行。

所以，您觉得供应商怎样才能把一个88%的准时发货率炮制成100%的准时配送率呢？是依靠超额运费来做到的吗？对了。所以，现在您可能会想说，因为这项严苛的合规惩罚政策，很多工厂都会选择在离装配工厂一个合适的驾驶距离处建厂，故航空运费可能就不需要了。毕竟像轮轴产品对航空运输来说太重了。如果这样想的话，您就错了……他们使用航空运输方式，但不是货运飞机，而是直升飞机。是的，当真的需要时……他们会包租直升飞机来运整托盘的轮轴，将其空运到装配工厂里。那么，您觉得他们的运费账单和由于需求变动导致的利润结果会发生什么变化？我们不会这样去做的。我们不仅有一个正在燃烧❶的平台，我们还有一名动脉正在出血的病患。向精益制造最佳实践的转型改革过程不是强行推销。机会就是这样痛苦地呈现在那里。

然而，有趣的是那些我们发现的一些内在根本原因和意外结果。更不必说一些有趣的对变革产生作用的联合反应了。由于某些原因，在接近日程表尾声的某个时候，他们的叉车总会首先失去控制。也就是说，在设计原材料流通过相关的运营流程时，我们应该意识到原材料流经过几十个不同的工作中心时，可能会有很多瓶颈约束因素存在，而且，几乎所有的工作中心都是手动作业密集区。此外，为了让这些工作中心全部投入运行，他们不得不满员配给。

所以，这就是意外发现之一了，也就是那个经典的，关于鸡和蛋的故事。加班加点工作是一个主要的问题根源。跟我们后面发现的很多联合运营公司不一样的是，工厂运营通常有38%的旷工率。您不相信？是的，真有那么多……并且，这么做是为了保证所有部门的正常运营……您理解了吗，那就是说，前一个轮班中，有38%的人员不得不补充上来，完成双倍的工作。好吧，如果您曾经在制造行业工作过，您就会发现很多人被他们的上级"重要人物"强制要求带一个40个小时的周薪回家，否则就会有严苛的"合规处罚"。

如果我是一个劳动者，并且我每周前两天的工作时间是两倍，且第三天只有一次轮换班次……8小时轮班一次，加五成的加班津贴；或12个小时轮班两次，支付的是接下来几天20个小时薪酬的两倍……那就是40；想想吧，家是个多么快乐的地方！第三天的8小时轮班也成为了一种额外津贴……而且，我还能去钓鱼！第三天的工作属于额外津贴，剩下的四天去钓鱼……这就是生活！而且我是公司的高级官员，不会因为每周失踪几天就被开除。底特律，这种运营模式问题很大啊（作者暗指底特律这座"汽车之城"2013年申请破产的原因之一，这是众所周知的事实，所以上下文没有讲。此处作者是以底特律做案例——译者注）。

基于精益原则来实施的制造计划，使得我们能够确认，在什么工作中心里，只需要采取些什么工作次序，以满足当天的需求。通过在终端的装配线上安置一个完工品"超市"，我们就能够确立一个应对变化的缓冲区，并将准时发货率提高到99%，这样就变得可控多了。通过指派人员仅仅在那些有轮班要求的工作中心去轮班，使得较之于实施该制造计划前，我们减少了超过一半的超时人工需求量。

---

❶ 接前文的森林救火的比喻故事——译者注。

所以说，是叉车击倒了计划排程表？好吧，工会实际上对目前必须工作五天才能获得40小时周薪的现状不太开心了。不过，当他们开始关注数据，看到那些为冲击目标而安排的比萨和牛排，意识到工厂在朝利润目标冲击（仍然有很多流血事件；我们减缓了它，却没有让它停下来）并且不会被关闭，他们就加入进来了。人们想要生存下来。他们想要做正确的事情。您必须给他们机会以能够抓住机会。精益六西格玛不是一项选择；它是一种需求。

当认真思考这些时，您会发现制造流程的转型改革是被一个配送问题所驱动的——准时发货。配送流程和制造流程的关系是迈向改革成功的关键驱动力。配送流程模块是由这些元素组成的，即那些需要用来履行客户全部订单的流程类别和元素组成的，准时、无损坏、正确的文档⋯⋯完美订单的"度量指标"。虽然第7章我们将更详细地考虑绩效测量问题，配送完美订单需要卓越的订单管理、需求管理、配置管理、库存管理、仓库管理以及运输管理。如图6-3所示，配送流程通常被称作物流管理。如我们在整个讨论过程中已经看到的那样，物流运作卓越性的实现，需要企业需求管理结构内所有这些流程模块的合作，就像现行的一体化供应链管理卓越性的实现，需要渠道间的合作一样。

今天有很多专家谈论供应链管理成熟度最高水平的协调与和谐问题。当我在美世咨询公司时，鲍勃·萨巴斯（他是领导供应链咨询部门的，也是我的导师）和我用乐团做类比，很多次地讨论过这个问题。你们可能有很多不同的工具，每种工具有它自己的音调和音乐特性。每种都有它自己演奏美妙音乐的能力。如果您将它们安排在一起，指挥家设定出拍子（不急不忙的那种），指导各种乐器一起演奏。当然会有一些即兴演奏（一语双关）⋯⋯很多不同的工具都在同一个音调，拍子上演奏同一个E化的供应链运营参照模型（另一个一语双关词），而且要变成和谐音乐，而非噪声。供应链管理中是有很多噪声的。

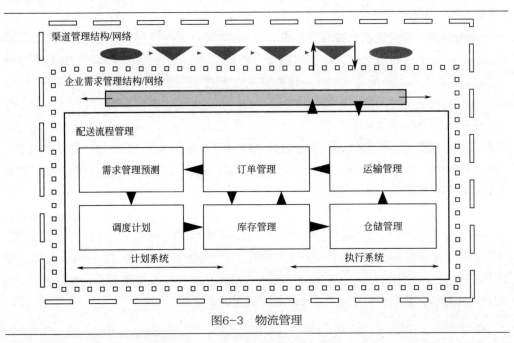

图6-3 物流管理

利用供应链能力来实现协同：战略、计划以及执行

下面是我关于协调与和谐问题的想法，以及为什么我从来不会超出我的界限与萨巴斯讨论的原因了。协调和谐意味着有一个指挥，而就我一直关注的以来，我还没有看到任何一家供应链有唯一一位指挥家的。最好的情况是，有很多指挥家，因为同时有很多不同的乐器在演奏。比如，在消费品行业里，沃尔玛可以让很多企业按照自己的音调来唱歌，但是它们不会让沃尔玛直接去指挥它们演奏交响乐。

对我而言，在美国数字设备公司工作的时候，它真的发生了，当我在美世咨询公司并且管理高露洁公司的项目时，它得到了验证，而当我在IRI公司时，它真的生根了。那时，我能够体验到市场信息的深度，及需求变化下的消费者行为。这有点像我获得的那个启示，即关于需求与市场的响应型与驱动型间的对抗问题。对我来说，供应链成熟度的最高水平是协同。它真的是啤酒游戏教给我的。

也许是从我第一次听乔治·斯道科谈论那本他与托马斯·豪特一起写的书《与时间竞争》❶开始，我对供应链协同的思考已经有很多年了。在芝加哥美国数字设备公司的一次研讨会上，我的研究被协同的概念引导着走，即协同各种各样的循环周期，并且当原材料和信息从一个周期移动到下一个周期时，能够协同管理来自于时间延迟和放大导致的需求变化，就像图6-4中，真实的啤酒企业供应链所演示的那样。

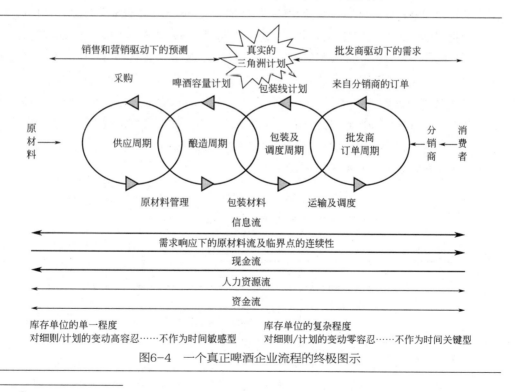

图6-4　一个真正啤酒企业流程的终极图示

---

❶ Stalk ,George, and Thomas M. Hout, Competing Against Time: How Time-Based Competition Is Reshaping Global Markets, Free Press, 2003.

这就是为什么在每个供应链周期中,销售率都比销量更重要的原因所在了。每个周期的经济订货批量是对将要下什么订单的预测,它是供应链问题根源的"时间点"。将您的运营协同到需要产品的时间点,而非与需要多少数量的产品相互协同,这将从不确定性角度消除供应链里的各式浪费。

由图6-3,我们获得的突破性进展是,弄懂了如何去管理原材料流的"连续临界点",以及当不同的运作周期相交时导致的"风险周期"问题(譬如,我在提前期技术公司的朋友们,提及过"库存缓冲覆盖范围"的概念)。我的另一位好朋友以及"先进制造研究中心"研究所的一位成员,和ND·阿鲁姆,以及凯文·道尔,他们称这些不同周期间的相交点为"流程之门"。当流程控制从一个周期的控制区间移动到另一个上时,这些周期间的相交点就成为了"关键的行动触发器"。如我早些时候建议的那样,供应链管理全部都是管理边界的问题。唯有合作是打开大门的钥匙。

在现实工作中,您不能超出您所管理的组织控制边界,而去指挥多条供应链。但是,您能通过理解与您的需求实现结构相关联的、不同供应链的循环周期动力学原理,并采取合作的战略,来协同您的客户周期和供应商周期。这样做能够解除您改革征程中的速度限制。我希望接下来的解释,不会像"微软办公软件的见光死"一般,但是一幅图片,的确能敌得过千言万语(如图6-5所示)。在我的经验里,一幅图片或一条可视化信息,真的是理解复杂的整体系统思考概念的、唯一的、有效沟通的方式。

在图6-5中,我尽可能简单地进行描述,为了简化起见,这幅图仅仅只是供应链的前部末端。问题一直出在那些麻烦的客户们。他们就是永远不能像我们计划的那样行事。在供应链管理中,解决掉那些延伸出来的企业问题,实现您与客户商业周期间的协同,是最佳实践中的最佳。想要实现您的组织转型改革,使其更具有需求响应的性能,进而成为"先进城邦"居民的话,您需要通向该城市及宝库的钥匙。在您的日常运营中,尤其是您成为客户的战略性供应商时,合作(CPFR模型)将是解开您所隐藏的机会传递路径的钥匙。这样做能得到可持续的一流绩效。并且,如果您能拓展您的合作到供应商网络中,更多的机会会等待着您。多想想伴随着您征程的前行,您将能驾驭什么吧……记住一点,转型改革征程本身就是奖励哦。

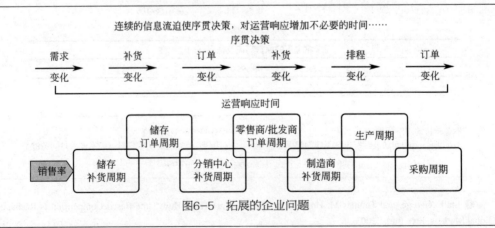

图6-5 拓展的企业问题

我们应该怎么走转型改革之路呢？就像吃掉大象一样，您必须一口一口来。如我在整个讨论过程中指出的那样，您必须要理解您的客户，以及他们管理商业周期时所面临的各种挑战。我要回到我的根源——消费者行业——来解释供应链协同的内涵。记得图5-1"店铺级别下产品需求的零售链分析"吗？如果您是一个零售商，您拥有我的绝对支持，而我希望您能欣赏一下下图（看图6-6）。如果您正准备给一个零售商发货，您会如何基于您的仓储位置来管理可能面临的众多变动性？您可能甚至没有仓库（在您可控制的网络内）来补充您客户必须要管理的那些货物。存储在零售市场终端的成千上万的产品可变性、周转率、库存等，彼此错综交互着。但是为了在494号零售店卖完"您的"产品，您想要用眨巴眼的工夫，把它们全部售空吗？还有别忘了，它们的利润可能只是您利润的十分之一啊。

我一直说，通常我能预料到，一家超市会用几乎百分之百的精确度去下"商品"订单的。大多数情况下，无论采购什么商品，商店通常都会按照方便运输的原则来下订单，一般是包装单位的倍数……这里举一个案例吧。在单位包装的案例中，商品清单的数量是取决于零售商的，当需要决定货架空间分配的朝向或深度时，通常需要跟制造商联合起来做决定。很多零售商会借用一个货架的陈列图软件工具，来决定商品的分类和货架空间分配。他们根据商品的尺寸和包装特点，以及需要的商品单位数量等来填满对应的货架空间，这里都是以商品的外包装尺寸（比如说，6,8,10,12,24个单位）来分配的。我们喜欢与数字打交道，可以方便地平衡可运输单位的下一阶段水平，比如一托盘或一个滑动垫木的计量单位等。

零售商店都不喜欢大量的零散货箱，因为它们更容易出现货物数量减少的问题（比如被盗）。所以，一般他们是大包装批量来续下订单的……这又是一个例子。对吧！几乎所有商店的再订货量都是一个鲜活的案例。这听上去好像很容易预测，是不是？好吧，

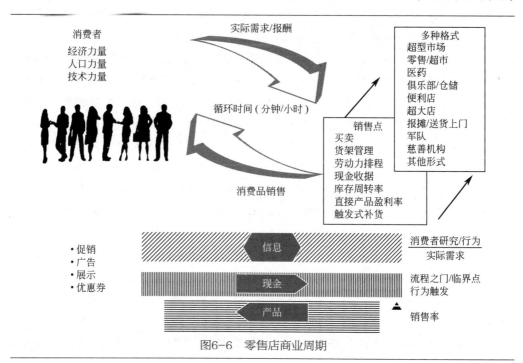

图6-6　零售店商业周期

记得我说过关注销售率应甚于销售点的话了吗？虽然很容易预测到一家商店会下什么订单，但是，预测它什么时候下订单这一点，则是不容易的。并且，较之于其他企业，零售商店里的所有商品（数以千计）都有不同的销售率和再订货时间，而且像图5-1所示那样，它们也会随着商店的不同而变化。

您看到了吧，零售商也有一个需求创造结构。他们销售部门所做的全部工作，就是提升同一家店的销售量和周转率（销售率）。他们有很多方法可以做到这一点。而这也就是为什么CPFR模型（合作计划预测及补货）中的"P"对于某些品牌来说如此重要，而对其他一些品牌则高不可攀的原因了。共同计划对双方企业都有好处，特别是对那些优秀的知名企业来说，更是如此。不幸的是，品类经理没有时间去向每个类目下十几家甚至更多的品牌企业投资并实施共同计划。他们通常只跟"品类首领"或领导性品牌实施合作计划，将消费者引导到对应的品类商品那里去，有时候品类经理也跟排名第二的企业合作。剩下那些品牌的销售命运，则极大程度上受零售商所使用的销售工具支配了，并且将会被降价以应对"重复购买者"的消费者群体，而非品类经理。

让我们再回顾一下，刚刚谈论过的两个学习要点吧。第一，一个产品在销售点的销售率水平，是衡量预测准确程度最重要的决定因素。这就是为什么销售时点系统对制造商来说很难管理的原因了。因为只知道什么时候在销售点卖什么产品还远远不够。您的确需要知道产品的销售率水平，才能决定再订货时间。销售时点系统之所以被开发出来，其用途是为了提高店面收银台的结算速度和准确性，而不是为了决定库存水平、再订货点及触发点（虽然在新的销售时点系统里，这一点已经变了，但是考虑到更换新旧销售时点系统的高额成本问题，它仍将是一个缓慢的进程）。

基于您的产品及所处的行业特点差异，零售店会采用很多不同的形式及销售策略。量贩商（Mass merchandisers）和仓储式零售商（Big box retailers）正在加大拓宽产品品类的范围，从垃圾袋到宠物食品袋，从服装到食品，从器械到家居装饰等，跨度极广，无所不有。并且采购清单里的产品品类数目，还在持续增加中。零售超市则从单一的食品杂货逐步扩充到电器类、草坪及园艺类等多样化商品销售，并且采购清单里产品品类的数目，也还在继续增加。此外，您还必须考虑到俱乐部和药品，便利性及燃油成本问题，以及其他所有的东西，包括互联网销售及军队用品等。这些汇总起来，就是非常吓人的庞大数据集；这并不是最完整或最迅速的数据；它的产品编码也不总是与制造商的标识码一致；并且，如我们将会看到的那样，从这家店到那家店间，变化的需求也会非常大；而且这些数据是来自于零售商，而非制造商（比如每个对应的案例）。

这又引出了第二个学习要点。包装对产品流及预测的影响，比很多人想当然认为地那样更大，特别是对那些专门负责开发预测运算法则的技术人员来说，更是如此。虽然我认为经济、人口及技术上的因素是很难被统计出来的，但我觉得包装是最容易被忽略而又能被统计出来的因素。您的包装策略能成为提高需求和/或直接产品盈利率（Direct Product Profitability，DPP）的杠杆。如果您通过增加新的包装选择来增加库存单位的话，它可能会导致失败。不过作为一项最佳实践，利用包装为消费者提供便利，不同的包装尺寸服务不同的消费人群，如此更有助于提升定价的选择权；然而，意识到它对客户销售策略的影响是重要的。举例来说，仓储式零售商不想在库存单位的尺寸上有太多变化。因为货架空间很宝贵，较之于尺寸多样性和消费者选择来说，他们更感兴趣的是，把销售策略核心放在达到消费者价值的极限上，即提供多样化的品牌策略给消费者。他们的消费者是价值与价格双重驱动型的群体。

如果您不在消费品行业里，那对您来说什么才是重要的呢？记住一点，不管您身处什么行业或向市场提供什么产品，您的需求取决于您"真实"供应链终端的销售率情况。您能通过找出销售消费终端的临界点，在该点下一波的产品流将无法被销售出去，如此就能决定出您供应链里的终端销售/消费点；多半情况下，不再被销售的产品流将会被废弃掉，或转入一个"使用过的"供应链里。

无论对哪个行业来说，这就是销售时点系统。举例来说，在汽车行业里，供应链的终端是经销商销售。然而，二手车辆的销售将会影响到新车的销售。二级市场较之于一级市场而言，是一个不同的供应链，并且必须以不同的方式来进行整体的计划和思考。在第9章里，我们将更多地解释供应链的概念，但是，要记住很重要的一点，那就是您可能不是单一的供应链，而是同时有很多个。如今的社会正在变成一个渠道愈来愈多样化的世界。这也是为什么企业会心甘情愿付给我们一大笔钱❶的原因了。

在很多年里，我的另一位朋友兼导师安德烈·马丁，真正掌握了它的精髓。如果您能够预测到供应链终端在卖什么的话，其他所有的需求都能被算出来。如今他称其为"流预测"。那对大多数企业来说，基于销售时点系统驱动型的预测，就算不是不可能的，也是非常难的，除非它是您自己的销售点。正是对销售时点系统的动力学及可变性理解的缺失，导致很多企业花费了太多的时间和资本去追逐那荣耀的圣杯。那并不意味着，一些销量高度集中地给几家高需求客户的企业，无法做到提高运输线路的物流及预测的准确性，来将货物发送到指定的地点。那只是因为您不能解决掉您大多数客户的需求。所以，不管怎样说，最佳实践才能提高您的可视性及预测能力。

援引鲍尔索克斯·克若勒瑞的话，去问问您的客户们计划买什么，并花时间去理解和思索他们购买决策中的影响因素吧。您还记得我在关于CPFR模型案例中"P"的问题吗？品类经理们就是不能投资些时间，跟相关品类下的所有品牌做一些共同合作计划。在实施CPFR模型的日子里，这种不合作行为让我的痛苦逐渐强烈起来，何况我们还在竭力地招募零售商加入试点。当时我正在与某类排行第二的品牌产品打交道，凑巧的是，在我们开始共事前，他们的运营经理正在会议上被多方抨击。他正在倡导共同合作计划，而零售商品类经理因顾虑到重复购买者的因素，（不同意该计划）正准备离开会议桌。有一件事是确定的：如果您不是品类领袖，并且您不得不用您全部的"单据"去让重复购买者说服品类经理跟您一起开个会的话，那就不要浪费他们的时间了。让一个品类经理对共同计划有兴趣，比让一名首席执行官对此有兴趣更难。

第二次会议我们已经安排好了，我要求主持会议，我猜很大程度上是因为上次的糟糕会议结果，我才被临时授予了这个任务。我开始主持会议，主要聚焦于毛利润的投资回报率，并从可视性到零售商计划采购什么产品等角度，谈论了零售商客户从制造商递增的预测准确度中获得些什么益处。然后我问品类经理，如果他们从企业资源计划系统里收到一条采购建议，他们能否会分享接下来四周的对制造商产品的采购计划？那是我

---

❶ 给企业出谋划策、培训、软件更新等——译者补。

们想要知道的全部。

品类经理向前倾了下身说道："那是你们想要的全部吗？"

我回复说："是的，如果我们能够拿到一个你们计划采购什么的四周循环计划的话，我们就能与我们的预测进行比较，使其数量一致，以保证提高服务水平，及毛利润的投资回报率。"

品类经理肯定地说他们能做到这一点，于是我说如果他想离开可以先走了，我们会跟重复购买者们讨论详细细节。当品类经理离开房间时，他转向制造商的销售经理说道："凯利，还记得您一直想让我看的追加销售计划吗？周一给我电话，我们来安排一下。"

奖金来了！浪费他们的时间您会被罚。优化他们的时间您将得到奖赏。

客户的计划一样如此。客户对他们将从您处下什么订单，他们对数据及分析的预测比您更准确。只需要问他们就行。如果您能从消费/使用的角度逆向转型改革您的供应链，您将能打开机会的宝盒。客户的销售周期与您的非常不同。至于消费品，需求每分钟都在改变，他们至少是在通过变化去分析它。他们不仅对店内所有产品的销售率有可见度；而且对大多数的偶发因素（比如，您不会有的那些即将到来的竞争性力量）来说也是如此。在那天结束时，基于实际上所卖/消费的商品，销售时点系统的拥有者们站到了预测和计划的最显赫位置，无论是什么行业或什么产品都一样的。

在销售时点系统的需求周期框架下，合作是管理您产品流的钥匙。它决定了流程之门或关键的行为触发点——店铺订单。这订单数量会被放置在店铺的可发货单位里，有时比外包装尺寸小，通常会用箱子或手提包来包装。注意一点，销售单位通常是单个的、箱装的补货订单。您的订单就是那些等着发货的箱子！现在您开始明白协同的议题了吗？销售周期时间（销售率）将会是分钟、小时，且每天都在变，而再订货周期时间将会是时间乘以产品/储存（位置决定的库存单位）的变化周期，该储存点又有成百上千的位置，结果就导致了考虑位置下的数以百万计的库存单位。于是这很快就会变得复杂起来了。

在图6-7中，店铺订单或者销售时点系统的补货订单（或者称其为看板或采购订单？），是从零售店/销售时点系统的补货周期，到储存/销售时点系统的补货周期的入门点。看板是精益生产的专业术语，通常被用在再订货点上。当货架上的库存达到一个预期的水平时，考虑到补货量提前期的因素，一个再订货或采购的订单就被创造出来，与被消费或售卖的最后一项产品之间衔接好，保证库存最大值与预期一致。

有一次，我们在为麦当劳做一项配送分析项目，正在与其中一家店铺经理聊天交流。我问他再订货点是什么。他指出墙上画出的一条线。当堆叠的货品箱到达再订货点时，那条线就会露出来。是时候该下一个补货订单了。我称此为"麦式看板管理"。

终端销售时点系统所面临的需求挑战是，如何管理好产生自这么多不同地址的需求变化性问题。您要记住谢尔曼的预测法则：预测准确度能被提高的程度，跟其与有用性间的距离直接相关。我见过的第一家符合该法则的企业是软件技术支持中心（STSC）公司，它后来成为Manugistics公司，也是现在的JDA公司。他们的计划策略是，首先要以"基于位置的库存单位"（SKUL）为基础，或者如他们所称呼的那样，是一个需求预测单位（DFU, Demand Forecast Unit1）。当您在某个特定的地址给卡车装载货物时，它就是最有用的运营预测法则。如果您的需求预测单位与Lenny能装上卡车的产品相匹配的话,华尔街将会开心的。

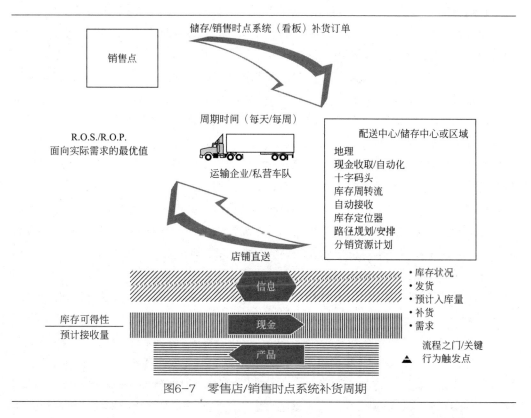

图6-7 零售店/销售时点系统补货周期

高露洁公司是我共事的、试点CPFR模型的第一家企业,我们真地计划了将客户订单发到指定位置的水平,而最佳实践也动态地提高了我们的预测准确性。早期的CPFR模型试点,尤其是华纳兰伯特公司与沃尔玛公司间的试点,真实鲜活地证明了在通过选址预测来提高库存单位上面,合作的力量究竟有多强大。

很多企业都会有某种类型的配送中心,其选址处于能满足客户补货提前期的范围内。有些行业比如说按单生产或按单设计,制造商就拥有决定提前期的奢侈的权利……直到出现一个生产得更快的竞争对手为止。但是当到了补货的提前期时,很多行业都受客户订单的支配。在第2章里,我曾讨论过批发配送行业里的变化。我们曾经有些位于制造商设施与客户卖场间的很棒的渠道,这些渠道能承担所有的库存和销售风险,并为我们管理所有的配送事务。然后一些会计师或专家们决定说这些"中间人"从我们这里掠夺了利润,所以我们应该自建或者跟第三方物流企业签约服务,以替代掉"中间人",并为他们交易产生的所有活动买单,并且我们承担了所有的库存和销售风险,以及相关的运营资本。我从来没有看到过一个案例证明过,制造商企业(使用第三方物流企业并负担零售商的库存费用)或自建渠道的零售商(拥有大多数设施)通过批发商的"非中介化",能够获得显著的经济利益,我们只是用第三方物流企业和相关成本替换掉了那些"中间人"而已。

如果您在给销售时点系统或消费终端补货的话,销售率分析工具就是推动您走向征程的最佳实践。对于您发出的每一个库存单位，您必须计算出由货架或工作中心发出订单的再订货点（ROP，Reorder Point）和销售率（ROS，Rate of Sale）。一般来说，再订货点就是使货架上现有库存降低到保持"颜面"的单位水平（比如，2个、3个或4个单位幅度）。没有人喜欢要最后一件产品的。如果满载量跟库存空间相匹配的话，应该有充足的空间来保存多余配额的。这技术性太强了吧？您可能会这样想。下次您去买东西时，看看货架的最顶端或最低端，您会发现些"特别"存货的。最佳实践的零售商们会花一整天的时间，跟他们的合作者们在店铺通道上视察，优化自己的"颜面"，让货架展示上有囤货，而且看上去条理有序。零售商不喜欢把货物存放到后面的仓库里，因为这样会经常遭受（货物数量）萎缩的困扰。

如果您卖给其他制造商，这可能是原材料账单、工艺路线、及生产排程等的产品服务形式。因为原材料或零部件是在生产路线中被消费的，在工作中心用完上次补货来的零部件库存之前，一个新的补货订单（有时候被称之为看板）就会被发出来。随着库存被逐步消耗掉，又一个补货订单就会产生，并被送给供应商（又曰供应商看板），供应商就发货出来这个补货订单，正好赶在仓库存货消耗完之前送达。

无论您是补货给生产线或是商店，有一点不变，那就是产品都是用来消费的。并且产品被消费的速度，即销售率，将触发一个从供应商到需补货店铺的，订购满仓货物量或是最佳经济发货量的补货订单。在大多数时候，您很容易预测要订多少量；或者说当订单被发出时，您的最佳实践路线就被决定了走向。我在提前期技术公司的那些朋友们，以日常运营为基础，重新计算并设置了波峰、周期，以及安全库存水平等的控制范围。在对高度变化的需求保持响应的同时，计划者们能用这些技巧和图表来保持所有店铺和周期的协同运作。它们就像麦当劳店里画在墙上的线。在第8章我们将更详细地讨论转型改革在技术层面上的问题。

根据您所处行业与/或产品组合的特点差异，配送中心可以是或不是自动化的。一般来说，当配送中心向销售时点系统/消费终端补货时，配送中心将接到托盘或垫木，并用箱子拣货和发货。据我所观察的，最早执行这些、苛刻地近乎于完美的零售商领导者及最佳实践的先锋代表是梅杰公司，大急流城里的、隶属密歇根周边产业圈的一家零售商企业，他们是私营的和区域性的。但就像我所观察到的任何零售商完全一样，他们同时又是先进和复杂的。他们非常地私营化，非常有竞争力，在质量和增长方面的控制力非常强。根据我的观察，他们跟员工一起，在各种行业的领先领域里一起工作，并与供应商一起工作，他们处于自我实现的企业文化顶层水平上，能够积极拥抱转型和改革的文化理念价值。

梅杰公司是将信息技术职能与配送职能紧密结合在一起的首批企业之一，它凭借自己的先进分析能力，创造出了独特的竞争优势。他们对店铺的订货分析能力，已经达到了能在行业内建立第一个真正意义上的交叉配送设施的程度。交叉配送能够联合所有的店铺补货计划，并联合起供应商的集并运输计划，基于必要的销售率、店铺补货率、发给供应商的订单、提前期等因素综合分析，对各种散装的、卸货成各个单个店铺订单的供应商货物清单实现协同作业，将店铺订单与卡车配货到店铺的排程及路线相匹配，使用正确的店铺配送车辆，将产品传输到码头阀门处，按照店铺站点的顺序装载卡车，并且在不同的位移窗口内实现当天发货。那就是我们正在讨论的内容，真正的交叉配送产品流和近乎于零的等待时间。

另一家大急流城里、隶属密歇根周边产业圈的配送商是高登食品服务公司（Gordon Food Service），在社会公共领域的食品配送行业里，他们也实施了类似的项目和最佳实践。巴黎圣母院餐厅是我在宝来公司的配送商业线上班时的一家客户。食品服务经理要确定来巴黎圣母院餐厅吃饭的学生人数，以及第二天的食谱，并将其输入进高登食品服务公司的电脑系统里。高登保存好食谱，在每天晚上把菜谱分解成独立的膳食菜谱，然后给这些为巴黎圣母院餐厅食品服务部准备的菜谱，单独创立一个含有所有必须原料的补货订单，并在第二天准备早餐的时间里，把订单准时配送到巴黎圣母院餐厅。他们提供的服务是无缝的、协同合作的，而且质量和价值均处于拥有高度竞争力的水平上。像梅杰公司一样，他们是家族式经营模式，低调地维护着处于行业领导地位的经营水平，保持着可控的、有盈利的增长速度。这就是自我实现和转型改革上，成功的企业本质上如何工作的典例。

并且，不能忘了竞争优势的问题。这里是关于高登食品服务公司的另一个保罗·哈维式的"故事的剩余部分"版本。我一直在极力地说服，巴黎圣母院餐厅在本地的一家长期合作的社会公共配送商（巴黎圣母院餐厅是他们最大的客户），建议他们应该要采纳新技术及一个新的配送管理系统（高登食品服务公司使用宝来公司的系统）。巴黎圣母院餐厅以支持本地商业为己任，因为不夸张地说，印第安纳州南本德市的经济基础非常脆弱。跟密歇根州做生意就像在境外做生意了。然而，当高登食品服务公司的销售员，对与电子菜单和订单系统相关的时间及成本全部采取节约化管理的情况下，把菜谱提案送到巴黎圣母院餐厅的第二天，这位本地配送商就破产了；并且，我收到餐厅打来的电话，要求使用一个新的配送系统。高登食品服务公司利用其供应链能力实现了竞争优势。现在您知道了"故事的剩余部分"了。

零售店铺的订单补货周期，是受对消费者需求响应的店铺商业周期所驱动的。周期时间通常用每周的配送日期或次数来测量的。有些店铺可能每天都需要配送；其他一些则可能只是一周配送一次。销售率、满载量，以及再订货点等因素决定了它的需求，反过来，再将店铺需求整合集中起来，以经济订货批量来一起下单给供应商。当然，所有这些需求创造结构的元素和事件，都增加了复杂性；但是，如果您首先关注基本原则，将您的视角转换到消费或使用上面，并反向设计您的流程，您将会发现通过合作化的最佳实践就能打开机会之门。

在非消费品行业里，您也必须从使用角度来反向设计您的流程。店铺的商业周期，又是生产设施工作中心的消费周期。销售率就是生产率。再订货点就是看板信号。零售店铺/销售时点系统的补货周期，是仓库，原材料库存，或由供应商看板信号传递来需要补货的其他产品库存区域。至少在模块（type）、类别、元素水平上，他们的流程显著地相似。这也就是为什么供应链运营参照模型依然有重大意义，是转型改革的杠杆的原因所在了。

实际上，CPFR模型并不仅仅服务于消费类商品，我敢保证无论您身处什么行业，您的客户都在预测、计划，并安排他们的日常运营。他们在生产计划中有采购订单和原材料需求，也有原材料释放的排程安排。引用鲍尔索克斯·克若勒瑞的那句话……请他们分享吧。去www.vics.org网站看看，您就发现很多不同的行业信息及案例研究，都支持采纳CPFR模型。合作是打开转型改革价值的钥匙。

在图6-8中，配送中心下给供应商/制造商的补货订单，是从存储/销售时点系统的补货订单周期到客户的补货订单周期，两个周期间的交合点。

很不幸的是，对很多制造型企业来说，这里才是他们感知到供应链开始的地方。零售商一般不理解这个周期及相关的限制因素。我请制造商注意前面的两个周期；零售商及制造商客户们，该轮到你们小心这些周期了。这里有制造出的利润，但是您不得不寻找出机会才行。宝洁公司和沃尔玛发现了很多机会，当宝洁的集并运输策略带来了显著的成本节约时，它们一起工作以创造出最佳的实践流程，既使得沃尔玛能够维持毛利润的投资回报率，提升"周转率和利润率"（T&E）指数，又使得宝洁公司能够优化运输成本——真正实现了双赢！

在我的经验里，如果您拿出所有的制胜绝招，并消除掉我们发现的纯属意外的对抗关系的话，我们将有更具有生产力的、利润更优厚的商业贸易机会出现。实际上，凯特·维塔赛克是供应链愿景协会的创立者，她还在田纳西大学读研究生那会儿我们就认识了，现在在那儿从事行政教育工作，她写了一本关于提升第三方及其客户的、围绕价值与战略管理理主题的书❶，称之为《既定的外包》。也许她跟我可以合写一本适合于所有商业行为的书，称为《既定的商业》。那就是我们可能称呼的CPFR模型……每个人都是赢家。

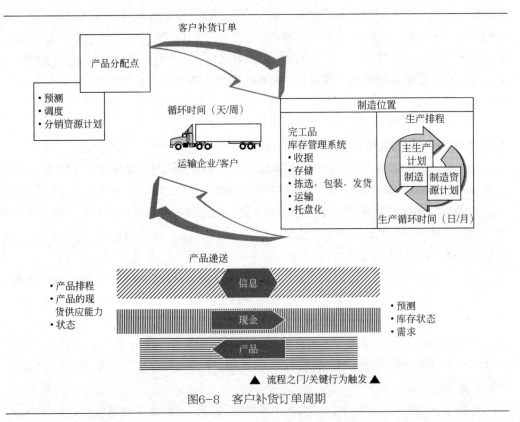

图6-8 客户补货订单周期

---

❶ Vitasek, Kate, Vested Outsourcing: Five Rules That Will Transform Outsourcing, Palgrave Macmillan, 2010.

想要将您的供应链转型改革成敏捷供应型,并从您在"先进城邦"的新家里出发,继续您的征程的话,需要您跳到圈子外面来思考。客户和供应商都必须理解他们各自的需求实现周期的驱动力是什么,并采取措施来实现不同周期间的协同。传统的供应链管理会让您遭受到不确定性、可变性、缺货、流程,及其他成本计算错误等的鞭打。埃德·福格蒂是美国高露洁公司的首脑,在我管理他们的企业资源计划,并致力于界定出其对供应链转型改革需求的概念界定时,他创造出了SLOB(Slow moving and Obsolete)库存的词汇来代表"移动缓慢而且老旧的"库存(后来我发现他其实在之前的企业工作时,已经创造出这个词汇了,而且,SLOB还是他开创的配送管理方法的一个标志性符号)。

在第5章里,我们花了很多时间来研究一体化商业计划和预测的问题。这就是关键地方了,也是为什么把流程给文件化,并把日常运营计划工具给标准化,会如此重要的原因所在了……这些决策是事关您能否"发货并开账单"的那种决策,是运营资本及供应链能力中那些涉及数百万美元资金的决策。

很多制造业运营的复杂性在于,在一个周期内管理几个各自的周期,如图6-4中"真正的"啤酒企业所阐释的那样,图6-8会解释得更为详细,也是更简化的一个版本。

跟客户的补货周期的相交点,是完工品的库存补货和调度周期,它以工作订单的形式,将需求强加给生产周期,进而又将需求强加给下一个周期,进行补货供应等。当然,就像真正的啤酒企业那样,很多制造商都有多阶的生产周期。离散型的制造商,比如我们前面所说的轮轴制造商,在很多工作车间里生产,且每个车间又有很多的生产步骤,每一个生产步骤都有它自己的需要被协同的周期,这在精益六西格玛思想中被称之为"不急不忙"地……这就是生产的旋律。

介于完工品与触发工作订单的关键行为之间的交合点,也是在很多制造业企业里代表了"推拉"的边界线的。如果您不受"按订单生产"行业的一些变化因素的影响,那么除非您已经找到了一种方式来推销您的产品,否则您就做不到百分之百的"拉"。因为客户订单的提前期通常比生产及/或外部的提前期更短一些。至少在一些州,考虑到客户的实际订单,很多企业都不得不把完工品"推"成为库存。为了保证客户订单的准时配送,设想我们为一个轮轴制造商家创造的超市库存量吧,你就会明白这一点的。

这又是一个让人有点沮丧的权威论调了。于是另一个极端概念被提了出来,即每个人都应该努力设计他们的制造流程,以建立一个有效的最小批量。大规模定制是流程演化的结果。在别的地方有另外一家企业,他们每天都在生产每一件产品。这主意很棒,但"他们"不是所有人。如果您需要大量的时间或成本,才能把一种产品转换成另一种产品的话,每天生产出每一件产品,对您而言将是一条死路。

我记得曾经为美国天合汽车集团的纳尔森螺栓部门做过一个流程评估分析,该公司为各类行业生产精密的扣合件。他们的一位部门主管看了一些专门谈及库存周转率重要性的文章或书本,于是下命令说每个产品每年的周转率要达到十次。长话短说,制造部门实施了该政策,结果导致成本价格飞涨!为什么会这样呢?对他们的很多产品来说,由于极其苛刻的规格公差要求和较低的初始产量,高昂的生产准备成本要求有更长的生产路线来降低成本。一年生产一次那些产品更具有成本高效性，这样才能维持较高的毛利润率。我猜那位部门主管看到的那篇文章，没有谈及总利润的投资利润率问题，或者说是"周转率和利润率"指数吧。

想想宝洁公司那个生产帮宝适纸尿裤的故事吧。纸尿裤卖的跟宝宝拉大便的速度一样快。在那种情况下，您为什么想要去设计个生产流程，以建立起有效的最小批量呢？您为什么想要建立一个拉式系统呢？那些婴儿们使用纸尿裤的速度比您推出新产品的更快。您根本不需要那样做了！事实上，在很多销量高的制造商工厂里，外销的码头容量，就是它们的最大销量上限。它们无法调度第三方物流的运货网络，使其快到足够跟上生产的步伐。

这就解释了，为什么第2章和第3章的练习是很关键了。如果您不能从商业的视角来看，并制定正确营销策略的话，您就会在转型改革中有所损失。这也解释了，为什么您最好先去调查一下首席执行官在读什么书，而且要在他读之前先把它读完的原因所在了。

在顾客反应较慢的预测和高水平的可变性情况下，如何管理好推拉的边界线，是让很多供应链管理者们彻夜难眠的根源所在。就像他们中的很多人那样，如果他们相当擅长做这些的话，这也是为什么企业文化会卡在转型成熟度的社会及自尊水平之间某个地方动也不动的原因所在了。请不要让它发生在您的身上。

管理推拉边界线的挑战，在于决定商品运营频率的能力。譬如，我应该把一个产品放置在生产线上多少次才好？一旦我决定了运营什么产品及运营时间的话，我需要决定用什么序列来运营它们，才能使得转换成本最小化呢？一个典型的例子就是，我不想在生产完巧克力味饼干之后，再在同一个生产线生产香草味的饼干。因为香草味比巧克力味的生产线需要更少的清除时间。在决定好生产运营的排序之后，考虑到生产量和风险周期因素，我决定出了最优的运营时间长度，正如提前期技术公司所指出的那样。解释一下，风险周期是指，在我生产某产品与下次该产品被安排再生产之间的那段时间。我想要有正好足够的完工品库存（想想轮轴制造商庞大的完工品超市吧），来覆盖掉整个风险周期。

当然，这听起来似乎非常简单。应该有些数学工具来做这些事情的，事实上也的确有。问题在于市场是高度不稳定的，且一直是动态变化的。它不像是您只做一次后就能潇洒走掉的某些事情。当变化发生时它必须被做完……而且每天都是如此！这就是在真实的啤酒企业里，我们之所以能发现连续临界点的原因所在了。需求变动性在连续平移的基础上持续地撞击着您。您等待的时间越长，时间延迟得就越多；时间延迟得越多，放大效应就越大。于是，您就陷入牛鞭效应的怪圈里了。

让我来分享保罗·哈维的另外一个"故事的剩余部分"版本吧。这是为什么那些日常操作人员全部都有自制的表格的原因所在了。他们不得不让库存每一天都与需求的变动保持一致。他们不得不去救火，并处理不停变化的订单，或去催促订单的生产和仓储。他们是陷入牛鞭效应怪圈的那帮人，并且，他们的决定要么导致您成本大幅增加，要么让您多花上数百万美元。现在您知道"故事的剩余部分"了。

在缺乏合作的情况下，在客户订单方面，可视性缺失的现状正愈演愈烈，甚至到了几近疯狂的地步。并且很多基于选址地进行预测的库存准确性，在随便哪一天里都低于60%（给出这个数字，我还算是比较大方的）。应该从一个单纯的预测驱动型的运营模式，通过管理转换成需求响应型、客户驱动型的运营模式，如此才能取得最佳实践的卓越领导力。有效的、对日常需求变化从利润层面上进行响应的、推拉式的边界管理，是破解浪费和运营资本难题的、关键的最佳实践……并且，当然了，合作是钥匙，无论是从内部还是外部来说，都是如此。

在牛鞭效应的尾部，您应该尽力找出，是狗在摇动尾巴，还是尾巴正在摇动狗。就是指那些原材料、包装材料及其他驱动供应网络及运作周期波动的"火上浇油型"供应商们。如图6-9所示，面向供应商的供应采购订单，是从客户补货订单周期到供应采购订单周期的周期间交合点。

根据所需原材料的不同，该交合点可能是，也可能不是您供应链的终端周期模块，但它是您现金周期的起始点（如图6-2所示）。我们投资现金，去购买原材料以生产、销售、配送、发货、采集，并最终把现金归还到银行里。您会被指派任务，将您的供应采购订单周期协同进您供应商客户的补货周期中去。同时，如果您的供应商又有自己的供应商，他们也将复制这个流程，一直到最终的供应商那里。这就是一个网络节点系统，每个节点都运营着不同的周期组合。到此为止，您是否对系统动力的兴趣更大了呢？记住一句老话吧："如果盖房子的人们，按照程序员开发系统的方式来一步步地建造房子的话，那么第一个来到那里的啄木鸟就会毁灭掉人类文明的。"供应链是由很多系统组合起来的系统。

对我来说，解释供应商关系的最容易的方式，还是那句至理名言："对待您的供应商，应该就像您希望客户对待您自己那样。"您需要从客户那里获得整合流程的相关信息，从而协同并优化您的商业周期，同时，此类信息很可能也是您的供应商想要从您那里获得的。并且，您与他们之间的任何对抗关系，可能就像在您的供应链转型改革前，与跟您客户之间的对抗关系一样，充满着意外。

所有这一切都是从生产排程开始的。生产排程会提供原材料需求清单，进而转化为需要供应商履行的供应采购订单。这听上去似乎很容易……如果我们完全与供应商整合在一起的话。然而现实情况通常是，供应商的变动性与客户的变动性一样反复无常。当然，如果我们对供应商有足够的影响力的话，我们就能开发出供应商必须遵守的自身需求模式，保持着供应商的记分卡，并对供应商的不遵守约定行为施加惩罚。就像那家轮轴制造商，我们希望自己的供应商在退出商战之前，能转型改革他们的供应链，并提升他们的绩效（就像轮轴制造商想要做的一样）。

或者，作为一名最佳实践的领导者，您能推进您转型改革的征程，以实现与供应商间的整合，不同循环周期间的协同，以及战略合作伙伴关系的实现。CPFR模型在您的供应链后端保持着高效运行，就像它在前端高效运行一样。不要等您的供应商开口要求您去做什么。他们害怕要求您，就像您害怕要求您的客户一样。所以您还在等待什么呢？

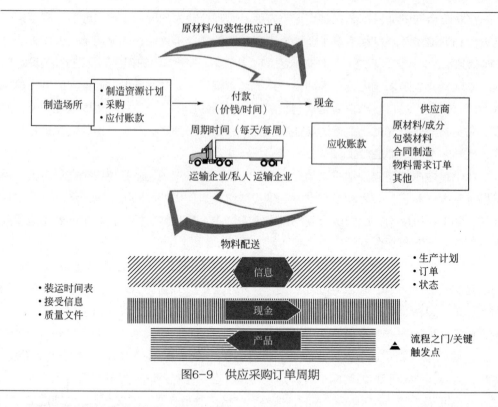

图6-9 供应采购订单周期

就像前面所经历的那样，如果我们能明确发现，最佳实践流程中涌现出来带来的机会，那么相对于单纯的交易关系而言，基于战略伙伴关系的供应商合作能产生更为显著的收益。从供应商库存开始吧。您有多少闲余的运营资本能耗在原材料上呢？

我在宝来公司上班时，曾有个机会去管理地平线公司（Skyline Corporation）的账户。我跟信息技术部门主管的第一次会谈的过程非常有趣。让我们把时间拉回到20世纪50年代早期吧，当时正好是在迈克尔·戴尔（Michael Dell）出生之前。阿特·得西奥成立了一个公司，想要来建造移动式的住宅。在资金很少的情况下，他与供应商签订了一份协议，即在进入生产阶段时，供应商再提供必要的原材料来展开生产……这就是现今的即时生产理念，能跟原材料的单位价格账单相匹配。他们的合作取得成功了吗？是的！这就是迅速支付条款的巨大作用。通过与整个供应商网络共事，地平线公司将建立起了订购策略，使得收账价格下降三分之一，运货价格上涨三分之一，配送价格上涨三分之一。如此，下降的收账价格就覆盖掉了原材料成本，而且供应商们允许地平线公司货到付款。故第二项付款覆盖掉了制造成本，而最后一次付款就是纯利润了。地平线公司现在已经在纽约证券交易所上市了，但是它仍然沿用这种流程模式，即仅维持在制品库存，没有或只有很少的原材料或完工品库存，低风险的敏捷反应速度。即时配送模式意义重大，就像很多年里戴尔公司已经做出了很好的证明那样。

当然，即时配送模式也有一些风险存在。譬如，供应线会被很多不同的风险给破坏；并且，因为没有库存，您是很容易受到伤害的。且在戴尔公司、地平线公司，或任何主要的自动装配工厂需求的选址范围内，没有很多供应商真的想承受库存配置风险的。这就是为什么供应商管理库存能成为一个有效协同策略的根本原因所在了。考虑到"周转率和利润率"指数，虽然零售商可能不会被供应商管理库存的经济意义所激励，但仍然有很多制造商会投入相当的运营资本到原材料、包装、材料、工具等上面去。

所以，还是让我们回到那句至理名言上去吧。当我在谈论CPFR模型时，我谈到过一件事，即曾让一位品类经理给我的产品采购排程提出些建议。您可能会有一个主生产计划（MPS，Master Production Plan），它就是生成您采购订单的原材料需求计划（MRP，Material Requirements Planning）的输入端。为什么不跟供应商分享您的生产排程计划呢，关于您计划何时消费供应商的产品，及您供应商产品库存量的开始与结束点是多少等。而且，与供应商分享关于他们产品的原材料需求计划，本身也是一个关于计划采购订单及截止日期的时间表。如果供应商掌握了这个信息的话，就能协同好自己的预测及对应的内部计划。供应商在这种新的可视性环境下，能够去寻找运输集并、库存效率、产能利用等优化措施。而不像沃尔玛和宝洁公司对待供应商所做的那样。在评估了机会之后，供应商能够在成本共享的基础下建立起合作关系……这是一个既定的合作关系，如凯特·维塔赛克所称呼的那样。它可能包括，也可能不包括供应商管理库存，或别的供应关系的最佳实践，但它是基于价值的透明关系，而非制胜绝招。

将您的供应订单周期与您的供应商运作周期相协同，将会为您打开很多节约的机会。供应的一致性不能被低估。早些时候本书第1章里，我曾谈到宝洁公司帮宝适工厂的运货能力问题。好吧，那么对于接收能力，您又是怎么想的呢？基于供应商及预先发货通知（ASN，Advanced Shipping Notices）的发货排程的可视性，能提供机会给您，来优化供应商运营商的收款及时间表等的安排。积极的收货能消除对供应链三方匹配的需求：比如发货单、收货单、采购订单等。这种改革的征程，证明了转型的黄砖路上，可能铺满了黄金。征程于是变得更加值得展开了。

猜猜什么？您刚刚吞下了一只大象！当然，我知道要完成很多繁杂的细节和工作。但是转型改革之路，是不必如此提心吊胆的。它是一个持续的征程，也会带来持续的奖赏和惊喜。您只是不得不做出决定，然后从一个地方开始，一次一口地吃下去而已。记住："先进城邦"和"落后城邦"里的居民，工作得都非常努力。如果您朝着对的方向上努力，再努力，那么在您意识到之前，您就已经成为了一个领先企业。图6-10阐明了您需要完成的路线图。所以，转型改革就从零售店或销售时点周期开始吧。

与图6-5不一样的是，企业拓展问题可能更为复杂。您不是这样认为的吗？它可能不是您在演讲一开始就想要告诉大家的。不过，它的确传达出了供应链管理的复杂性与系统性的本质。如果有哪一个周期变得一团糟了，它可能就是因为牛鞭效应"切断其他周期"引发的涟漪效应所致。连续的信息流迫使您要制定出连续的决策，并在运营上增加了不必要的响应时间……这就是啤酒游戏！

而且，这就是供应链管理的本质……唯一的本质。您可能有很多产品、产品组合、客户、全球定位，及构成您供应网络的供应商们。每一个都是网络里被不同运营周期所驱动的节点，而且有不同的速度，不同的特性和绩效需求。它们是一群大象！如果您不够小心的话，它们会惊跑的。但这也是为什么企业会付给我们大笔钱的原因。供应链管理是一个机会的管道，能够解放企业的运营资本、提升收益、优化成本、提高利润，并且提供资本的回报率……到目前为止，我认为您已经意识到了为什么在所有的转型改革案例研究中，不变的一个共同点是需要管理层承诺和/或执行支持。我知道，不需要它您也能开始征程。如果您还没有开始征程的话，您将不得不成为开始"寻求管理层承诺"的一员。持续展开这趟征程吧，改革您的文化、持续这趟征程都将需要管理层的承诺，所以让我展示给您怎么获取它吧。

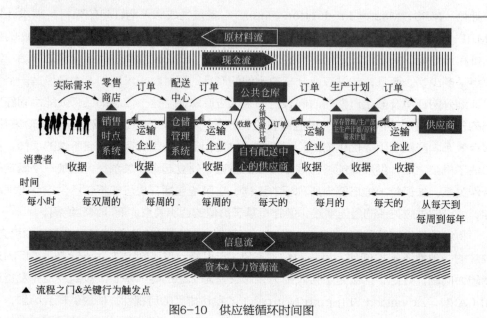

图6-10　供应链循环时间图

第7章

好的,我们需要管理层承诺;那么,我们怎么做才能得到它呢?

您是不是很早已经跳到这一章来读了？如果您这么做了，还是请您退回去读读前面的章节吧。真的没有任何转型改革的捷径可走的。它是一趟您必须提前做好准备的征程。需求绩效结构同时刺激了需求创造和需求实现结构，并被其所驱动。它不仅仅是财务和会计上的问题。它更是行政办公室、人力资源、信息技术部门的问题。它是企业在可实施性和可说明性上的特有结构，该结构能对企业的战略导向负责，并最终对企业的财务绩效及健康负责。

所以，这是一个需要多方共同协作的方案。供应链副总对首席执行官和首席财务官提出说，他能把库存降低百分之三十。

"哇，太棒了！"首席财务官说，"您打算怎么做到这一点？"

供应链副总回道："我们能为库存优化实施一套新的软件应用程序。它只需要花费10万美金，并且投资回报率不到9个月就能实现。"

"真的吗？"首席财务官反问道（首席执行官已经起身，走到门外打电话了）。"公司没有10万美金的闲置运营资本。现在至少有四个别的方案已经进入了资金拨款流程，他们比您的提案享有更高的优先权，也是用来降低库存的。"

"并且，顺便说一句，"首席财务官加了句，"其中一个方案也能降低库存。"

"真的吗？"

"是的，制造副总需要一个新的价值40万的灌装机，否则他将不能满足生产的需要。没有灌装机就没有生产，也就没有库存……懂了吗？去干您自己的活吧！"

听上去这场景似乎很熟悉吧？让我们重演一遍这个情景吧。只是这一次，我来扮演供应链副总，在同一间会议室里，跟首席执行官和首席财务官在一起，我语气强硬地说道："我想我找到了一个获得4100万美金资金的方法（库存资金为13690万美金，它的百分之三十大致为4100万美金）。"

于是首席执行官身子前倾过来，问道："什么时候？"他起身离开我身旁，对其他人说："对不起，告诉他们我在开会，待会我会给他们回电的。"然后转向我问："好吧，什么时候？"

"我确信我们能在九到十个月内实现，准确地说是第四个季度。"我回答说。

首席财务官插话进来说："好吧，听起来不错。但是需要花费什么代价呢？"

"我们只需要它的百分之二资金。我算过大约80万就够了。"我回答说（嘿！我给他们4100万美金呢。为什么我应该只要区区的10万美金呢？）。我这有一个资金的换算方式。如果我现在问您说，拿出来10美金，到年底我保证给您450美金作为回报，您会不会同意？

"成交！同意了！"首席执行官先这么说，首席财务官紧跟着也表示赞同。

"顺便问一下，这是您一直在酝酿的转型改革方案的一部分吗？"首席执行官追问了一句。

"是的，还在初步阶段。"我回答说。

首席执行官把首席财务官拉到一边谈了一会儿，然后朝我走回来："跟您说一下，里奇，您为什么不把全部细节内容整合成一个计划，传给我及财务部门人员，然后，在考虑完运营资本方案的决议后，我们就会在第三季度董事会上把这件事提出来。您需要任何支持，都可以来找我和首席财务官。哇噢，今年会多出来4100万美金的计划外收入吗？股东大会上又要沸腾起来了。"

您想对需求绩效结构的知识知道更多一点吗？您想多知道点获得项目资助的手段吗？您想知道，您需要懂得些什么技巧，来为转型改革征程增添燃料吗？那么，当您跟上级谈话时，请把上面的谈话情景重演一遍吧。听上去不错，不是吗？听起来这趟征程越来越值得做了，不是吗？

理解需求绩效结构

如果需求创造结构是管理需求链，而需求实现结构是管理供应链的话，那么需求绩效结构就是管理价值链，并且它决定了其他结构必须保持一致的企业财务战略。所以，看看图7-1，思考一下，什么才是聚焦于利润增长的关键成功因素呢？

当然，高层管理团队应该对企业整体战略、管理以及绩效负总体责任。为了执行企业的战略，管理团队必须与组织保持一致，从而对变化的市场条件展开有效响应。他们必须确保每个管理结构的资源都有能力开发出需求、供应、价值链等各项子战略，以执行企业的总战略，进而达成企业的财务目标。首席人力资源官和首席信息官，通常会在首席执行官和首席财务官的带领下，担任需求绩效结构的相关领导职位，提供各种有效的支持设施，以满足人力资源部和信息技术部对需求创造及需求实现结构的需求。企业成功很关键的一点是，信息技术的战略调度及专业招募、开发，以及人力资源的维护等。这两点在第8章和第9章将会更详细地展开讨论。

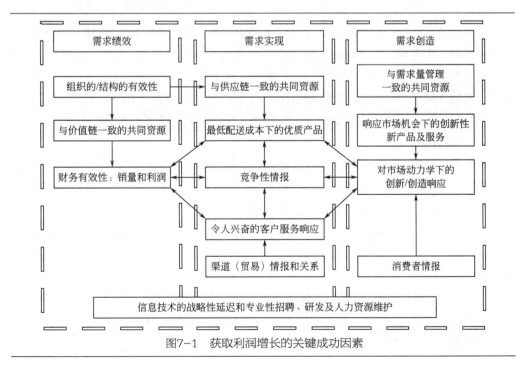

图7-1　获取利润增长的关键成功因素

需求创造结构的领导，通常是来自于研发部和销售与营销部。基于所处行业的差异，研发部的掌权人可能是首席研究官、首席技术官、首席科学家、首席工程师等。很多组织比较抵制"首席"一词引发的光环效应，而沿用主管或者副总、高级副总、执行副总，以及董事长之类的称谓。我们也见过由首席营销官领导营销工作，有时候也可能是由研发和销售部领导的。销售部经理在迈向"首席"的步伐上比较缓慢，不过通常首席营销官会向高级副总或执行副总汇报相关的销售工作。如果还要再增加一个首席职位的话，那么首席客服官比首席销售官还更常见些。

同样地，需求实现结构通常是由首席运营官所控制，但是我们看到首席供应链官也正在出现，与副总、高级副总、执行副总、董事长或主管之类的职位并驾齐驱。有些组织，比如利米特公司，已经把需求实现部分或物流职能给剥离出来，作为独立的全资商业单位去经营。通常来说，如果有首席供应链官的话，他们将对采购和物流（经常是真实资产及设施）负责，但是不包括制造。我已经见过首席制造官的头衔出现了，另一个CMO，但是基于某些原因，它比首席运营官或副总之类的更常见些。

就像我们在第4章讨论的那样，组织结构比等级结构更重视联盟和合作，视其为关键的成功因素。无论您对其如何进行结构化，组织始终是同时进行垂直和水平的运营。我开发出了需求管理结构模型，所以我能把它应用到任何的组织和行业里。为了展开讨论的方便，这里我们就假定首席财务官负责需求绩效结构，首席供应链官负责需求实现结构，而首席营销官负责需求创造结构。

首席财务官有责任确保资源各就其位，以展开测量、管理及控制影响企业财务有效性的关键成功因素，并对销量和利润率保持同等的关注。在企业内的五个"资金流"里，首席财务官最应该对现金、资本、信息以及人力资本流管理负责。与流行的看法相反的是，虽然其他执行官们功绩卓著，但首席财务官为了支持首席执行官的整体战略，会对这几种流施加控制及压力等。本章稍后我会更详细地界定需求绩效结构的流程的。

首席营销官有责任确保需求绩效结构有充足的资金提供给需求创造结构，以执行需求链的战略，去进行研究、生产，及开发出创新性产品和服务，或市场供给品等，并对市场变幻下展现出的机会之窗做出响应。此外，基于客户、消费者，以及竞争性情报等因素，首席营销官对市场供给品的商业化，以及这些供给品的有效促销和可盈利性销售负责。对需求创造结构来说，企业对市场动态、竞争因素、经济条件的响应能力，是致胜的关键因素。

首席供应链官有责任确保需求绩效结构有充足的资金给需求实现结构，以执行供应链战略，使得贸易伙伴、客户，以及终端消费者都对盈利感到开心。首席供应链官在对剩余的资本流、原材料等的管控上，负的责任最大。

影响需求实现结构成功的最关键因素是，有能力生产出合乎质量的产品（供给品），以最低的、有竞争力的配送成本，将其配送到企业的细分目标市场，且要与企业的战略和财务目标相一致。同时，需求实现结构应该理解客户的需要和需求，并提供让人激动的、有竞争力的客户服务，且要与企业战略和财务目标保持一致，这一点也是很关键的。为了达到成功，需求实现结构必须对客户及贸易伙伴的行为、需求，及市场条件等保持良好的沟通和理解。

整体而言，决定组织成功的关键因素是，持续保持任何具有竞争力的活动、战略、最佳实践、媒体关系，以及其他与企业竞争能力或竞争优势有关的明智性行为。

您不能管理您无法测量的事情

举世闻名的作家、管理咨询大师、大学教授彼得·德鲁克曾说过："如果您不能测量它，您就不能管理它。"无论您是否在设法采取更多的管理举措来开始您转型改革的征程，或只是去管理您的运营部门，能够测量到您的运营绩效这一点都是很重要的。在我们进入需求绩效结构的流程之前，我认为，应该先思考供应链管理中，要测量些什么才是重要的，这样我们才能有效地将运营及转型改革的理念转换成实在的组织财务绩效（我有意不去探讨需求创造结构的测量和度量问题。我愿意把这些留给我的同事去深入思考，即劳拉·帕特森，在Visionedge公司营销部上班的那位）。

谈到同事，之前我提到过第一次碰到凯特·维塔赛克的事情，她是供应链愿景公司的创办者，那是一家管理咨询公司。当她还在田纳西大学做一名研究生时，现在密苏里大学任教的雷·芒迪教授，已经开发出了我认为是学术圈中最好的"高管导师"项目。这里有两点理由让我提及此事。第一，我想要先让大家熟悉一下，在考核绩效管理模型时我将展开讨论的，关于供应链愿景的贡献及合作问题。第二，希望更多的学生和学术圈能读到这些知识，进而开发出更多的相关类型，比如说芒迪模型。

"高管导师"类别的模型如下。

田纳西大学的"高管导师"类别是一个正式的三元模型。雷·芒迪博士邀请了一位与众不同的执行官每周住在学校两三天。芒迪会任命好几个学生，让他们去研究那周来造访的执行官，或者他（她）的企业。在执行官被安排周四上课之前的周二，这些学生会出示他们对执行官所在企业及营销的发现和分析结果。

另外几名学生将会被任命在周三去机场给执行官接风，并将其带回酒店中。他们也会在第二天早晨为执行官准备早餐，这会为学生们向执行官提出些问题，并为讨论感兴趣话题提供一些时间。

在周三晚上，芒迪会为执行官安排招待晚宴，并有三四个其他同事一起，大家会谈论并探讨当前及将来的行业走势。

在周四，用完早餐之后，执行官会传过来一份课堂演讲稿，包括提问与回答环节。午餐时，班级会主持一场私人化的正式午宴，跟其他团队的学生和教师们，做进一步的开放式讨论。

在午餐之后，我们将返回到办公室，选出五六名学生再做一场关起门来的、"毫无约束"的谈论。全过程都没有教师参与，学生们畅所欲言，能问与执行官职业生涯或行业相关的任何问题、任何话题。

在那天快结束时，原来委派迎接执行官的那些学生，会再把执行官送到机场。

然后，学生们要递交一份报告，总结关于他们与执行官在一起的这段独特经历，以及他们从演讲中和跟执行官相处中学到的东西。这些报告会被老师们阅读并打分。在我个人的有限经验里，跟我很多年被邀请过的、许多正式的"高管导师"项目不一样的是，田纳西的项目可能是最佳的实践和学习形式，无论是对学生还是执行官而言。

所以，作为我在供应链管理专业协会工作内容的一部分，我与维塔赛克公司、供应链愿景企业，尤其是跟迈克·莱迪亚德先生，即凯特·维塔赛克的一位高级咨询顾问，一起开办了一个绩效管理研讨班。实际上当莱迪亚德在供应链咨询公司时，已经与人合著了一本关于供应链绩效测量的物流管理协会（现在是供应链管理专业协会）用书。在开发研讨班的课程时，我真的喜欢其中一张关于供应链愿景的幻灯片，即"建造起成功的绩效管理的磐石"。

在明白了绩效测量和度量是供应链改革的一项关键组成部分之后，尤其是当其与需求绩效结构联合起来，并获得了执行官及财务管理部门的信任后，为了本书的写作目的，我决定调整这幅"建造起成功的绩效管理的磐石"图。很显然地，对于这张图，我有自己切入主题的方式，而且在我的供应链运营参照模型及技术背景下，我感觉需要开发出一种简单的方法，来交流为什么转型改革对企业利润的增长是关键的。如果您打算成为"先进城邦"里一名居民的话，您将不得不找到一个空间来赖以生存。

根据"建造起成功的绩效管理的磐石"图，我将其调整并发展成为"卓越之房"，如图7-2所示，您可以将它用到您的团队中，以在商业框架下缔造出一个绩效管理运营系统。这本书的大部分内容，正是关于如何改革您的组织，以建立起"卓越之房"作为您在"先进城邦"居住地的。

当我们在开发供应链运营参照模型时，我们想要建立起一组有实践者支持的，在行业之内任何人都能获得的符合行业标准的绩效度量指标。我们想要有能力的技术提供者，来将这些度量指标融入所提供的供给品中。事实上，甲骨文（Oracle）和SAP两家公司都使用供应链运营参照模型，来作为它们应用平台中绩效管理职能的基础。所以，为什么要白费力气做重复性的工作呢？

然而，通往转型改革之路的钥匙，不仅仅只是一些度量指标这么简单。在供应链运营参照模型中，有超过550个度量指标。这把钥匙还包括，要找出其中哪一个指标能生效，以及您要如何做才能让它们生效。这也就是说，您"卓越之房"的根基，应该是与您的企业战略相一致的绩效管理体系。我相信您不会想让550个度量指标全部都生效的。那样可能会让您和您的组织发疯。保持您的绩效管理运营系统与企业的商业战略执行相一致，将使您有能力选择和实施那些您能获得成功的度量指标。

在过去几章里，我们已经谈论过商业战略的问题。如果您的战略是基于总成本最低的销量增长策略的话，沃尔玛是个不错的例子。您的度量指标会集中在资产管理的绩效属性，以及成本缩减流程上，比如最高水平上的供应链管理总成本情况。您将会测量供应链模块的成本，包括下一水平的供应链成本，比如计划、外包、制造、配送以及返还的成本情况等。那时，您还将进一步分解这些度量指标，到具体模块甚至元素的细分层面上。为了实现您的战略，成本是关键的考量要素，故相应地应与您的绩效度量指标相一致。您将在较高水平上，为其他的绩效属性开发出流程模块的度量指标，但是您可能不会投入太深。度量指标驱动了行为，并且在企业的商业战略框架下，您想要您的绩效测量与供应链行为保持一致。

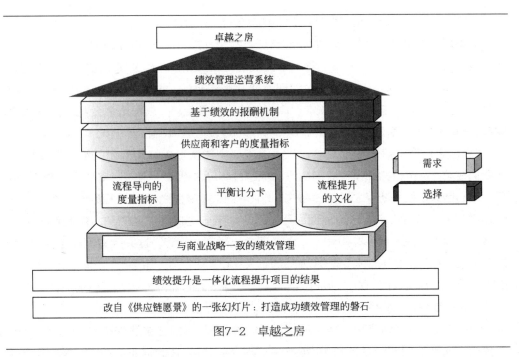

图7-2 卓越之房

我记得,曾经有一位物流主管客户是一名优秀的战略家;他非常以客户为中心,也是一个长期战略的思想家。他以做正确的事情为基础,不断地改革供应链组织。然而,该企业的首席执行官关注的是短期利润增长,以及如何以最低的成本来推动收益包络线的外扩。他是一位临时周转来的执行官,致力于财务的稳定性和商业增长率。记得那句话吗,如果您不能发货,您就不能开账单。物流战略与商业战略出现了不一致……而对我的伙伴来说,就到了该换工作的时候了。在工作汇报时,物流主管的思路陷入了一片混乱中,不过从长远看,那是发生在他身上的最好的事情。他与首席执行官两人都是对的……错在他们两人的战略不一致。并且,首席执行官胜过了物流主管。对于这位客户需求导向型风格的、在行业里当总经理已经很多年的物流主管来说,那是发生在他身上的最好的事情。

如果您的战略是通过提供优质的客户服务来获得利润增长的话,另外有一个与供应链战略相一致的案例,就是内曼·马库斯(Neiman Marcus)公司。您可能认为成本是一项重要的度量指标,但是您的关注焦点和绩效策略,将更多地被可靠性及责任等属性的度量指标所驱动。完美订单履行率将是一个关键的度量指标——百分百的客户满意度,百分百的时间准确率。您可能会围绕循环周期及现货执行率来设置您的战略。您将从第一类型水平的角度来将可靠性和响应性作为度量指标,并经过第二类别水平和第三元素水平,可能甚至要考虑到行为及工作流水平。

根据供应链协会(以及大多数团体)的定义,供应链绩效的属性有:

可靠性——我能在多大程度上满足客户的期望?

响应性——要花费多少时间来满足客户的期望?

灵敏度——我能多迅速地按比例增加或减少?

成本——运营我的供应链需要花费多少钱?

资产管理——对我来说运营我的供应链需要什么资本？

如果您根据这些属性设置绩效管理目标及测量标准，以与商业战略相一致（需求绩效结构）的话，那么我认为高级管理不会成为问题。并且，通过展示您的供应链战略，让公司理解您正在通过驱动绩效来实现商业战略和目标，谁又会来为之争论呢？为您"卓越之房"的改革打下根基，以实现商业战略、财务目标，以及董事会／执行官的管理期望，是获取管理层承诺及卓越的、可持续的沟通及进度监控的第一步。

"卓越之房"的第一根顶梁柱，是以流程导向的度量指标作为您的绩效考核根据。如我们在第4章讨论的那样，流程执行的优越性驱动了结果。您知道审计员的概念内涵吗？他们就像是战争结束之后冒出来的、专门杀死伤员的那拨人。流程导向的度量指标，比如说完美订单履行率、订单周期时间、客户承诺到达日的配送情况、包装周期时间、上游产品柔性、完工品库存周转率，以及现金流循环时间等，这些因素驱动了行为；行为又驱动了结果。伟大的质量管理导师约瑟夫·M. 朱兰说："传统的目标设定是基于过去的绩效，这种实践操作方式有让过去的罪恶永存下去的趋势。"将焦点集中在与战略相一致的流程绩效上，将使得度量指标流动起来，并与结果的实现相关。

使用供应链运营参照模型度量作为您的发展根基，能够加快您征程的速度。为什么我一直谈及供应链运营参照模型呢？因为它是一项公开的行业标准，经常在市场上被实践者们评论和验证；又因为它是用户友好型的，采取电子格式，也更容易被使用和搜索。不过，我也将向你们介绍一些别的行业标准，比如供应链管理专业协会的流程标准❶，以及美国生产力与质量中心在放松标杆管理方面的公开标准研究数据库，这些我们会在第9章探讨。无论您选择什么，使用行业标准的资源和标杆，都能加速您的改革成长与征程。它们真的让人很难抗拒，并且，将这些行业标准卖给高级经理们，也更容易做到些。

"卓越之房"的第二根顶梁柱是一张开发出来的平衡计分卡。罗伯特·S. 卡普兰与大卫·P. 诺顿曾写过一本书，名字就是《平衡计分卡是如何将公司战略转化为实践行为的》❷。随着您开发并组织您的度量指标，您应该规定出您计分卡的最低限度，包括内部与外部的度量指标，正如图7-3所示，它也是一个很棒的例子，对于供应链运营参照模型的第一级度量指标是如何与供应链绩效的属性相一致的问题，做出了完美的诠释。

外部的或者说面向客户的度量指标，将会属于那些能测量可靠性、响应性，以及敏捷性等属性的指标。内部商业流程层面的度量指标及观点，将会从成本及资产管理两方面进行绩效测量。从卡普兰及诺顿的观点来看，我们也需要一个尺寸标准，以追踪来自于我们流程绩效的财务结果。并且，非常重要的一点是，我们也想要该尺寸标准能够兼顾到创新、学习以及增长等因素的影响和贡献，这些在第9章将会有更多的主题来探讨。

"卓越之房"的第三根顶梁柱是创造一种流程提升的文化，即自我实现，很大程度上这也是本书的目标。但是您的文化需要一所房子来寄居。因为转型改革是一个征程，您需要那些在征程中经历及学到的东西来装饰和完善这所房子。当您在展示给上级经

---

❶ Information about CSCMP's Process Standards can be found at www.cscmp.org. Information about APQC's Process Classfication Frameworks and Open Standards Research can be found at www.apqc.org.

❷ Kaplan, Robert S., and David P. Norton, The Balanced Scorecard: Translating Strategy into Action, Boston:;Harvard Business School Press,1996.

理团队、合作伙伴、其他需求管理结构下的同事、客户及供应商时，它也是一项沟通的工具。"卓越之房"是能够驱动绩效增长的供应链运营系统。之所以我在这里谈论它，是因为它必须与商业战略和企业的整体绩效目标相一致，就像在需求绩效结构里设定好的那样。

在绩效测量的会话窗里，自我实现的驱动力及流程提升的文化，是流程导向及系统化思考的理念。如我们在第4章讨论的那样，当您关注流程时，您通常会将人们带到方程式外面去。员工负责执行流程，但是度量指标是流程的度量指标，而非员工的度量指标。流程度量指标通常是跨部门的，同时也需要彼此合作。流程绩效的度量指标应该是可见的，成功值得被庆祝。带些比萨和啤酒来热闹一下吧！

供应链运营参照模型的标准战略性的（第一级）度量指标		
	属性	度量指标（战略性的）
客户	可靠性	完美订单履行
	响应性	订单履行周期时间
	灵敏度	供应链柔性
		供应链适应性
内部	成本	供应链管理成本
		售卖商品的成本
	资产	现金周转时间
		供应链固定资产回报率
		运营资本回报率
适应性和柔性度量指标的上下波动		

图7-3 供应链运营参照模型的平衡计分卡

一旦您的"卓越之房"变得井然有序，您应该有选择地拓展您的流程概念与度量指标，将供应商和客户都囊括在内。随着您开始与客户和供应商展开协同合作，您也将如我们在第6章讨论的那样，将您的流程映射进客户和供应商的流程中。就像要明确管理流程之门和关键触发点的责任一样，您和合作伙伴们也将在合作的基础上，定义出与流程相关的绩效属性。那时您能确立起需要的流程度量指标，以跨越那些边界来成功执行。

"卓越之房"里的第二个选择是，以绩效为基础的报酬机制。我一直是一名"根据绩效确定报酬机制"观点的支持者。我的一位在宝来公司的同事，迈克·派杰寇斯克曾经说过："金钱发了话，销售单才走起来"。金钱作为一项奖赏权，一直是一个发动机。此外，我的另一位同事，戴夫·斯姆百瑞在IMI公司工作时，实施了一项报酬计划，其中包括的一项内容是员工的一部分收入直接与公司的收益挂钩。甚至行政助理和传达员都能每月收到由此产生的一定比例的收入。所以，当您给IMI公司打电话时，您能感受到在其他任何地方都得不到的、最温暖的问候、最专业的处理您电话的方式。

另外，以绩效为基础的报酬并不适合于每个人。报酬的标准必须被清晰地界定出来，并做好多方沟通。如果您有一个工会组织的话，这将会很难，但是它确实可以被很好地界定出来。

很清晰的一点是，您的绩效管理系统的成功运营与否，将受您在改革征程中的领导力所驱动。彼得·德鲁克说过："管理是把事情做正确；领导力是做正确的事。"记着这句名言，以及他的另一句"您不能管理您无法测量的事情"名句吧，且您的绩效管理系统将驱动您的运营，以建造一个以价值为基础的、任何高层经理都会支持的、可持续的"卓越之房"。但那只是获取高层管理支持的一部分流程而已。在开始探讨获取高层管理者承诺的其他驱动力之前，让我们先一起看看构成需求绩效结构的流程吧。

驱动需求绩效结构的流程类型

让我们来看看图7-4中的需求绩效结构流程的类型吧。在第4章中，您知道了需求绩效结构有主要六项流程类型。对所有的需求管理结构来说，计划是普遍存在的。您必须计划价值链，并输入财务计划，以作为一体化商业计划流程的一部分。并且，您必须计划每一种流程的模块、投资、策略、价值等，也包括计划资金和计划的投资回报率。需求绩效结构的整体目标是利润率的增长，同时为企业创造不断增长的股东价值。

记得本章开篇我讲过的那个故事，关于如何提出您的资金请求的吗？投资流程类型是典型的故事结束的地方。"子类别"，资金是它的全部内容。这个讨论会较少地探讨需求绩效流程的类别和元素，更多的是讨论核心类型的问题，以及您将怎样整合和利用它们，以获得高层管理者的承诺。

关于资金的最重要的一点是，对很多企业来说它是稀缺资源，要非常有竞争力才能得到，并且有好几种不同的资金来源都能被利用。在我的第一个例子里，任何时候将任何资产转化成现金，您都是在释放出运营资金。供应链能够成为一个印钞机。乔·弗朗西斯先生，他以前曾领导过一些逆向供应链运营参照模型的记录方案，那时候他还在康柏电脑公司及惠普公司工作，现在已经成为了供应链协会的执行理事，他用了一个我所听说过的关于供应链资金机会的最棒的隐喻。

他喜欢发问："为什么我们应该关注到供应链上？"然后引用了一位著名的银行抢劫犯斯利克·威利的话，"当斯利克·威利被问到为什么去抢银行时，"乔说道，"威利回应道说'因为钱在那里'。"

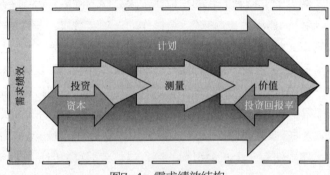

图7-4　需求绩效结构

供应链是存放钱的地方，并且，如我们将看到的那样，释放供应链中的运营资本通常比降低成本更容易实现。像我故事所阐明的那样，它是获取高层管理支持的一个主要杠杆……您在为自己的项目筹资。您在操作企业的现金，并且仅仅要求其中的一小部分来做这件事。我经手和观察过的大多数运营资本项目，比如像会议上做过的案例研究，都能保证投资回报率，并且以同等量的时间去实施它们，这实际上并没有什么风险。如果您想痛下决心去实施一个转型改革方案的话，从原材料、在制品，或者完工品库存，尤其是"移动缓慢而且老旧"的库存（slob, slow moving, obsolete or excess）等开始吧。您将发现，几乎总是能做到百分之十到百分之三十的库存成本降低，或者会带来运营资金的释放。

什么让首席执行官和首席财务官彻夜难眠？

这本书一直很少从资金层面展开探讨，现在会逐步进入这个话题了，我觉得正因为如此，我才能指出一些让首席执行官和首席财务官彻夜难眠的、需求绩效结构里的潜在问题和原因。您可能在想，现在我将从资金这块开始展开话题了。错了！让您的执行官彻夜难眠的一件事情是对意外的恐惧。执行官们喜欢可预测性和连续性……财务喜欢所有事情都按月或按季度理清，首席执行官则把他的工作按季度加进指导栏里。好的或坏的意外，都会受到华尔街的惩罚。所以，毫无疑问地，如果您在一个上市的贸易公司里，意外是不受欢迎的。它也是运营部门人员最难理解的概念之一，因为我们的生活充满了意外。计划总是出错。它在用牛鞭鞭打着我们，而我们永远不知道明天会发生什么。展示出您的计划，并将其作为获取您运营里更多的可视性、可预测性，以及可持续性等的一种手段，如此就会被很好地接收。

所以，回到资金这个问题上来，它是投资流程类型的开始。资金的进入和拨款问题，在上市公司和私营企业均是必然的隐性障碍因素。资金是企业运营的燃料。没有它，没有每年创造回报以提升资金的能力的话，企业最终将耗尽燃料。一般来说，将有一个投资的流程类型来进行财富的管理。除却产生利润和释放运营资本之外，投资流程负责管理企业的资本及现金，用来产生来自于现金管理的资本，及企业流动资金带来的投资。一些案例会利用企业在货币市场、投资、汇率、债券交易等上的现金头寸去实施。这实际上与运营不太相关，但是知道他们不只在那里要嘴皮子，感觉上会好一些。

每年到一定时候，执行委员会委派财务部门开发出一项资本需求计划。投资流程类型与之具有很高的相关度。像我在第3章提及的汽车工程师的例子一样，很多企业里的资金拨款流程非常复杂。更重要的是，它也会是有政治色彩的、带情绪的，如我在本章提过的开篇故事一样。您将不得不对一切做出判断。并且十之有九，您将不得不被财务部门所评判……基于很多现有工具，比如内部盈利率、净现值、经济附加值、经济利润、投资回报率、风险调整后的资本收益率，以及/或者其他各种方法等。

您知道麻省理工学院的斯隆商学院与巴黎圣母院的门多萨商学院，它们之间的区别是什么吗？在巴黎圣母院，如果您在商业计划竞赛中获胜，您会拿到一个Ａ。在麻省理工学院，如果您在商业计划竞赛中获胜，您能拿到4亿的风险投资资金。

在资金拨款上的竞争，并不是导致很多企业间差异的全部。资金拨款诉求的竞争是非常激烈的，而资金来源很少。您不得不对流程，及您公司里资金诉求获胜的关键驱动力是什么，有一个真正的理解认识。这并不总是最佳方案，并且多半情况下，也不仅只是为了资金的未来收益。记得本章开始时，首席执行官对我抛出来的方案的第一反应吗？"什么时候？"他甚至没有问过怎么做！

制订资本投资计划，是为了支持企业实现该计划而制定的商业目标和战略。并且那意味着首席执行官的目标及预算。您需要考虑的关键术语是投资。翻开您的词汇表，找出"花费"一词，用"投资"替代之吧。您再也不会花费企业的钱；您是在投资它。从现在开始向前看，您将投资您的商业愿景、战略、战术、流程，以及人力资源，以创造出与企业商业战略相一致的价值。您的想法应该是问问自己：为什么首席执行官和首席财务官会投资给"这些"的？"这些"是指任何您用来向企业申请资金的东西。如果您使用组织里的共同商业战略中的投资术语来谈的话，您就可能获得谈判中的一席座位。

您开始看到需求绩效结构如何工作了吗？在企业的战略导向下，一切事情都是投资。关于投资流程类别及元素，每家企业都会有稍稍的不同。就像对需求创造结构一样，虽然我真的喜欢做投资、测量以及价值等方面的工作，但我仍选择将把它留给财务人员去开发相关的运营参考模型。

谈到测量，它是我为需求绩效结构设想出来的第二个流程类型，整体上来说，它由那些测量需求管理结构或企业绩效的流程类别及元素组成。测量创造并维系了企业所有的财务记录。从功能上来说，这些流程将支持商业会计的日常管理工作，包括一般的账簿/财务、应付账款、应收账款、发票以及采购订单管理等。

由于需求创造和需求实现结构对这些财务记录负有很大部分的责任，故弄懂这些是很重要的。虽然测量流程记录了绩效，在需求实现框架下，供应链的绩效是可以被计算出来的。您还记得图2-2转型改革的终极目标吗？供应链的主动权将对损益表和资产负债表有显著影响……也包括企业的财务健康问题。与测量流程管理团队一起紧密地工作，将为未来与管理部门沟通您的投资计划提供深刻的洞见，并且不仅能获得执行官的支持，更包括财务团队对您主动投资计划的支持。获得财务团队对您的主动投资计划支持，这种重要性是不能被低估的。他们能使得您或者您团队生活得更好或者更差。

第三种流程类型是价值。我也曾考虑过称这个流程类型为回收，但最终还是定为价值。价值流程是由管理企业财富创造的流程类型及元素所构成的。价值是一种我也会视为财富管理的流程类型，举例来说，从供应链的运营视角来看，价值流程是出现在那种地方，即我能看见信息基础的流程类别及元素、人力资源的流程类别及元素，以及可能的风险管理，包括共同安全问题等。管理价值及跨职能的财富创造，应该包括共同的社会责任、共同品牌、法律、信息技术，以及人力资源等非财务性的财富创造流程。又一次地，我不打算假装完全清楚这些流程会被怎么绘制出来；然而，如果还没有的话，我真的确信，供应链将会被称之为这些流程类别中企业绩效的主要贡献者。

我把投资回报率作为一种子类型，来支持价值流程的运营观。从运营观来看，供应链对创造和提高投资回报率的影响，是与价值流程的主要交合点，而这将是接下来的讨论重点，即如何为您的主动投资计划争取到高层的管理支持。

运营绩效是如何影响损益表和资产负债表，以驱动投资回报率的？

关于配送，我学到的第一课是关于宝来公司商业生产线的训练计划问题，它是密歇根州立大学的教员们开发出来的，由唐·泰勒和乔治·维格海姆两位博士推广开来。它是我与密歇根州立大学长期合作关系的开始。我经常开玩笑说，虽然我从巴黎圣母院拿到了学士和硕士学位，但我在密歇根州立大学的课堂上度过了更多的时间。

从那堂课里学到的第二项最重要的能化为己用的收获是，唐·泰勒和乔治·维格海姆两位博士给出的财务测量模型（如图7-5所示）。非常有趣的是，他们从来没有谈到说，这模型就是杜邦公司的财务分析模型，如此大家会更熟悉一些的。不去考虑模型的起源或演化置换过程了，在很多年里我已经使用过它，用它最简单的形式，基于运营对已动用资本回报率（Return On Capital Employed）或投资回报率的影响，将提高运营绩效的好处转化成财务绩效的提升，当然这又依赖于您对"财务"的定义是什么。

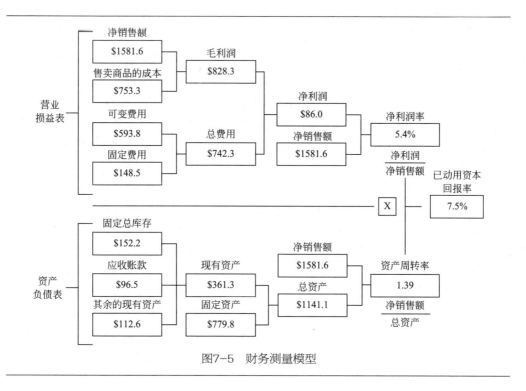

图7-5 财务测量模型

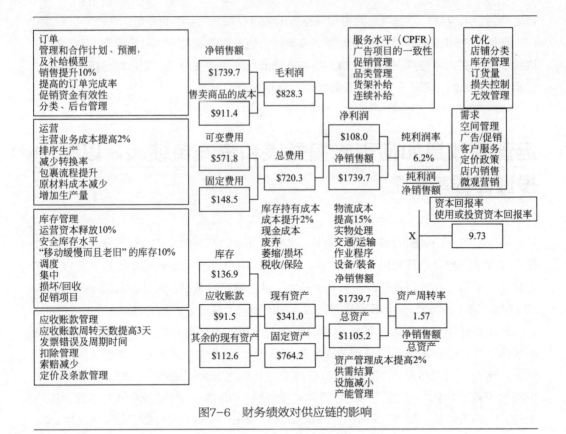

图7-6 财务绩效对供应链的影响

在第2章里我捎带提及过供应链运营的财务影响（见图2-2）。然而，图7-6又将其带到了更为详细的层面上，在这个层面上，我们能对特殊的流程及最佳实践，与其对财务测量指标间的相关性展开分析。当您看待这些影响时，不应该仅仅是从成本的角度来思考，即使成本是我们所要做的一大部分测量内容，也不应该是。并且，我希望您已经把"花费"一词从您的词汇表里清除掉了。我们不花费；我们投资❶。

通常情况下，运营经理不认为他们是收益的生产者。他们认为收益是销售部创造的。这种想法是错误的。当运营部门把订单发出去并开发票时，销售才被转化成收益，而不是在接受到订单时。运营部门对收益负全责。并且，更重要的是，如果您及您的执行官们不这样想的话，请把我这本书人手一册送给他们吧。不是从销售中带走任何东西，但是如果Lenny不能把销售的商品装上卡车的话，企业就会损失掉收益。那是从企业钱袋子里拿出来的钱啊。很多客户都会采取的一种策略是"您不能发货，我就不下单"。这意味着如果某个订单不能被履行的话，就会把它从订单里除去。您可能会想，这只是延迟的收益，因为客户的下个订单会把它加进来的，但是这个月或这个季度的收益数字将会受损了。如果客户允许延期交货的话，您会由于处理延迟订单而引发了附加的运输和处

---

❶ 顺便说一下，为了验证模型的有效性，我在底特律的博世汽车公司为一群供应链相关人士做了一次演讲，并把图7-6放到了屏幕上。"嘿，那是比克斯·库伯教授（任职于密歇根州立大学）的幻灯片！"其中一位经理人嚷道。我以前在健康与私人护理配送会议上曾经演示过这张幻灯片，那次会议是唐·鲍尔索克斯、比克斯·库伯为教育项目而组织，在朗博特私人俱乐部里举办的。比克斯当时问我是否他可以使用这张幻灯片。我猜他这么做了。所以，把这件事情给他们解释清楚后，博世汽车公司的这群人在剩下时间里，真的把这场演讲用心听进去了。

理成本,从而带来利润上的减少。

记得在宝来公司时,我为威斯康星州一家美容美发店指导系统审计上的问题。他们保证为全部的延迟订单商品免费送货,而且一收到货他们就会把它送出去……通常每个订单里有5～10个商品。他们延迟送货的成本超出了订单收益的百分之二十。他们损失了不少钱。那是第一次我使用财务测量模型。我展示给店主超过百分百的已动用资本回报率的增长。最后,我们拿下了这家店的订单。您也可以的。

基于当前的订单完成率和预测准确性,采取有效的订单管理,并执行协同计划、预测,以及补货(CPFR)技术等,能将收益提高约百分之十。在图1-3中,我曾展现过了完美订单的美国生产力与质量中心标杆管理。除非您已经居住在"先进城邦"里,否则在很多行业里,您很容易有一个百分之十的提高机会。并且,在图7-7中,我们特别来看一下订单完成率吧,如果您居住在"落后城邦",您有大约百分之十的收益还没有实现。就像那场关于免费拿现金的对话能获取执行官们的注意,并得到转型改革的管理层支持一样,提高收益曲线的顶点,也是一个关注点。更不用说创造收益数字本身就是华尔街喜欢听到的,也是下次董事会上喜欢被听到的。

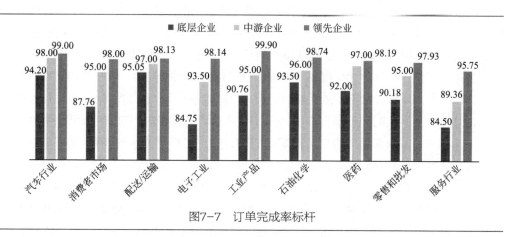

图7-7 订单完成率标杆

经过美国生产力与质量中心同意方进行重印。选录自美国生产力与质量中心公开的标准调查研究资料
版权来自于2012年美国生产力与质量中心;保留一切权利

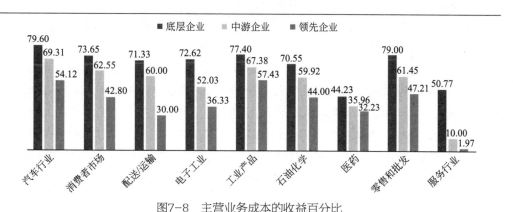

图7-8 主营业务成本的收益百分比

经过美国生产力与质量中心同意方进行重印。选录自美国生产力与质量中心公开的标准调查研究资料
版权来自于2012年美国生产力与质量中心保留一切权利

作为一项最佳实践，实施CPFR模型会带来好几个好处。首先，任何预测准确性上的提高都会带来运营的提升。在几年前的一次年度供应链执行会议上，"先进制造研究中心"研究所（高德纳公司）的报告指出，需求预测做得更好一点的企业，其订单履行率也能获得17%的增长，库存降低15%，以及35%的更短的现金循环时间。如我们已经看到的那样，合作会带来预测准确性的提升。其次，尤其是如果您足够幸运，能参与制订共同计划的话，CPFR模型也将降低零售商货架空间的空置问题，提供给您更有效地管理促销的机会，提高您的产品类别和空间分配。不管处于什么行业，合作都能把您带到优先的或战略性供应商的地位上，并且您财务绩效的提高将是显著的。最关键的收获是，您谈论的是如何让收益曲线顶点进一步上升，及利润的拓展问题，而非单纯的成本降低。成本降低是您的工作；收益和利润的提升是您的战略性投资。

当谈及成本时，我喜欢谈论成本的提高或优化问题。举例来说，运营能提高所售商品成本绩效的2%。我们的流程提高战略是更好的决策支持工具，能优化产品的序列，降低转换时间及成本。现在的电子制表软件限制了我们的能力，这导致了更低的产出率和更高的原材料成本。通过投资进这个战略，我们将获得毛利润2%的额外扩张。如图7-8所示，从收益百分比来看，在所售产品的成本上，"先进城邦"居民享受了超过"落后城邦"居民50%的优势。投资该战略将不仅提高我们的毛利润，也更能提高我们的竞争优势和免费现金流。

在图7-6的例子中，我假设能从资产负债表里释放营运资本里10%的库存。其中的一部分来自于生产顺序的优化提高；然而，通过提高预测准确性，以及对周期库存、安全库存，以及波峰库存水平等的定期再计算，能降低移动缓慢、障碍物以及过量库存等水平，并将对更有效的完工品库存的进一步有效管理有所帮助。CPFR模型和事件驱动型的预测模式，能对促销建设实施更好的管理，并在"基于位置的库存单位"（SKUL）方面能一并大幅提升我们的需求量。提高基于位置的库存预测水平，将使得前向库存的配置更有效，并对用来平衡库存配置的，位于不同仓库之间或从其他仓库临时借调发货出来的，这两种情形下的转移库存提供可视性。实现10%的成本降低是一个非常保守的数字。在我的经历里，以及基于美国生产力与质量中心对完工品、在制品库存，以及原材料等的行业标杆研究中可以得到数据，最佳实践库存管理能释放出运营资本里25%~30%的库存，就像我在本章开篇举出的例子一样。

如果我们从库存中释放出了运营资本，那么我们提高库存持有成本的提议，就能站得住脚了。在图7-6的例子中，我假设了一个库存持有成本2%的提高。因为您必须还要考虑现金、税收、保险、折旧记录，以及损坏等成本因素。就像一名仓库经理从前问过我的，当我在投资回报率的假设里实现一个巨大的成本空间压缩时，"您打算做什么呢？拆除我仓库20%的面积吗？无论我是否使用它，我都为它花了钱。"空间成本是狡猾的。另外，当我为西蒙兄弟公司安装好库存管理系统时，一个印第安纳州南本德市（是的，跟前面说的是同一家）的社会公共食品配送商，我们能提高他们的冷冻食品周转率，足够让他们避免多花一百多万美金的冷冻食品仓库扩张费用。它为这个系统付了费。去拿下订单吧，您也可以做到的。

我们别忘了，如果提高我们的订单完成率，并提高服务和周期时间的话，我们也将加快我们开发票的周期。假定订单周期时间缩短了三天，且伴随着账单更少或者零出错的情形，以及更少的交割线或缺货订单扣除情形，那么在开发票时间上至少提前了3天（我们通常开发票和发货日是同一天），如此就可以压缩我的应收账款周转天数。客户行为是习惯性的，当到了支付时间时，如果他们提前三天收到账单，他们就将提前三天支付，您的应收账款周转天数也就提前了三天，这最终将影响到应收账款资产负债表的绩效。美国生产力与质量中心的标杆研究显示，在应收账款周转天数上，"先进城邦"超出"落后城邦"20～30天的优势。返回去查一下第6章的图6-2关于现金循环时间的那张图吧。那应该让执行官注意到这一点，并对转型改革提供支持。

在我们进行资产绩效的提升期间，我假定产能利用率、供需平衡的能力等方面有2%的提高，这样使得资产分配能够提高，资金耗费开始减缓，设施更为合理化，利用更多的第三方服务来提高供应链上下游的灵活性。这种从压缩成本到聚焦于价值创造的思维转换模式，真的能获得执行官的注意及回应。

同时，您注意到了吗，我们甚至没有在我的小小模型里考虑进物流的因素。除非您是"先进城邦"的居民，否则您的物流提升潜力有15%甚至更多。我在大多数企业所见过的最大的提升潜力是在运输管理中。它也可能是您的最大花费。很多年里，在看到过各种各样的运输系统演化形态之后，现实生活中，仍然只有少之又少的企业来建模并模拟供应网络的变化，这一点从来没有让我停止吃惊过。在单独利用第三方服务来进行长途运输，整车装载，或者是集并货物的铁路／综合运输，或第三方物流企业的交叉转运点等，这些方面的机会是无限的。在第9章里，我会给出一种方法对外包进行评估；采取这种方法实施外包的那些企业，享受到了物流成本的显著提高。使用网络模拟和设计工具，这会让您在运营研究领域里不必是一个博士级人物就能确立起人力无法建造起的优化计划。

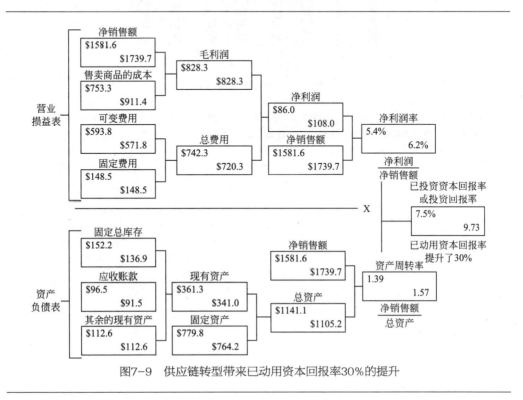

图7-9　供应链转型带来已动用资本回报率30%的提升

对预测准确性、订单准确性、库存管理、生产和采购间的更紧密合作和协同，以及流程约束因素可视性等方面的提升，将提高整体的实物处理效率及成本。客户及供应商的合作将提高运输利用率和成本，同时，协同好他们的订单周期将提高订单满足率、周期时间、可预测性以及包装等。开发并将运营流程及程序形成文件，将赋予员工更多的权力，并刺激了各方面的提升。转型改革您的运营体系，使其变得更为客户驱动型和需求响应型，将会如图7-9所示，在绩效的前后，对已动用资本回报率产生显著的提高效果。基于实际行业标杆的假设是非常保守的，在我的经验里，在很多企业中，是可以做到把指针向前推的。

所以，这就是它了。如果您能展示给他们一个与企业战略相一致的供应链改革战略，能将财务绩效和企业整体健康提升30%甚至更多（图7-10展示了美国生产力与质量中心的投资回报率标杆研究），通过释放运营资本并提高免费现金流来进行自我投资，并提供可持续提高的根基的话，您认为您能获得管理层的注意和支持吗？您认为他们将加入您的"卓越之房"吗？虽然您这样想，让我们看看第8章里供应链改革的技术这一面吧，并且我将在第9章回答这个问题。

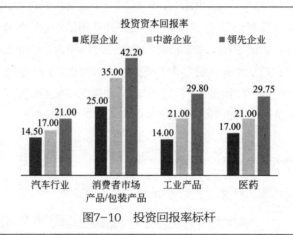

图7-10 投资回报率标杆

经过美国生产力与质量中心同意方进行重印。选录自美国生产力与质量中心公开的标准调查研究资料
版权来自于2012年美国生产力与质量中心；保留一切权利

第8章
技术驱动了变革的浪潮

我最早出版的一篇文章,是发表在1987年3月ICP出版社的,杂志名为《商业软件评论》,文章题名为《经销商的信息系统》。从那时起,关于信息技术,我以供应链管理为主题撰写过的文章,多过其他任何主题。我本章的意图,不是要把我已经发表过的开发企业系统架构的文章给照搬过来。我的意图是,这章将讨论信息技术,以及一般意义上的技术,为什么对您的商业和供应链改革是至关重要的。我将跟您分享一些我眼看着市场上涌现起来的、并对您商业产生影响的、新出现的技术。我将分析这些技术会如何影响运营,以及为什么信息技术与商业运营间的合作对实现回报的最大化是势在必行的。

如果说变革是不可避免的,那么没有什么地方比在技术领域看的更为明显。在我的整个职业生涯里,我已经看到过的技术领域的变革,多过任何其他行业。我在宝来公司里参与第一个系统课程的那段时光,让我至今记忆犹新。那时候,B7800是我们最大的主机电脑,可以与任何的商业计算机能力相匹敌。其中一位产品经理拉里·托马斯,在课堂上展现了宝来公司将要进入的方向。在他的激情演讲中,他在面前的书桌上放了一个类似公文包的东西,然后问全班同学:"你们知道这是什么吗?你们能猜猜吗?它是一个B7800!它就是未来!"它已经变成了未来并将继续成为未来。那个B7800现在就在我的口袋里。

记得阿尔文·托夫勒吗?写《第三次浪潮》的那位作家吗?他提出说,我们正处在一个回到20世纪80年代的信息时代里。好吧,我不是一个人类学家,但是我认为信息时代正在飞速进化着。有一些第三次浪潮的"续集"将出现,并且迄今为止,就我所关注的而言,我们正在与变革的波浪拍打嬉戏着。然而,我的确认为,如果说如今不是已经进入一个动态的、改变全球市场的互联性时代的话,我们也正在进入。这个时代有着信息技术的各项优点,及渗透到全球各个角落的无线网络技术(您还记得无线还是嗡嗡声的那个时候吗?)和数不完的大批便携设备(难道您更喜欢使用老旧的台式设备吗?)。我们正处在一个总是在线总是联系着的时代,就像我在第1章里已经讨论的那样。这是一个已经发生变化了的政府和社会。改天我再谈这个话题。不管怎样,在我的经验里,领袖企业正以比它们竞争对手更快的速度来寻找、试点,并采用技术来支持最佳实践。像我们已经看到的那样,这意味着更低的成本,更高的利润,不断增长的收益,以及市场上持续的竞争优势。技术弥漫在"卓越之房"里。在这个交互链接的时代里,您准备好展开敏捷的供应链网络管理了吗?

技术发展历程纵览

由于过去三十年间一直处于技术发展的"最前沿",我已深知技术不会以破坏性的形态出现。通常会有好几种聚合性技术来引起扰动,或者被叫做"游戏变革者"。看看RFID(射频识别技术)就知道了。很多大肆的宣传,大型的风险投资,现在已经非常安静了。为什么呢?因为支持这些投资的基础设施不到位,并且该基础设施的高昂成本限制了它的广泛采纳率。有点耐心吧,射频识别技术的从业者们;你们的日子即将到来。它只是要成为更大的扰动因素的一部分而已。早些时候我提出过直接配送和家庭购物模式。它们真的失败了吗？没有，它们只是改变了。大肆宣传直接配送模式的结果，是让很多零售商陷入思考，他们意识到大肆宣传没有意义，但是对于那些从属性上支持直接配送的——举例来说，日常的、高周转率的饮料、化妆品，以及其他的产品，他们作为一种战术策略来实施它。在商场走道里，您会频繁地碰到直接配送的供应商们。然而，这并不适合每一种商品。就像亚马逊网站已经证实的那样，家庭购物市场是巨大的；只是不一定适合零售业。

并且，不要认为技术是唯一的与之相关的信息因素。如果您在汽车行业里，您肯定已经见到过一辆汽车的原材料账单的主要变化历程。独立的娱乐信息节目是汽车领域里令人激动的变革。仪器仪表、远程信息处理方面有什么变化？维修店里，机械力学正被计算机技术人员所替代。电子消费品在持续地发生变化。食物的成分一直在变。从没有准备，到部分地准备，到完全准备好的食物，以及一切介于两者之间的东西，甚至基本的食物产品也在经历永不停息的变革，更不用说全部的营养品、具有可持续性的合规品需求了。无论您身处什么行业，技术改变着游戏法则。如果您不赶上来，您将会像打字机和八轨音带一样，被抛弃在时代后面的。像磁带一样，你是说所有人都会这样吗？快点赶上来吧！

一方面，始终保持与技术同行的状态，有时候会让人气馁，感觉总是在吃力地追赶着什么。另一方面，它也是为什么网上冲浪并不全是浪费时间的原因所在了。它也是更合理的，您参加或者派员工去参加一些会议和贸易展览。能将市场、技术，以及竞争情报汇集起来，这是迈入"先进城邦"的一个关键成功因素，它是一项很重要的战略，您承担不起不对其投资的后果的。落后引发的成本，就像标杆管理所演示的那样，比试点新技术花费的成本要多得多。

过去几年里，我与之工作的好几家企业都为员工建立了"沙盘"模型，以跟新技术一起参与这场变革游戏。他们辨别出，较之于仅仅列出一个很短的新技术及需要付款的供应商清单，并试点一个优先问题的解决方案或沙盒里的新方法而言，与传统技术获采纳及选择的流程相关联的机会、时间、效果、风险、成本等，效果要显著很多了。

借助这种方法，他们已经使技术的被采纳流程合理化很多了，确立起已经被证明的新出现技术，并收获到伴随新技术而来的财务性奖赏。如果这技术不能在存在好几个供应商的沙盒模拟实验中被证明的话，那么，较之于等待更大范围的获得采用或选择错误的解决方案来说，他们的风险和成本仍然要低得多。供应商们是满意的，他们已经因为投入的时间投资等获得了公平的回报，而且不需要被迫经历选择流程的花费和痛苦。它在每个人身上都发挥了作用。

新技术可能对供应链产生什么影响？

那么，在技术发展历程中，我发现了哪些值得一提的技术呢（如图8-1所示）？第一个是被我称之为"回到未来"的技术，即云计算。在我的早期职业生涯中，有相当多的企业雇佣"服务单位"来支持对其数据处理的需求。企业负担不起购买大型主机电脑的费用,所以通过专用的线路与服务单位相互连接,它们租用该服务单位主机的一小部分来使用。当然,随着计算机能力的日益强大、单位价格的下降,自用计算机逐渐普及开来,且那些旧时的专用数据"金属线"没有足够的带宽,来支持新型计算机能够管理的大量数据(大数据,有点双关语的意思)水平。

好吧,时代已经变了,现在我们有宽带和全球化网络。哇!我们看到软件即服务(SaaS,Software as a Service),甚至是数据即服务(DaaS,Date as a Service)等软件都出现了。大数据代表了极大的数据集合。这时销售时点系统数据迅速地出现在我的脑海中。当您将销售时点系统数据,与来自并非同一个地方、而是很多企业和来源得到的消费者数据和位置数据合并在一起时,就成了我们谈及的所谓大数据。我在旧金山湾区一家企业的董事会上做过顾问,企业名称是智能零售(Retailigence)公司,主要搜集来自于零售商、制造商及其他渠道的店铺库存数据、消费者数据,以及位置数据等,并且移动应用程序开发商们,包括企业的互联网战略和独立的应用程序公司,都可以看到这些数据。这样做的好处是,零售商和应用程序开发商们只需要维护公司内部的单一数据接口;其他都是由智能零售公司来维护的。随着我们日益迈进网络时代,在传统商务和电子商务之间的界线会愈来愈模糊。供应链越来越成为一个多渠道的世界。在网络时代,这就是个一直处于在线状态的全渠道世界。不要认为它只会影响到消费品行业。供应链的这种总是在线且全渠道的模式,将在B2B行业里驱动出变革的海啸。SaaS和DaaS的另一个好处是,技术是即需型的。您能基于自己的使用情况来进行投资。如果不用它,您就不会产生成本。

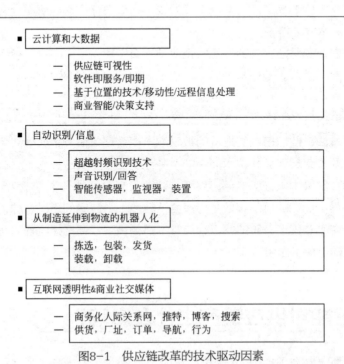

图8-1 供应链改革的技术驱动因素

注:新兴技术的整合,将带来一个面向供应链可视性平台&整合计划&执行的新应用,最终形成一个敏捷供应网络

然而，让云计算和大数据成为一个游戏变革者的，不仅仅是"时间共享型"的计算机。它更是网络时代众多技术的聚合，比如说移动性、基于位置的服务（GPS，全球定位系统），以及改变游戏规则的云计算和大数据等，它们是共同带来的远程信息处理技术所引起的。应用程序开发商们不再被传统的组织及地理约束所限制。他们也能以可承受的成本来获得更多的计算机能力。翻回第1章看看，您认为IBM为什么会让沃森开始这样一个危险的投资，即用两亿美金去教育那位总经理的事情。在云计算环境下，您能够在需要的时间里，租用超级计算机的一部分能力及逻辑性。

随着从这些负担得起的云访问、商业智能程序，以及大数据分析等技术中，获得的计算机能力和大数据水平的增加，甚至是最小的企业都能享受到迈克尔·绥勒的关系型联机分析流程（ROLAP）的好处。您不必通过使用"服务单位"才能变成一家财富500强的企业。甚至是牙医诊所都联机在里面！想想看沙盒的试点流程里，需求软件们都做些什么吧。寻找更多新的决策支持和分析应用程序，并将其开发出来。对于"数据科学家们"来说，一个新的职业机会正在出现。就在今天，大学宿舍里的很多大学生们正在为消费者开发移动装置，以及基于互联网的应用程序。大规模的商业程序正很快地出现在您身边的平板电脑和智能手机上。所有的这些都需要新的思维模式、新的流程，以及新的才能和技巧。

它不仅仅局限在个人计算机和通信设备中。比如车载通信技术，该技术将信息技术和远程通信整合了起来，并将为网络时代酝酿出新的应用程序。举例如下（注意此处给的不是全面的解释哦）。

a. 车辆与传感器间的通信技术　通过多种功能将传感器配置到车辆上（比如自适应巡航控制系统，它能检测到速度、等级、坡度、每加仑英里程等），实现以最优的速度、最节约的燃油使用方式去驾驶车辆，而车道偏离信号则是用来警告驾驶员车辆正在偏离轨道，自动停车操作等。

b. 车辆间的通信技术　举例来说，当我的车正以飞快的速度靠近另一辆车时，它会传感给我的车辆并自动减速下来。如果两辆车在十字路口快速相互靠近的话，它们会传感出来以避免发生碰撞。

c. 车辆与基础设施间的通信技术　一种智能性的基础设施正在实施生效，其能沿着特定的路径与车辆保持通信，该路径会监控营运情况，比如说交通控制灯及警报问题。基础设施也会与全球定位系统的基于位置的服务功能整合起来，以促进路径导向和车辆监控的技术更好运行。车辆与基础设施应用程序间一个很好的案例，就是电子道路收费系统和超速照相机。

d. 车辆与指挥中心间的通信技术　全球定位系统和车辆监控系统，能将车辆的状态实时传送给企业的运输控制系统——去操控车辆的状态，举例来说，什么时候什么地方车辆在移动或停下，它是否在规定路径之内或者已经脱离；如果它脱离既有路径，发动机就会被关掉；监控车辆的运营绩效，以确认定期的检修情况，或者其他可能导致延迟载荷的因素等。

对于供应链管理者和改革人员来说，这些技术的真正意义，是至少在过去十年中每年在供应链能力调查中，那种处于排名顶端的领先企业看似不可捉摸的能力，即供应链的可视性，现在是可达到也能负担得起了。在我写这本书及你们正读这本书的时候，它正被飞速部署和展开着。曾经我在纽迈垂克斯公司的两位前任同事，在离职之后的最大收获是，他们成立了一个企业，开发了一个供应链整合及执行的平台，以连接起所有惠普公司的运营部门及全球供应商们。另一方面，VECCO国际公司的阿莱格罗程序组们，被公司授权用插件程序迅速整合其网络，处理技术平台，以连接供应网络全部的独立节点，实现可视性与无缝化的协同执行。

除了云计算的出现，像远程通信技术所暗示的，我们正看到更敏捷和更低成本的自动识别技术及监控装置在出现。所以，流动性、基于位置的服务，以及远程通信技术等，将所有人和所有事情都连接到云端，我们也能通过设施来追踪、传感及监控货物，以及它们在全球网络里实时移动的环境状况。对于那些产品需要温控的行业来说，以及那些容易被偷盗或伪造的产品、高价值的产品等，企业跟踪和追踪货物的能力，以及货物在供应网络里移动时的环境状况已经各就其位，且成本在迅速下降。

随着传统的条形码技术基础设施正在逐步退出市场，新的基础设施正以更低的成本在配置；网络语音电话服务（VoIP）技术支持多种的自动识别技术方法，比如条形码、射频识别技术、声音应答和识别技术，以及其他一些智能设备。通常由领袖企业带头，随着这些新的基础设施被执行，它们在市场上变得越来越常见，成本迅速变得比收益还低，最终落伍企业将被迫使用它们，当然，是在所有的财务优势和竞争性影响力都已经被耗尽以后。记得南本德市的社会公共配送商的故事吗？他们不得不进行同一个技术投资，就像高登食品服务公司一样；但是，他们已经失去了最大的客户，相对于高登食品服务公司先发制人的进攻策略来说，它们的投资仅仅是一个短期的保护性策略。

虽然这些技术将合并起云计算和大数据，使得可视性、合作，以及协调能力变得更强，以驱动我在第1章就刻画过的敏捷供应网络，这里也有一个相对平稳的现象，或者是被称之为复苏，即供应链中出现了更多的机器人工厂。有超过600名的展示者蜂拥到最近的美国原材料处理大厅里——这是一档赞助的节目，由保全公司（ProMat）及美国亚特兰大物流展（Modex）举办的。当然，很多人是来兜售先进的用来分拣、包装、码垛堆积以及装载和卸载的机器人。在合并了先进运输和装载系统之后，越来越多的企业在利用其设施来获得更高的生产力，以解决劳动力减少的问题。这些因素联合作用的结果，就是在一起工作。机器人设备的智能化技术，使得设备的灵活性更高、重复率更低，并带来更有导向性的工作。随着第三方物流提供商获得的生意越来越多，他们在设备上投资的也越来越多。伴随着零售链的增长，他们的网络变得更清晰和固定，并且他们在设备上投资更多。可靠性、固定成本、生产率，以及自动化行业的贬值，降低了成本及劳动力的不确定性。到现在为止，还是没有人相信技术是一个游戏变革者吗？随着亚马逊网站兼并基瓦（Kiva）系统（一个仓储的自动化系统），并扩张了它的配送中心网络，亚马逊将与实体店零售商们展开便利性的竞争。现在是时候进入物流自动化的时代了。

互联网的透明性和社交网络，比如商务化人际关系网（LinkedIn）、推特网（Twitter）、脸书网（Facebook）及其他网络等，已经对需求链有轻微的适应能力了。只是可获得的消费者行为数据量还不够稳定。很有趣的是，五六年前如此流行的隐私问题，今天也不再流行了。也许我们在网络时代过得很舒适，对供应链来讲，与需求相关的可变性当然会影响到供应链的相关计划。随着您运营的改革，您必须要强烈地意识到，需求链是如何利用社交媒体的能力来服务商业的。举例来说，很多移动应用程序都与Facebook，Twitter，以及LinkedIn有链接，在购物应用程序和社交应用程序中创造出一个无缝的接口。如果您是一个零售商，而您还没有准备好把供货给店铺的小型运输卡车作为发货的替代物的话，我会感到吃惊的。当然，社交媒体也会是市场和竞争情报的一个伟大的来源。数目众多的供应链团体和讨论团队是新想法的低成本来源，能提高您供应链绩效的最佳实践。

技术如何影响组织的？

记得第7章里针对图7-1，我们曾讨论的关键成功因素吗？在二种需求管理结构里，信息技术的战略部署都是组织根本性的关键成功因素。与职业性的招募、开发，及人力资源的维护一样，信息技术和人力资源是供应链改革征程前行的促成者，我们在第9章将围绕这些展开深入讨论。两者是手拉手前进的。在信息技术和创新中，如果没有战略性投资的话，"卓越之房"就会失去力量，人们将生活在黑暗之中。也就是说，如果我们想要认为，就算前进路上没有充分的光照，改革征程也能顺利进行的话，那就错了。我们需要让敏捷的"卓越之房"成为可能。

那是"先进城邦"与"落后城邦"间之所以存有代沟的另一个主要理由之一。注意一点，我也把"投资"加进了信息技术的创新中。很多企业投资数百万到企业资源计划系统里，但那些投资从来没有带来期望的回报，因为企业没有"投资"和鼓励信息技术方面的创新。他们将信息技术看成是一项公共设施，而不是一个竞争性的杠杆因素。

供应链管理是由信息技术来点燃发动的。我们不能把产品瞬时发送到客户/消费者手中，但我们能把客户/消费者的需求及产品的有关信息发送出来，因为它是从源点流向消费点的。就像我们在第6章讨论的那样，如果我们能通过渠道来消除掉需求层面沟通延迟导致的障碍的话，我们能对流经渠道的商品流及时响应并展开协同运作，从而抑制了放大效应，也驯服了牛鞭效应。纳拉杨·莱克谢穆先生是Ultriva公司（一家致力于需求的供应链解决方案的供应商）的创始人，他和我合作形成了一份抑制牛鞭效应的文件。就像他公司的"电子化看板"所演示的那样，关键是要消除需求信号沟通中的时间延迟因素。要想对供应链中各个周期实现协同，就需要协同不同周期之间的信息交流问题。通往"先进城邦"的钥匙，就是合作。我们能从企业资源计划系统中获得所有的交易数据。现在，我们必须在如何利用数据来提高跨职能合作方面变得更有创新性，通过分析数据来确定潜在的早期意外因素，而且，这些数据能让人们迅速行动起来，制定决策，解决掉意外事件，同时保持好供应链网络的协同性。

然而，对于要发生的信息技术革新问题，信息技术必须与需求管理结构保持一致，在结构内理解并聚焦于商业流程和关键的成功因素，如图8-2所示。在支持需求管理结构的前提下，信息技术提供给网络基础设施，以能够进行跨职能的沟通、信息共享的整合等。

更多有效的信息通道和支持设施，能及时地减少解决方案的生命周期过于冗长等问题，并使得组织能够支持更好的决策。信息技术使得需求管理结构能够从交易型会计演化成财务管理型。系统能够保证所提供数据的完整性和连续性，使得财务部门能够像关注会计度量值一样，去关注作为杠杆因素的运营度量值，以确保商业的财务健康。财务和信息技术部门必须对需求创造和需求实现结构的运营，投入更多的重视和支持。应该根据它们在实现企业战略和目标方面的价值来进行投资，而非依据信息技术的预算或目标去投资。

在第6章里，关于如何能真正将信息技术和配送管理合并成一个角色的问题，我提过大急流城的梅杰公司是当之无愧的第一个和唯一一个我工作过的公司。无论您是否将信息技术放置在供应链的框架下（我非常乐意将它留在需求绩效结构下），从梅杰公司学到的关键一点是，信息技术战略和企业的商业战略必须保持一致。信息技术是一个使能器。信息技术创新支持了商业的创新。在信息技术部门与组织的流程提升首创精神之间，如果没有直接关联的话，从技术层面上来说，它就不能创新那些流程。这就是为什么在企业资源计划的世界里，有如此多的ERP运营模块充当着板凳软件的角色，却没有被真正使用的原因所在了。就像高露洁公司所做的那样，如果信息技术部门有专门的运营信息技术需求的话，板凳软件就不会存在了。

就像第7章所演示的，随着您逐步开发出关键的成功因素，您应该致力于信息技术的探讨，以确定技术对商业的影响，如图8-2所示。当您绘制出商业流程图时，要阐明

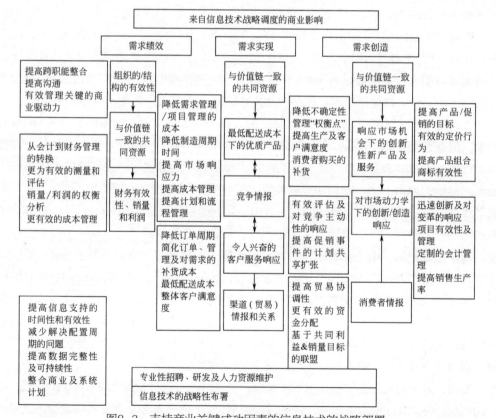

图8-2 支持商业关键成功因素的信息技术的战略部署

清楚，您相信现存的或将出现的技术，在哪些方面能实现流程的提升，以及哪些提升能在哪些地方对股东价值产生财务上的影响。在您的征程中，有一位副驾驶员陪伴是重要的，就像信息技术一样。让我分享一个如何与技术一起工作，以提升工作绩效的例子吧。

信息技术怎样能使得商业运营获得最大的回报？

当您在看这本书时，您的供应链运营计划者和排程者们，正勤恳地致力于产品流与需求协同的实现问题。在供应链管理中，每个人都希望能做到井然有序。在第6章里，我们曾讨论了多个时间周期下的各种各样供需关系中，协同管理的复杂性，尤其是供应链之间不具备可视性或合作条件时。传统的解决途径是通过企业资源计划系统，或者"最佳组合"的计划应用程序去完成；然而，我的猜测是，您的计划者和排程者们仍然选择使用Excel电子制表软件来工作，去尽量平衡和协同供需关系。在我看过的、几乎所有的、尽力计划供应链的排程应用程序中，尤其是在日常计划和排程中，都存在一个逻辑缺失的关键问题。

我们已经讨论过，那种能超越传统销售和运营计划的、一体化商业计划流程的需求问题。在纽迈垂克斯公司时，我曾与一个优秀的信息技术及运营研究工程师团队，以及面向全球市场的众多热情积极的企业员工们一起工作，这段经历让我形成了很多关于如何利用技术来提高供应链绩效的想法。记得当时曾有一个机会，我与弗莱彻挑战有限公司（Fletcher Challenge Ltd.）一起合作，该公司是新西兰一家林产品集团企业。

那时候，自从分裂为四家上市贸易企业以来，弗莱彻挑战有限公司已经成为了新西兰最大的集团公司。他们的供应链执行官杰夫·兰利先生，由于使用了纽迈垂克斯公司的产品，承担了一个共同的战略角色。像我在第2章解释的那样，Linx是一个非常复杂的网络模块，众多企业将它用在各种不同类型的分析用途上。在这个案例中，兰利和他的供应链团队与信息技术的人员一起工作，以构建起能够模拟下一个30年运营前景的模型。为什么要是30年呢？因为要花上30年，他们种下的种子才能长得足够大，也才能转换成销向市场的产品。并且，企业要确保他们种下的森林，能尽可能地靠近林产品市场。如果不是迫不得已的话，您不会比空运车轴更乐意地去空运木材的。

当我们在评论此模型时，兰利对我解释道，基于不同的需求情景，他们也使用Linx来建模和模拟季度性的商业运营。基于目前的计划，最优商品流经过他们的网络来实现计划，他们已经在字面上定义了模型的每个流程和位置，包括各种提前期、成本和要决定的变量等。以季度为基础，输出运营绩效度量值，用其来设定各个商业单位，并修正它。在那些日子里，您将在企业资源计划系统里根据该模型去输入各种数据，并在每周五下午发出运行指令，然后下周一早上回来时，您希望经过一个周末，它已经成功了。它是我见过的、跟具备支持技术的一体化商业计划流程很接近的，更是使用此模型方法的一体化商业计划的根基所在。

考虑到过去已经发生过的（统计预测），以及销售及营销的合作（基于事件的预测），包括任何可能引发统计预测发生变化的行为，比如新产品的介绍或促销，我们能比过去更准确地评估需求。如果那时计算出来自预测的均差期望值，我们就能确立起平均风险的上下限。根据这个信息，生产日程和库存就能被模拟来满足最大的需求。相似地，在客户服务水平及风险一定的情形下，如果我们构建模型仅仅只是为了满足其下限，偏差的下限也就能被模拟出来。

在一体化商业计划流程里，如果成本和风险已知的话，在由于财务计划出错导致不良影响方面，我们可以与竞争对手共同合作，促成一项合作协议。譬如，我们想要对哪些产品类别，综合评估花费的上升或下降带来的成本与风险。当协议达成时，设定好控制的上下限，那么在实际需求实现时，就能够保证商品流的可视性和流程控制，如图8-3所示。

对于那些已经计划好要生产的产品来说，由于更低的成本和高可得性，及更小的服务风险，确立起预测的下限，就会有意义一些。对那些计划外的产品生产来说，建立更多的库存会有意义一些，因为在需求超过计划的时候，此类产品的库存成本/风险，通常会低于必须生产此类产品的生产排程变动成本。基于潜在的预测误差而设立起控制的上下限，就能动态地决定产品的安全库存水平和服务/成本风险。

当接收到订单时，最优计划和实际订单之间的差距，才能得以确立。只要订单落在计划的上下限之间，那么对该订单的利润响应就能够持续下去。如果订单落在计划的可容忍范围之外，它们将立即被标记成例外订单。在这个案例里，库存必须从网络的另一个位置获得；相反地，如果订单落在计划的容忍度范围之内，结果就是那个特定位置里出现了过量的库存。

动态地测量流程绩效，并搞清楚任何的矛盾（交互影响和作用）能反映出任何问题的根本原因所在。考虑到可能同时发生的所有选项，计划者和排程者就能决定出最优利润的解决方案，包括网络配置错误的再平衡问题，这要比将问题推到下一个层次要优越得多了。还记得谢尔曼的预测准确性法则吗？在聚合分析的层面上，我们通常是非常准确的。错误经常出现在配置层面上。基于对配置错误及过量库存的可视性，相较于"制造"库存，我们能够用更低的成本来"移动"不正确的库存配置。举例来说，安海斯布

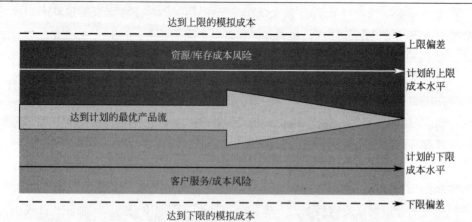

基于模型的一体商业计划流程，基于计算和达到计划的风险共享设置了绩效、承诺区域，以及例外条件的计划范围……应用过程控制计算来协同商品流

图8-3　基于模型的一体商业计划

希公司使用网络优化模型来进行判断,与改变包裹的排程相比,转运不同位置间的库存是否会让成本更低一些。而且,偏离计划的偏差能够被追踪,计划外的成本能够被测量,并且引起偏差的事件能够被立即确认……所有这一切,都将其引导向更有效率的绩效测量和持续的提高上。

前面提到过的我在提前期技术公司的朋友们,使用自己的工具创造了一个统计预测模型,相关跨职能部门的计划者们,用其来回顾并重新计算日常的数据,基于当前的事件去回顾例外情形,及被覆盖的情况等。那时,在风险周期(该周期涵盖从产品被最后生产或采购来,到下次的排程生产或采购,整个时间段内)里,基于运营模型及库存的规律,每个位置每个条目都需要周期库存、顶峰(上限)库存,以及安全(下限)库存等,人们使用合作性的预测来展开再计算工作。

虽然您可能会认为,日常的再计算工作,就是那摇动的狗尾巴,相反的情形还是发生了。牛鞭效应被驯服了。牛鞭效应是在时间延迟和放大效应下发生的。日常的再计算工作是基于实际的订单展开的,它能够做到,彻底消除掉时间延迟引发的效应。而且,通过捕获需求的可变性,并测量其对累积需求的影响,放大效应也被消除了。因为能够捕获到微小的日常变化,并且,那些能导致控制极限偏离的订单也能够被迅速响应,从而就消除了时间延迟引发的放大效应。在啤酒游戏中,仅仅对安排的实际需求进行响应的团队,通常就是总成本最低的团队。

在预测准确性提高、时间延迟和放大效应都被消除的情况下,生产排程能够被优化,以决定需要多少产品周期,或者说需要多少"连轴转"类型的产品,并且,能做到转换成本最小化的一系列生产应该是什么,一件产品在周期中的频率应该如何,运作长度应该是多少,以及每个产品的风险周期是什么等。使用材料清单,采购流程也能做出类似的分析。考虑到配置的库存,来自可替代场所的、仓库设施间的库存转移,可以被建议出来,以做到实时库存与生产补货间的再平衡。

商业流程图的绘制,提供给了我们在专业运营需求方面的相关定义。为什么我们不想建立起信息技术的模型,来支持那些商业流程的运作呢?代替的是,我们投资了数百万美元,去实施和维护那些由系统供应商们设计流程的企业系统,并在最佳的行业水平层面上,将蓝图绘制到集聚的、具有共性的程度。很多企业没有意识到来自企业应用层面的投资回报期望,因为他们没有满足循环周期或流程的专业性要求,以支持唯一的日常决策,这些决策是计划者和排程者们基于自身的专业运营流程、结构和规律,不得不制定出来的。结果就是,基于部落性知识和定制的电子表格制作软件所支持的、数百万美元决策的出现。

很多企业和供应链应用程序的投资回报目标都没有被实现,因为他们不支持那些驱动库存和运营成本的日常决策。

领先企业将它们的信息技术需求与专业非商业运营需求整合到一起,以确保企业系统或通过定制、或通过补充的"最佳组合"程序,能够支持运营层面的需求,比如现金计划和排程技术、制造执行系统、库存计划和优化系统、运输及/或仓储管理系统等。领先企业会将信息技术作为分析资源融入进商业运营中,或要求商业运营确立起分析资源,来协调信息技术的系统需求。

将信息技术与商业运营整合起来，能够让企业持续地关注那些支持持续提升的新技术，使卓越之房变得敏捷化起来。信息技术和商业运营一起，能够评估出技术对商业流程、信息技术基础设施、及企业财务价值等的影响。最重要的是，信息技术的决策和应用，必须是基于商业影响来制定，而非支持企业资源计划系统或维持信息技术预算而制定的。有太多的组织在努力地简化和巩固其系统，并奉献出那些新的、专业化运营技术对商业的价值。信息技术和商业运营必须一起联合起来去创新技术，实现信息技术的投资回报和股东价值的最大化。您仍然在与管理层承诺做斗争吗？是时候让我听到您的答案了。

第9章
让征程展开吧

好了，您已经建立起一个变革的案例了。认识清楚了商业的内涵之后，您已经能够构建，让您的供应链战略与企业战略保持一致，以确立您的优势、劣势、机会以及威胁了。在跟几个同事一起投入到一个小愿景里时，您已经确立了一些将碰到的更大的绊脚石，及将押上的一些大赌注，来推进转型改革征程的前行。您已经从几个同事那里得到了支持，制订了游戏的计划来展开这趟征程。基于市场现状和竞争性情报，您能看到所处行业的市场驱动力在哪里，并且，您已经在销售和营销领域与一些竞争对手展开过对话，他们同意让某一方来做点什么，以刺激更多的合作。他们是持支持态度的，但是，没有一个正式的流程或系统。如果您问起来时，他们也只是随便地聊几句，轻描淡写地分享一些他们想要做的事情，不会冒比这更多的风险了。

基于您的结构性分析，您已经绘制出了一个跨越需求管理结构的、一体化的商业计划流程，它能有规律地、正式地将一群合适的人聚到一起，这群人的凝聚力不会超过别的团队太多，也能获得管理层的支持，至少在目前的企业系统下，最开始初创时通常是这样的。在一个高层管理会议里，您简明扼要地展示出您的发现，重点关注投资回报率的提高，以及基于您的改革计划及通往"先进城邦"的"卓越之房"的贯彻实施，明确指出90天之内将释放出的运营资本增量。所以，就像我在第7章结束处询问的那样，对您的转型改革征程，管理层是支持性态度吗？

我们获得管理层承诺后，现在要做什么？

现在，您已经真地获得了管理层的承诺！那么您接下来要做什么呢？好吧，我们需要做的第一件事情是，评估我们的"人力资源"库存。当我在微软公司第一次碰见迈克·格雷先生时，他正在戴尔公司工作。他是戴尔公司供应链创新及传播的早期先锋之一，在许多会议及客户那里，演讲过戴尔公司的供应链实践情况。然后他从戴尔公司退休了，开始在宾夕法尼亚州立大学讲授执行官教育课程，并且也是奥利弗·怀特组织的一名顾问。我们已经成为职业上的朋友，并且，一起支持并参与进我们当地的供应链管理专业协会、美国运营管理协会、美国供应链管理协会，以及其他一些专业性协会的分会会议中。格雷也是那类拥护供应链管理"人士"中的核心支持者。我们两个共享同一种信念，即供应链及技术跟那些管理和实施它们的人们一样棒。信息技术的战略性配置及专业性招募、训练，以及人力资源维护，是组织里基本的、跨结构的关键成功因素。

如果管理团队支持您的改革战略的话，那就期望他们只是刚刚开始支持您吧。现在，您的成功依赖于您能否管理好组织里人力资源的流动性，以执行并加入您那住进"先进城邦"、构建起"卓越之房"的改革征程。基于流程提升创建出一个变革的文化，是您"卓越之房"的关键支柱。在我们当地的一次供应链管理专业协会会议上，格雷介绍了一个流程，来评估他所称之为供应链中的人力资源库存问题，如图9-1所示。

看图9-1中的表格，为方便本章的交流，我已经极大地简化了该表格。您不得不确立所需要的人力资源技能和能力，来成功地拥抱这个转型改革的征程，并实施您的供应

技能评级: 1-5,5分最高	计划	采购	制造	配送	回收	企业资源计划	分析工具	流程	个体得分总值 (满分40)
鲍勃	4	5	2	3	1	4	5	5	29
唐纳	3	2	2	5	4	4	3	3	26
泰德	5	3	5	3	3	5	4	5	33
金	5	2	2	5	3	5	5	5	32
乔	3	4	4	3	3	3	3	3	26
迈特	3	2	4	5	4	4	4	5	31
团队总值 (满分30)	23	18	19	24	18	25	24	26	

团队总值:25—30很好；20—24一般；低于20的需要努力
个体总值:30—40很好；20—29一般；低于20的需要努力

图9-1　评估人力资源库存和技能

材料来源：迈克·格雷，供应链福音的传道者——来自宾夕法尼亚大学的奥利弗·怀特，和前任的戴尔总裁（1991—2009）

链运营战略。一旦您确立了所有这些特性，您就既能知道管理者评估的情况，也能要求每个人进行自我评估。我的建议是两种都做，因为您将能拿到暗示出他们自信水平的相关数据，以及他们感到最有优势或劣势的领域，也包括他们的管理者评估情况。

开发一项运营计划并创造一种变革的文化

一旦您完成了所有参与个体的评估工作后，您就能开始进行团队评估，以及整体的职能部门评估。如果想要成功地展开征程并改革组织的话，您将不得不在职业发展上加大投资，并且是阶段性地展开这些工作。当我在普若得特＆甘布尔公司（Prodter& Gamble），观察其转型改革的进展时，很有特色的一件事情是，他们承诺通过对自己员工的共同训练，来发展出共同的知识平台。他们使用这些共同平台，将其投入到贯穿整个组织的变革及绩效提升上。当我碰巧参加了那次领导与控制会议，即创新协会为普若得特＆甘布尔公司员工举办的，我知道了他们有一个"分类"的训练项目，该项目能够提升贯穿整个组织的变革文化。

在我的整个职业生涯中，我为之或与其一起工作的、那些具有自适性和文化成熟度的企业，是那些鼓励员工在内外部学习并发展的企业。很多年来，我也看到很多这类专业的发展和培训项目消失，因为预算在下滑或不确定性的经济环境里被削减了。我也发现当经济或生意有起色时，它们很少被重新启用。为什么最佳实践领导力这么重要呢？在领先企业和落后企业之间的成本优势差距，使得领先企业能够继续它们在学习及文化成熟度上的投资。它们知道如果丧失了这种优势，丧失了这种竞争性文化，企业的死亡漩涡就开始出现了。当削减和萎缩变得比竞争和增长更重要时，就是死亡漩涡出现的时候了。

专业性的发展项目能够被实施的程度，跟您乐意投资的程度是一样的，但是您必须得制订投资计划。就像在第2章提过的一样，您可以现在付我钱，也可以晚点付我钱。最低程度上来说，各类专业协会提供了证书、培训场所，以及教育性会议，包括区域性及全球性的，所有这些都能利用起来，去支持一个专业性的发展项目。鼓励发展就是鼓励学习的文化。当您进行转型成熟度评估时，要确立您想要实现成熟度的那些特性，并建立起相关项目，以鼓励您的员工在培养这些特性方面的发展。

除了这些协会，本地的大学和社区学院是低成本项目的主要来源。学术机构的教练们，通常非常乐意接受开发一些培训本地企业员工的短期项目，并且他们通常不会指望要巨额的薪水去做这些事。有大量的商业会议及培训项目可以利用起来。教育不难被发现——鼓励学习，那么学习型文化就会出现。这是一趟征程。关键是您怎样利用相关项目来推动您的征程。

与您的团队及人力资源一起工作吧，开发出对应的项目，来有针对性地解决团队存在的弱点。您甚至能对您的人力资源库存做一个SWOT分析，就像我们在第2章学过的那样。不要只是公布一系列的项目或培训计划。开发出一个专业的发展战略吧，并将目标和度量标准给囊括进您的平衡计分卡里。您的开发计划应该首先确立起那些能提高整个团队技能的培训。随着团队技能的提高，企业文化也随之提高。自我实现层次的企业文化，是建立在自信、团队学习，以及改革征程的共享愿景上。自我的提高，能够培育出流程的提升。

举例来说，我的一位同事非常重视培训，要求他的每位职能经理，每年都出去参加一两次会议。从强制执行的角度来说，他没有一个正式的培训计划。在新年一开始时，他让团队的每位成员都明确出各自想要提高的职业能力（且在团队的支持下，每位成员都能有效地把培训的安排给贯彻下去）。同时，他们需要确立出学习机会，比如参加一次行业会议等。作为批准流程的一部分，每位成员需要提交出待参加的会议名称、参会目的等。当从会议返回后，部门会为参会者举办一场"午餐聚会"式的会议，让其为同事们介绍从会议中学到些什么，吸收了哪些绩效提升方面的精华知识，或者是从学习中得到了什么启发。就是那些他们从中获得的最大收益！不仅参会者能从会议中学到东西，而且通过与同事们分享，参会者也从展示和强化学习中获得了更深的认识。它不一定是一个正式的职业发展项目，但是它建立起了团队学习的氛围，提高了技能，并创造了一种变革的文化。

职业发展也是维持/保留及人才招聘的一个杠杆。从人才议题的所有研究文献来看，没有人会不同意这个观点，即我们正面临即将到来的供应链管理方面的人才及技能短缺问题。一帮企业及学术机构已经成立了供应链人才研究组织（www.supply-chain.org/sctai），旨在从高校层面入手，来提高人们对供应链职业的认识。研究表明，很多供应链专业的学生在进入学院或大学之前，还不知道供应链是一个职业。

并且，我们不只是需要大学毕业生。除却机器人这类先进行业外，我们还需要卡车司机、铲车操作工、机器设备操作员、技术员，以及同行等。随着婴儿潮一代到了退休年龄，很多企业正在面临，经过三十年甚至更久服务后员工退休的"灰色海啸"——并且，伴随他们一起离开的，是三十多年积累起来的部落性知识，及他们在很多年里摸索出来的电子制表软件使用技能。这是进行流程绘制、文件整理，及整合起信息技术与商业运营执行的另一个关键理由。

就像职业发展一样，招聘也不必是一件昂贵的事情；然而，它也必须要聚焦于提高团队和组织的改革文化成熟度。如果您发现在您的人力库存评估上，存在只能被有经验的专业人士填补的技能代沟时，那么定期出现在行业及协会等会议上，就是寻找潜在人才的很棒的方法了。最佳的招聘通常是那些您已经在一些事情上与之有联络的人，或为他们自己或为获得他们的帮助，通常出于这两种情形，您与他已经发展出了良好的专业关系。利用社交媒体，比如说商务化人际关系网（LinkedIn），是另外一种主要的人才搜寻方式。如果您的人才库存需要一些入门级人才的话，与当地的学术团体甚至是主要大学保持联系是一个好办法，这种做法不仅仅局限在一些"大型"企业中。

从大学和学院招募新人很棒的一种办法是，每年要有一个定期的、至少包括一两个学生的实习计划项目。成本不高；教授们会跟您一起工作，以明确符合您需求的正确职位。稍差一点的情况是，您从全新的角度来看待您的运营情况，并能够完成一项您真正喜欢做的项目，但是似乎没有合适的职业资源来分配。不需要去制定一个明确的职业发展规划，而是"尝试并采购"一些人力资源，这是一个很棒的办法。如果实习生适合这个职位，并的确是个人才的话，您就能设法让他或她做全职的工作。

您征程的最开始一步是，评估您的人力资源库存，设计一个与您的人力资源战略相一致的职业发展计划，并推进您的转型改革战略，鼓励并创造出一种变革和学习的文化。您能做到它！所以，下一步的运作计划是什么呢？

在第2章结束时，我曾提供了一个简单的、关于改革的"游戏计划"让你们开心一下，就像图9-2所示。好吧，它不必很复杂的。计划本身应该是简单的，这样它就容易被理解和沟通，并且能在改革旅途中给组织展现出来。困难的在于，如何执行计划并维持征程，以构建起您在"先进城邦"的"卓越之房"。

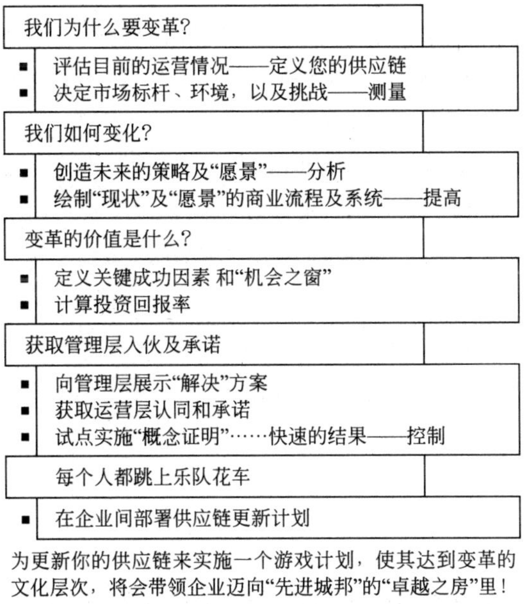

我们为什么要变革？
■ 评估目前的运营情况——定义您的供应链 ■ 决定市场标杆、环境，以及挑战——测量
我们如何变化？
■ 创造未来的策略及"愿景"——分析 ■ 绘制"现状"及"愿景"的商业流程及系统——提高
变革的价值是什么？
■ 定义关键成功因素和"机会之窗" ■ 计算投资回报率
获取管理层入伙及承诺
■ 向管理层展示"解决"方案 ■ 获取运营层认同和承诺 ■ 试点实施"概念证明"……快速的结果——控制
每个人都跳上乐队花车
■ 在企业间部署供应链更新计划

为更新你的供应链来实施一个游戏计划，使其达到变革的文化层次，将会带领企业迈向"先进城邦"的"卓越之房"里！

图9-2 供应链改革的一个"游戏计划"

您知道我是一个不喜欢"白费力气做重复工作"的人，特别是当我已经投入了很多时间和努力，参与进行业协会及创新团队里去发明或开创新型的工作时。精益六西格玛供应链运营参照模型的聚合，是我很多年来经历过的最佳方法之一。实践中有足够多的能获得的教育材料和流程支持工具，来提高您员工在驾驭改革征程的必需技术。

从我的目的来说，六西格玛模型的DMAIC，即定义（Define）、测量（Measure）、分析（Analyze）、提高（Improve）及控制（Control），已经是可以学习并用来交流游戏计划的最简单模型了。戴明（Deming）的"计划、执行、检查及改进"（PDCA）循环也能发挥作用。精益管理虽然很棒，但是更难学习一些，因为它有点教条主义，而且经常伴随着出现一些新词汇。不过，当然了，"卓越之房"的房顶是一个精益绩效的管理操作系统。这就是为什么我喜欢从它们那里"偷来"一些概念的原因了。记得我在第1章对"研究"给出的定义吗？在本书结束的时候，去体验一下您组织里运行的最优秀的东西吧。

就像在第6章提及的那样，企业不仅仅只有一条供应链。在最复杂层面上，每个来自于供应商到制造商设施并最终到每个客户手中的，由零部件组成的产品，都有它自己的供应链。显然地，我们想用一种容易管理的方式来定义供应链，如此才能有效地优化我们改革旅途中那永无休止的任务序列。供应链细分战略（一种定义您供应链的有想象力的说法）如今已经博得了很多专家们的眼球。

为了让其简化，我的推荐（基于我的供应链运营参照模型的经历及相关训练）是，定义那些需要不同运营特性的产品类别。举例来说，在电子行业里，对服务器的管理不同于个人计算机或打印机。这就可能代表了三类不同的细分产品。在定义好细分产品之后，现在应该再定义您的细分客户。举例来说，在电子行业里，对直接生意客户的管理，可能与渠道合作伙伴/配送商，以及细分类消费者的管理不同，他们是另外三类不同的细分群体。当定义您的细分客户的时候，在每一个细分产品的细分客户交接处，您将有一个不同的细分供应链，该供应链具备不同的绩效属性和战略特点。

为了确立您改革重点的优先次序，要为每个供应链定义相互关联的绩效属性（SCOR的快速参考指导手册第十版，或是参考美国生产力与质量中心的流程分类框架）。举例来说，您能考虑到收益和利润、销量、成本、品牌资产、服务、客户水平、投资回报率，以及其他指标。按照从1到10的标准，其中10代表最大值，根据其对共同商业战略的重要性不同，来评估其绩效属性。记住，"卓越之房"的根基，是绩效管理与商业战略相一致。你应该开始进行转型改革的一条或多条供应链，是那些对赢得商业战略贡献最多的供应链。

一旦您已经决定了供应链的目标，下一步就是定义出供应链的细分战略。记住，供应链绩效管理的特性及相关的绩效显示器（供应链运营参照模型的快速参考指导手册第十版）如下所示：

供应链可靠性

完美订单履行

供应链响应性

订单履行周期时间

供应链敏捷性
    上游供应链柔性
    上游供应链可调整性
    下游供应链柔性
    下游供应链可调整性

供应链成本
    供应链管理成本
    售卖商品的成本

供应链资产管理
    现金周转时间
    供应链固定资产的投资回报
    运营资本的投资回报

对于定向供应链来说，您将决定每个属性，即关于您的绩效需求是高、中，还是低，是基于您的战略需求是优秀的、占优势的，或者与您的竞争对手和/或市场/行业相平行的。优秀的绩效并不需要每个属性都优秀。实际上，尝试在每个属性上获得优秀绩效，可能成本相当高昂，并且必定也是不现实的。最重要的属性来自于客户诉求于您的那些东西。记住，精益原理聚焦的是"客户的声音"。并且它是您想要实现协同的首个供应链运作周期。

在2011年的供应链管理专业协会年度会议上，我发现很有趣的一点是，宝洁公司作为"完美订单"概念的先锋者，展示出他们已经采用的新型供应链绩效的度量标准：SAMBC。SAMBC是"service as measured by the customer"即客户测评服务。作为一直的领导者，且一直处在改革征程上，宝洁公司已经创造出自身正在使用的、能驱动供应链战略的、来自客户声音的度量标准。您不能让这趟征程走得太快。

让我们假设，您已经选择好了您所处供应链的细分渠道合作伙伴/配送商，来作为商业战略的关键要素之一，并且那是基于客户需求（来自客户的声音）而来的，您已经确立好供应链的可靠性是客户价值中最重要的、也需要实现卓越绩效来进行有效竞争的过程属性。您会想要将其分成至少三层加入进度量指标里，这些指标组成了完美订单履行（供应链运营参照模型的快速参考指导手册第十版），以评估流程绩效提高的动力在哪里，或者在哪里需要提高流程绩效才能达成您的战略目标。记住，"卓越之房"的第一根顶梁柱是流程导向的度量指标：

完美订单履行
    订单全部配送的百分比
    配送条目的准确性
    配送数量的准确性

在承诺客户的日期到达的配送绩效
    承诺客户日期与到达客户手中的时间
    配送位置的准确性

文件准确性

    合规性文件的准确性

    其他所需文件的准确性

    付款文件的准确性

    发货文件的准确性

完美条件

    完美安装的百分比

    接收的无损坏订单/产品线的百分比

    交付的无损坏订单一致性

    交付的无缺陷订单一致性

    保修和返还

至于其他属性,您会想要分解成两层左右,以追踪并提高那些属性,即您已经决定的、需要提高优势性能的那些属性。对于那些同层次的属性,追踪并仅仅提高第一层次的属性,就现在而言已经足够了。

好吧,您已经定义好了您的供应链细分领域,即与商业战略一致基础下的细分领域优先次序排列,以及用来测量您的定向供应链细分领域的度量指标的优先次序排列。所以,您执行得怎么样了?当然,"卓越之房"的第二个顶梁柱是平衡计分卡(供应链运营参照模型),就像图7-3所阐释的那样。基于您的战略,您已经定义了包含计分卡的度量指标的深度,以采集出跟您正监控的每一个度量指标相关的绩效数据。它们包括了内部和外部的属性及度量指标。并且,您要聚焦于能提供供应链可靠性的最高水平,因为那是客户价值所在的地方。

所以,您如何执行呢?您怎样知道的?没有一个人真地在抱怨超出平常工作内容的事情,对吗?我们的绩效跟我们能做到的一样好,对吗?我们真地在非常尽力,并工作了很多个小时,对吗?我们在做预算和数字工作,对吗?您是居住在"先进城邦"还是"落后城邦"呢?您的"卓越之房"是用梁柱和砖头造成的吗?您处于行业的什么位置呢?您是市场份额中的领导者吗?好吧,也许不是市场领导者,但是我们是有竞争力的。您是怎么知道的?在缺乏市场证明,或者说是标杆数据的情况下,您怎么知道您做得有多好或多差?您是怎么测量出来的?

标杆:认知与现实

为什么不是每个人都对企业的绩效做标准检查程序呢?事实上在指导标准检查程序上,存在很多关于困难程度的认知问题,比如说成本,大部分是免费的。美国生产力与质量中心对供应链管理专业协会的会员及供应链协会免费提供了它的公开标准研究(www.APQC.org)。如果您乐意提交您的数据到机密数据库里,美国生产力与质量中心将提供给您一份报告,告诉您处于行业领先群体中、区域领先群体中及其他行业里的什么位置。基于NAICS(北美行业分类系统)代码,您可以为自己的企业或那些您想要作比较的标杆企业，选择类别进行详细比较。

标杆管理可以是很难的工作，但也不必一定如此。为了对其展开讲述，我推荐简单的数量标杆管理方法。较之于供应链运营参照模型的度量指标而言，使用来自于美国生产力与质量中心的流程分类框架的度量指标，会提供给您一个非常深刻和宽广的数据集集合。在此时，公开标准研究数据库历时已经较长，且有更积极的发布内容了。在我的观点里，供应链运营参照模型与流程分类框架度量指标间的差异是微不足道的。稍后，如果您想要研究质量标杆管理，或者真实的竞争性标杆管理，那就是它变得更难，并且更为昂贵的时候了。然而，如果您的绩效计分卡少于100个数据点的话，那么对您所定义的度量指标进行标杆管理的话，任务应该是艰巨的。

您为什么应该用基准问题去测试呢？这样您就有了一个标杆；您有了一个可以设定的障碍；您有了一个与"先进城邦"有关的绩效参考点。您能看到绩效中的鸿沟在哪里，以及需要在哪里来获取您的供应链和商业战略目标。

"但是，"您说道，"假设身处'落后城邦'，我们却没人知道这一点，因为我们没有用基准问题去测试，如此又会怎么样呢？我不想冒风险去暴露我们自身的弱点。"

去冒一冒这个风险吧。就像尤吉·贝拉说过的那样，"如果您不知道要去哪里，任何一条路都会把您带到那儿的。"您已经十分努力地工作了，努力建立起转型改革的案例，并在旅途上选择出一条路来。标杆管理将为您指出两件事情：低挂的水果（快速见效型）和"先进城邦"。标杆管理是流程提高文化的根基所在，是"卓越之房"的第三根顶梁柱。您获得了人们以及管理层的支持，来搭建这个砖瓦房……提供给他们标杆管理的蓝图吧。很多人和很多执行官们都有竞争的癖好。演示给他们看吧，看看他们正在拖沓前行的样子吧。他们一般都想要竞争。给他们看看这鸿沟吧，他们会想要弥合或拓宽它的。给他们看看能带来的金钱吧，他们就会支持您的。

现在您已经定义并测量了您的供应链，您应该能够评估出企业绩效上的鸿沟，来作为分析您供应链的基础。根据您的发现，您想要的未来是什么样子的？用一点点远见去思考，您想要绩效在接下来几年成为什么样子？在改革的文化成熟度上，您想要组织处于什么位置？市场环境看上去会怎么样，并且您想要组织在那个环境里处于什么位置上？您将面临什么样的挑战？您将面临什么样的绊脚石，以及您在征程中会下什么样的赌注？

在分析您的流程到达了什么深度之前，根据您已经定义的供应链及跟您标杆相关的绩效来反映当下现实是重要的。当下现实与您想要达到愿景之间的鸿沟，是创造性紧张（力量）的来源，也是您不得不沟通并激励团队迈上改革旅途的紧迫感（或者用来获取管理承诺，如果您还在与之争辩的话）的来源。您的征程是行驶在高速公路上还是泥土路上呢？提前为一场比萨晚会做一下预算吧，这是一个好的开始。

我们如何吃掉大象？确立方案并设置优先级

当您为目标供应链绘制出"现状"流程时，分析就真的开始了。好消息是，我们已经为目标供应链进行细分和划分优先级了，就其本性而言，它应该限制分析及绘制作业的范围。对于目标供应链来说，开发出您供应链里的一个合逻辑的节点图（就现在来说，指定一个节点来代表您所选择的细分客户，另一个节点代表您所选择的细分供应商），它能代表您目标供应链里的设施及功能。流程应该从供应商节点到制造商及/或配送设施，再到客户节点处，并且要包括总部、销售点、支持/服务、或者其他自有或外包企业的所有节点，这些节点执行供应链的流程模块：采购、制造、配送、从客户处来的回收，以及从供应商处来的回收。它能像图9-3所显示的那样简单。

当您安排逻辑图（您也能从逻辑和地理位置上绘制网络，并使用地图作为您的背景）时，您就能开始增加逻辑图上的流程模块和类别，像我在图9-3所做的那样。当然，我在使用供应链运营的参照模型方法。如果您更愿意使用其他方法，比如价值流绘制法，您也可以使用它。使用流程模块来定义您目标供应链的范围，并设置高水平的绩效度量指标。

流程类别允许您根据网络里每个节点所完成的行动，去配置您的供应链。第三层水平使得您在每一个网络位置（节点），能够定义出特别的流程元素（行动），各种流程的输入和输出，与其他流程及位置的联接，以及与您的战略性度量指标相联系的、详细的流程绩效度量指标。

增加标杆绩效数据，能使得您开始确立起运营绩效的鸿沟、限制、系统及工具，以及在行动层面上的其他流程特性。为了可持续性的缘故，供应链运营参照模型也会提供给您与流程及环境实践/度量指标相联系的最佳实践。此外，作为一项红利，对每一个流程来说，供应链运营参照模型都提供了人力资源技能、教育、特质、以及作为人力库存资产和职业发展计划的训练需求等。

一旦您已经用标杆信息绘制出"现状"流程，您就能对区域进行分类，以实现"理想愿景"的提升（就像在DMAIC图里所示一样），并开始优化您的绩效提高方案。这能

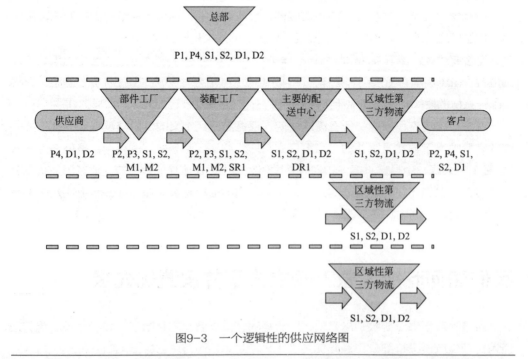

图9-3 一个逻辑性的供应网络图

成为一项复杂的运动；然而，供应链协会提出了一个"经验法则"的流程，能迅速评估您"理想愿景"方案的优先级，我已经发现这些是非常有用的。当您没有很多时间和资源来分配给您的转型改革项目时，这些就显得特别正确。您可能已经获得了管理层支持，但是记住，您也要对即将释放出来的运营资本投入努力，而不是那些已经释放出来的。所以我推荐是创造一个2×2的矩阵，就像图9-4所示。

任何流程的开始，都将潜在地缩小库存绩效的鸿沟，或者解放出营运资本，这决定了每个方案的风险和回报，可能将您从"现状"带到获得"理想愿景"绩效的完美状态。如果一个方案是高回报和低风险的话，它就是一个"快速见效"的机会。如果方案是高回报和高风险的话，您最好先寻求到一个赞助者，或者利用您已经获得的管理层承诺去展开。需要先了解清楚现状吗？那就暂时把一些高回报、高风险的方案束之高阁吧。您要选择一些快速见效的试点机会来释放出短期资金，以获得额外的管理和团队支持。记住，您必须调动您的团队来加入转型改革的征程中。快速见效是能让他们投入进来的催化剂。

虽然您的第一个意图，可能是把那些低风险、低回报的"可有可无"的方案束之高阁，并留下那些高风险、低回报的"深思"型方案给您的后继者们，但我们也不必完全抛弃它们。对您的网络和流程实践绘制图进行定义并使其文件化产生的副产品是，您也能使用一个类似于项目优先矩阵一样的东西，即一个2×2的矩阵来分析外包的机会，如图9-5所示。

外包也是能快速见效的，因为第三方企业将做大量的工作，并承担大部分的风险（不要告诉他们我是这么说的）。虽然对您来说，对您的需求有一个明确的定义很重要，可以避免冗长的、征求建议书的准备和流程处理等工作。还记得第8章的沙盒吗？给投

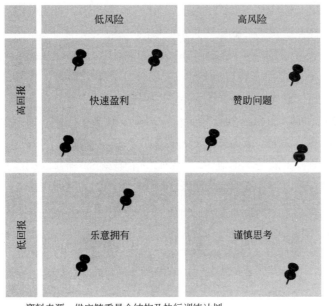

资料来源：供应链委员会结构及执行训练计划

图9-4　项目优先级矩阵

流程绘制、策略、标杆管理以及分析，能够使得您确定外包的机会。

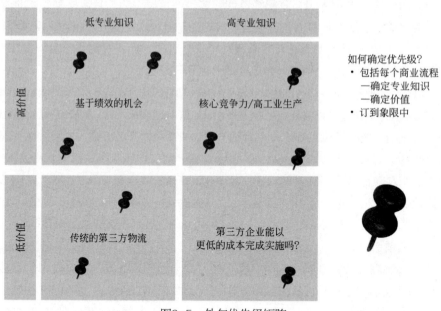

图9-5　外包优先级矩阵

标者们留点余地，让他们讲讲最佳的解决方案吧。我不能告诉您我已经看到过多少的征求建议书，它们都要求投标者提供一些特征，即随着供应商解决方案的实施，将会消失的那些特征。不要根据您不知道的一些东西，来解决一些不好的实践内容。那些被要求的特征／需求，通常只是保留了问题，而非解决了问题。您的很多"需求"将随着投标者们提供的解决方案而消失。您只需要详细讲明那些处于现状状态下的问题，而非特征，让他们去开发解决方案吧。尽可能地利用他们的经验、知识，以及流程中的创新特点吧。这就是迈向获取凯特·维塔赛克所说的"既定"关系愿景的一步。

基于您的内部专业知识，以及执行并获取战略的流程价值，您能够决定是否有机会将流程外包。想象一下吧，卸掉数百万设施的重担，以及／或者运营设备，将其外包给合约制造商或第三方物流企业，这样您将会得到多大的快乐吧。

如果流程对组织来说价值很高，且您的资源和专业知识也非常高的话，那么就将流程作为一项核心竞争力放进模型里吧。或者如果流程是建立在高水平的智力资产上的话，基于安全因素的考虑，您可能不想把它外包出去。另外，如果您在流程方面已经有很强的专业知识，同时对供应链或商业战略的贡献价值比较小的话，那么这就可能是一个很好的机会，来通过传统的第三方关系将其外包出去，以减少维持和／及持有员工的成本。并且对员工来说，这也是很棒的事情。

我记得当服务大师公司（ServiceMaster）还建在芝加哥郊区，刚刚开始起步发展时，我曾跟他们的执行官们一起开了个会。外包理念对我来说还是新颖的；而他们在外包维护市场上处于领先地位。当我请他们谈谈公司的价值主张时，他们说要实现双倍的价值。对很多企业来说，维护服务不是其核心竞争力，并且他们不得不支付给完成服务的员工相同的基本薪资、收益以及人力资源机会，这些是他们为那些有核心竞争力和教育背景的员工所做的。对于那些对工程师、科学家，及具有研究生学位的人才需求竞争激烈的高技术行业来说，其福利待遇可能就像维护人员的小时工资一样高，更不必说相关的人力政策风险了。对于雇员来说，维护人员的职位能晋升到首席执行官的概率是非常小的。什么地方能让一个维护人员当上首席执行官呢？只有在一个由维护人员组成的企业里。

当我在微软公司时，企业实际上（双关语，指"虚拟的"与"实际的"两层含义都有）将对微软战略及目标来说属于非核心竞争力的每个流程及雇员都外包了出去。其外包的员工与全职的员工在数量上几乎一样多。在其园区及厂址周围，微软公司实际上创造了一个外包行业。如果您曾经看到过一封"v-"开头的微软公司邮件的话，它可能就来自于一位"虚拟的"或者说外包的雇员。

当您在评估方案的优先级时，"优先考虑方案"与"深思熟虑得到的方案"可能就是实施外包的机会。当然，如果就像我们说过的那样，它是具有高度内在专业能力的流程，但是属于低风险低回报型的，贡献的相关价值很小，那就一定要实施外包了。让第三方企业做这些工作并承担风险吧。他们是专业人士。它是他们的专业工作。如果能够很容易并便宜地在内部做这些工作的话，就不必外包了。

如果它是对您的战略贡献低于相关价值的流程的话，您有有限的专业知识来完成它，并且它也落入到了"优先考虑方案"类别里，最能确定的是，它可能是一个传统的第三方合作者的候选方案❶。

如果该流程对您的供应链及商业战略具有很高的价值，但是在您的人力资源库存评估里，您得出的结论是您的专业知识非常有限，您可能想要考虑外包给一个绩效型的第三方合作者。较之于想办法招募或在内部发展出相关的专业知识，外包可能成本更低，风险也更小一些。在田纳西大学任教并是供应链愿景组织一员的凯特·维塔赛克，写过一本伟大的书，书中她给出了"既定外包"（Vested Outsourcing）的概念，意思是说基于价值绩效开发出战略性的第三方合作关系，较之于交易性的第三方合作关系来说，效果几乎一样棒。

跳到游行花车上：沟通游戏计划并建造运营支持

就像您在愿景规划里阐明的，"现状"与"理想愿景"流程将支持您的改革转型一样，您需要考虑所有的路径、系统、人力资源，以及流程的替换选择方案。要考虑"跳出已有的框框"，并与您的同事及团队一起合作，它们是穿越改革征程的最重要工具。

就像我在本章开始说过的那样，在先前几章里，我们执行了各项练习，以决定关键的成功因素、财务收益以及回报等；给管理层展示了各项"解决"计划；并获得管理层支持来展开改革征程。

我们已经定义、测量、分析，并确立了提升的计划，包括外包。我们已经评估和优化了那些机会，并进行选择……您猜到了它，是一个"快速盈利"试点"概念证明"的

---

❶ Vitasek,Kate,Vested Outsourcing: Five Rules That Will Transform Outsourcing, Palgrave Macmillan, 2010.

机会，以充当控制的关键点，并将团队带到转型改革的征程中去。您是一位精益化（来自顾客的声音）六西格玛（DMAIC及标杆管理）的供应链运营参照模型（文件化流程绘制、度量指标，以及最佳实践）的改革机器！在您团队资源的技能、技术、精益化和成功执行训练的过程中，试点方案是很好的。在大约一周里，您意识到首先"赢得"了显著的收获！

人力资源和营销沟通部门与您一起工作，并公布关于您的"概念证明"结果的案例研究，同时在内部赞扬您的团队分工合作工作努力。你举办了一场比萨晚会，并且团队里每个人都很有兴趣地庆祝胜利。伴随着胜利而来的是，您公布了一系列新的、有优先次序的方案，以及一项适合每个人职业发展方案的关键个人任命。您的职业发展方案包括团队导向会议，"边午餐边学习"的陈述会，和来自试点团队成员的学习。您开始对关键绩效度量指标及目标进行"多色调分色"，并每周定期展示实现这些目标的进程。

在团队导向会议里，您和您的管理团队/拥护者，与新加入的成员沟通你们的改革计划，就像图9-2和图9-6所示。

人们对试点的结果很兴奋，对方案很热情。您的一位同事给出了一个很棒的想法，并且您抽出一张"咖啡券"给他作为奖赏。您甚至可能为"卓越之房"绩效管理运营系统的屋顶想出一个昵称，就像"<我们的>商业系统"品牌（比如，"丰田生产系统"或"丹纳赫商业系统"）一样。当您着手您的转型改革征程，致力于建立起供应链运营绩效之房，并居住在"先进城邦"时，您和您的团队正在一口一口地吃掉大象。

恭喜您！这改革的征程，就是您的奖赏。

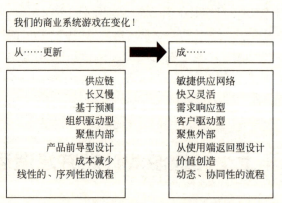

图9-6 处于游戏变化下的供应链改革

第10章

结束语：一般意义上的商业已经消失了，现在该如何做呢？

欢迎来到21世纪的供应链管理话题中！您记得第1章里关于敏捷供应的附带工具栏内容吗？如果您现在不相信它能被做到，也不相信领袖企业正在转型改革其运营策略，以利用其人力、流程，以及技术来服务于实时的、一直运行的、完全可见的敏捷供应链的话，那么您可以扯掉后视镜了……因为没有人落在您的后面。顺便说一句，领袖企业也没有后视镜……因为他们不在乎后面有什么。他们一直在朝前进。他们唯一关心的是如何移走挡住他们道路的东西。

当我第一次想到要写一本书的时候，我第一个真实意图是："一般意义上的商业已经消失了，现在该如何做呢？"那一年我用它作为好几个演讲的标题。当我在宝来公司时，我发现一个很棒的关于"一个水管工的噩梦"的卡通式描绘图，用其演示软件开发中的问题。它描绘了一幅布局，是关于管道、阀门、活塞、水槽，以及由于漏水导致水流一地的浴缸，人们正在想方设法清除管道中的淤泥。我标出了仓库中各式各样的淤泥，有来自于供应商、制造商、分销商及零售商的，并用它来阐明传统的供应链管道，及相关的垂直管道内容。我已经在一些演讲中使用该内容了。我甚至用该图片定制了些T恤，发给来参加我的演讲的一些人们。

当然，那时我在2009年的供应链管理专业协会会议上，且当我告诉唐·鲍尔索克斯关于我要写一本书的想法时，他给了我那个"视角"，并提醒我他的一本已经由美国数字设备公司出版的书，书名是《不一般的商业》。并且，当斯巴达店（Spartan Stores）企业（也扎根在密歇根州的大急流城）的董事长开始宣布他的开场白"一般意义的商业已经消失了"时，我们两个人都坐在有效消费者响应会议的观众席上。我猜，这句话就是从那本书名引出的了。不过，我打算用它作为我的总结章节的标题。

顺便说一句，如果您想要做一些关于最佳实践的"定性"标杆管理，您想过去大急流城旅行一趟可能有效果吗？您也能从另一个大急流城的领导者史迪凯公司（Steelcase）那里学到一些东西。并且，泽兰省，密歇根州，作为赫尔曼·米勒牌啤酒的家乡，离大急流城的机场并不太远。

从现在起，以后的每一天，您都需要保持警觉并告诉自己："一般意义的商业已经消失了"。您必须从满足现状中脱离出来。一切正在变化……记得第1章的标题"变化是不可避免的，增长是可选择的"吗？改革是一趟征程。即使您已经构建起，并居住在"先进城邦"合作大道的"卓越之房"里时，当您每天早上起来读到这个标题，"一般意义上的商业已经消失了"！就赶快穿上鞋靴吧！是时候回到征程上，继续构建并提高您的"卓越之房"了。

如果您刚开始接触供应链概念并读到这本书，因为一些人告诉您供应链很酷，而且您想要了解更多的话，您也穿上鞋靴吧。供应链管理不是受变革影响的唯一的学科。变革无处不在。如果您没有纵览各个领域，评估那些被生产和引进的影响您的生活的各种新技术、新产品、新网站、新的一切东西的话，您可能也会落在后面。要知道在财富500强里，最初的百分之八十的企业都在名单里消失了。

供应链管理不是领袖企业和落伍企业之间唯一的风景画。他们在生活的各个方面都能被发现，并且您不得不展开一趟私人化的征程，来改革自身并建造和居住在"卓越之房"里。成功是一种很棒的生活方式，并且这种成功是来自您的内在，就像它来自于供应链的内在一样。这本书介绍的工具和技术能被应用到任何地方。它是关于您自身及您企业的改革的，以朝向获取高绩效的目标去工作。决定您的"现状"状态，并创造出一个去向哪里的愿景，以及您将来的"理想愿景"蓝图。利用差距产生的创造性压力来作为愿景的动力，并作为弥合鸿沟的手段，实现增长，获取成功。记住，落伍企业是像领袖企业一样在努力工作的。努力工作成为领袖企业，您将发现成功就在那里。

如果您是一名学生，且这本书被推荐给您的话，或者您听说它是一本不错的关于供应链的书，考虑把供应链当作您未来的职业吧。它对全球化商业来说是至关重要的；事实上，它能被当成全球化商业的发动机。想想在第6章里，供应链管理提供了机会的管道。无论您的能力或目标是什么，从装货或开卡车到管理供应链运营，总有一些职业机会存在那里。并且，由于供应链专业性工作正逐渐递增，它正成为晋级为执行官的必经之门。如果您能够调动您的职能部门，以获得卓越绩效的话，您就能够调动一个组织来获得卓越绩效。

每个组织都有供应链方面的需求，供应链学科正变成越来越多的执行官们第一提及的话题。越来越多的学术团体在提供供应链管理方面的课程及学位。今天就开始您的征程吧。在您的学习和职业中争取获得卓越绩效。企业在寻找合适的人才来配置给供应链部门。因为它仍然是一个刚出现并发展起来的学科，故仍然有一些未被发现的提升途径等待着像您一样的人去发现。向自己发出挑战，质问一切东西吧。问自己为什么？为什么？为什么？为什么？然后再问一次为什么！弄懂您自己的那个为什么！深挖出问题，您将会发现出解决方案。记住，魔鬼存在于细节之中。做做数学题吧。用这本书来指导您设计并构建"卓越之房"的第一步吧。

如果您是另一门学科的执行官或专业人士，我希望您在读这本书，因为您能认识到供应链管理带给您的商业及竞争战略的战略性杠杆作用，实际上就像我们在第7章讨论的一样。关键是理解应用到各种供应链杠杆及合作的杠杆支撑点。再说一次，魔鬼存在于细节之中。它总是在挑战专业人士们，包括我在内。改革是针对整个组织的。或者也许您的供应链领导把这本书当作一份礼物送给您？请读懂言外之意吧。

无论您的动机是什么，改革的征程是一场商业改革，而非仅仅是供应链改革。"卓越之房"的屋顶，是一个能拓展到您组织的所有方面，并指导您组织通向领导力和成功的商业运作系统。"卓越之房"能够作为需求创造结构及需求绩效结构，还有需求实现结构里的住所，卓越没有功能上的边界限制。

数据不会说谎。各行各业都会有领袖企业和落伍企业，但是它们之间的鸿沟能被消除。不要担心作为一个领导企业，或将成为一个领导者的问题。任何组织都能成为一个最佳实践的领导者。通过鼓励和支持您的员工在改革征程上实现卓越绩效，您将能动态地提高绩效、利润率，以及您组织的整体财务及专业技能的健康情况，无论您企业的规模有多大，鼓励您的企业文化及日常运营朝着专业发展及自我实现的方向努力。您不必成为最好企业中最大的那个。您可能认为您是企业员工骑的一匹马，但是现实是，企业的员工是拉动您企业这辆车迈向顶端的那些马。您的团队越好，您将会越成功。团队里没有"我"这个词。做一个领导者、教练和导师吧，没有什么能取代你从中获得的满意度。

就像现在彭尼公司任首席执行官的罗恩·约翰逊正在证明的一样，它比一趟单纯的供应链改革征程还要棒。他只是让这趟开始于目标（Target）公司、在苹果公司延续、现在在彭尼公司展开改革转型的征程，继续朝跨组织创新和卓越的方向发展。当然，现在并且将来，他将会在下了赌注的改革路上碰上绊脚石；但是，记住那句话"改革征程本身就是奖励"吧。激发您的员工打造起"卓越之房"，并领导您的组织通往"先进城邦"吧！征服运营绩效层面的竞争吧。

如果您是一位供应链专业人士，我希望您读这本书是因为您想要在职业发展上获得提高、胜利以及成功。供应链管理不能立刻成为一个更好的职位选择。我每年都这样讲，已经讲了三十多年了。情况正在越变越好。较之于以前，今天的供应链管理有更多的机会，并且随着新技术和商业流程的联盟变得更紧密，会有更多的机会出现的。

牛鞭效应将发挥作用，运营将在渠道间变得更为协同，以便能实时地让利润反映出需求的变化。随着企业定义并联盟他们的流程，拥抱和实施新技术以支持其员工的实施，敏捷供应网络（见图10-1）正成为现实。领袖企业正从运营资本的释放和征程产生的成本节约方面，对其积极主动性进行投资。他们远远走在前面，不会回头看。他们每天早上都在"一般意义的商业已经消失"的真相中醒来。他们期待变革并将其作为一个机会

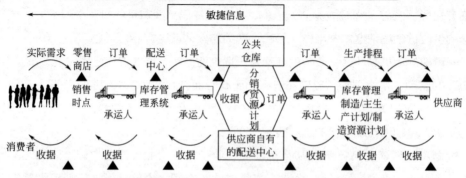

图10-1　敏捷供应网络

来拥抱它，以远远地拉开与竞争对手的距离。他们没有后视镜。他们用双目镜来夜视，并在一个变革性的义化导航系统下驱动前行。

他们利用持续提高的征程及变革的文化来获取竞争优势。它就像玩可视性的游戏；当您驱动您的征程到达并穿过通往"先进城邦"的"卓越之房"时，您沿路拣选了更多的武器和弹药。您越成功，您在改革征程上前进的就越远。但是它没有尽头。

这就是您面临的思考模式的转换。它是供应链改革的本质。在新世纪里，敏捷供应网络是从终点开始的。它在很多年里让我一直很感兴趣，因为很多供应链描述里都是从供应商开始的（我自己也没什么不同）。在西方世界里，我们读书和思考时是从左到右的顺序的。越"重要"的目标越出现在左边，而供应链的商品流向右移动。我们必须要把这种思维模式反转过来，让终端用户从左边开始，在必须生产出经济订货数量的节点（推/拉边界）处拉动供应，并对需供给的消耗量进行响应。在那个推/拉节点处，我们按经济订货量来生产，通过在消费者提前期内覆盖掉产品的风险周期，来对客户需求做出有效响应。

终端用户推动了敏捷供应网络，同时一个敏捷的需求信号在渠道间传递出来。敏捷系统接收到需求源在渠道间发出的即时信号，并对其进行解释。基于借助敏捷性识别得到的被监控商品流的可视性，在每个流程或者敏捷供应网络的交互点处，不管需求信号是否接收了一个关键行为的临界触发点，都可以从利润层面制定出对需求信号进行响应的敏捷性建议。

需求信号是在流程控制点的上下方，并被设置来协同贯穿于网络的商品流，从利润层面迎合需求的吗？如果是的，不必要给出什么建议。如果不是，建议发送一个警告给负责人员，以预防意外情形的发生。敏捷供应网络技术平台，使得参与方能够将该平台嵌入进另一个平台里，以实现任何地方可能需要的可视化、合作以及信息共享等。

技术是容易获得的，并且云计算将使得它更有渗透力，成本也让人更能负担得起。让我最后跟您分享一个故事，来阐释这些各种可能性吧。记得在第1章里，我分享了我在领导与控制课程里与一群宝洁公司经理学习的经历。在我们有过的很多次讨论里，发现很多人是分销经理，且都参与进了沃尔玛企业的补给问题当中。他们对我转述当时的情形，并认为连续补给系统和供应商管理库存是新的解决途径，当时没有系统能够支持他们。

宝洁公司做了什么呢？它设置了一个单独的人工配送网络，聚焦于执行与沃尔玛企业的连续补给系统和供应商管理库存。他们的目标是，首先对利润实施层面的流程，进行试点开发并形成文件。随着他们对各种流程及逻辑性测试的进展，他们定义了支持首次展示及一般分销网络的整合问题的技术需求。在试点结束时，他们已经确认、文件化，并分解了相关的事件及流程；并且，他们的信息技术团队能够开发出必需的技术平台和应用程序，来支持流程及执行流程的人们。所以技术开发的实施是短暂的；在其变得更为公开，且成为供应链管理中的一种趋势之前，他们能够将其在关键的消费群体面前展示出来。那时他们已经远远地处于曲线的前面。随着概念逐渐抓住了市场的眼球（且现在已经被宝洁公司视为一个团体），宝洁公司许可了将连续补给系统应用技术拿去销售。不仅是竞争优势投资了这个首创团队，竞争也为其付出了代价！

　　基于他们的运营战略与企业商业战略和财务资源的一致性，领袖企业正在投资敏捷供应网络里的人力、流程以及技术识别。他们正走在改革的征程上。您在哪里呢？一般意义上的商业已经消失了。虽然我们不能以光速将产品递送到消费者手中，但是我们能通过敏捷供应网络，将信息迅速即时地传递到消费者手中，以实现商品流的协同，并从利润层面对需求展开响应。穿上鞋靴吧，我的朋友们。给我们来瓶啤酒吧，史考特。

参考文献

ABC Television Network, "Castle," Episodes: Pandora, Season 4, Episode 415, Aired 02/13/2012, and Lynchpin, Season 4, Episode 416, Aired 02/20/2012(http://beta.abc.go.com/ shows/castle/episode-guide).

Abraham, Magid M. and Lodish, Leonard M. Promoter: An Automated Promotion Evaluation System, Marketing Science, Spring 1987, VOL.6, NO.2, pp. 102-123.

Barker, Joel Arthur. Future Edge, William Morrow & Company(1992).

Bolstorff, Peter and Rosenbaum, Robert. Supply Chain Excellence: A Handbook for Dramatic Improvement Using the SCOR Model, Second Edition, AMACOM(2007).

Bowersox, Donald J., Daigjertu. Patricia J., Droge, Cornelia L., Germain, Richard N., and Rogers, Dale S. Logistical Excellence: it's Not Business as Usual, Digital Press(1992).

Daugherty, Patrica J., Autry, Chad W., and Ellinger, Alexander E., "Reverse Logistics: The Relationship between Resource Commitment and Program Performance," Journal of Business Logistics, vol.22, no.1, Spring 2001 Council of Supply Chain Management Professionals, pp. 107-123.

D'Innocenzio, Anne. "New J.C. Penny CEO's Challenge: Bring Life Back to an Iconic Brand," Associated Press, Austin American Statesman(January 31,2012, online version).

Editorial Staff. "The Courage to Change," Inbound Logistics(January, 2002), Thomas Publishing Company, pp.90-92.

Elwin, Toby. The Cost of Culture: A 50% Turnover of the Fortune 50, blog, 2011, www.tobyelwin.com/the-cost-of-culture-a-50-turnover-of-the-fortune-500/.

Forrester, Jay. "Industrial Dynamics-A Major Breakthrough for Decision Makers," Harvard Business Review(1958)vol.36, no.4, pp.37-66.

French,J. P.R., Jr., and Raven, B., "The Bases of Power," adapted from "The Bases of Social Power" in D. Cartwright and A. Zander(eds), Group Dynamics(pp.607-623). New York:Harper and Row(1960).

Friedman, Thomas. The World Is Flat, Farrar, Straus, and Giroux(2005).

Fritz, Robert. The Path of Least Resistance, Fawcett Columbine, Ballantine Books(1989).

George,Michael L. Lean Six Sigma: Combining Six Sigma Quality with Lean Speed,McGraw-Hill(2002).

Harps, Leslie Hansen. "Hitting the Mark: Supply Chain Best Practices," Inbound Logistics (December

2003), Thomas Publishing Company, www.inboundlogistics.com.

Kaufman, Jr., and Draper L., Systems 1:An Introduction to Systems Thinking, Future Systems, Inc. (1980).

Keebler, James, Mandrodt, Karl B., Durtsche, David A., and Ledyard, D. Michael. Keeping Score: Measuring the Business Value of Logistics in the Supply Chain, Council of Logistics Management (1999).

Krauss, Lawrence M. The Physics of Star Trek, Basic Books (1995).

Larson, Paul D., and Rogers, Dale S. "Supply Chain Management: Definition, Growth, and Approaches," Journal of Marketing Theory & Practice, Vol.6, No.4 (Fall 1998), M.E. Sharpe, Inc., pp.1-5.

Levitt, Theodore. The Marketing Imagination (Expanded Edition), Free Press (1986).

Martin, Andre. DRP: Distribution Resource Planning, Oliver Wight (1983).

Maslow, Abraham. "A Theory of Human Motivation" (originally published in Psychological Review, 1943, Vol.50, no.4, pp.370-396).

Mercer Management Consulting, New Ways to Take Costs out of the Retail Food Pipeline: Making Replenishment Logistics Happen: A Study, Coca-Cola Retailing Research Council, Atlanta (1993).

Rogers, Everett. The Diffusion of Innovations, Simon and Schuster (1962).

Savage, Charles. 5th Generation Managemetn, Digital Press (1990).

Senge, Peter. The Fifth Discipline: The Art and Practice of the Learning Organization, Currency Doubleday (1990).

Sherman, Richard J. "8 Steps to Info Systems Happiness," Inbound Logistics (January 2002), Thomas Publishing Company, pp.206-218.

Sherman, Richard J. "A Fulfilling Experience," DCVelocity (Marth 2004), Agile Business Media, www.dcvelocity.com.

Sherman, Richard J. "Improving Customer Service through Integrated Logistics," Annual Conference Proceedings, Council of Logistics Management (Oakbrook, 1991), vol.2, pp.293-314.

Sherman, Richard J. "Information Systems for DIstributors," Business Software Review (March 1987), ICP Publication.

Sherman, Richard J. "Collaborative Planning, Forecasting & Replenishment (CPFR): Realizing the Promise of Efficient Consumer Response through Collaborative Technology," Journal of Marketing Theory & Practice, vol.6, no.4 (Fall 1998), M.E. Sharpe, Inc., pp.6-9.

Sherman, Richard J. "Leveraging People,Processes, and Technology for Optional Response," Auto Focus Asia (Issue 4, 2008), Ohcre Media, www.autofocusasia/magazine.

Sherman, Richard J. "Look Ahead to Integrated Channels," Transportation and Distribution (March 1989), Penton,p. 46.

Sherman, Richard J. "Need a Breakthrough? Try Business Process Outsourcing," Supply Chain Management Review (September/October 2010), Peerless Media LLC, pp. 44-51.

Sherman, Richard J. "The Process of Creating Strategic Plans: Creating Customer Value for Competitive Advantage," Annual Conference Proceedings, Council of Logistics Management (Oakbrook,1992) ,pp. 519-531.

Sherman, Richard J. "Softening the Bullwhip's Sting," DCVelocity (February 2004), Agile Business Media, www.dcvelocity,.com.

Sherman, Richard J. Supply Chain Management for the Millennium, Warehousing Education & Research Council (WERC) (1998).

Sherman, Richard J. "Survival of the RFID fittest," DCVelocity (January, 2004), Agile Business Media, www.dcvelocity.com.

Sherman, Richard J. "Why Has CPFR Failed to Scale," CSCMP's Supply Chain Quarterly (Quarter 2, 2007), Supply Chain Media, LLC, www.supplychainquarterly.com.

Vitasek, Kate, Ledyard, Mile, and Manrodt, Karl. Vested Outsourcing: Five Rules That Will Transform Outsourcing, Palgrave Macmillan (2010).